Manifiesto para los héroes de cada día

ROBIN SHARMA

Manifiesto para los héroes de cada día

Activa tu positivismo,
maximiza tu productividad,
sirve al mundo

Traducción de
Nieves Calvino y Efrén del Valle

Grijalbo

Título original: *The Everyday Hero Manifesto*
Primera edición: octubre de 2021

© 2021, Robin Sharma, por el texto y las ilustraciones
Todos los derechos reservados. Publicado por acuerdo con HarperCollins Publishers Ltd, Canadá
© 2021, Penguin Random House Grupo Editorial, S. A. U.
Travessera de Gràcia, 47-49. 08021 Barcelona
© 2021, Penguin Random House Grupo Editorial USA, LLC.
8950 SW 74th Court, Suite 2010
Miami, FL 33156
© 2021, Nieves Calvino Gutiérrez y Efrén del Valle Peñamil, por la traducción
Todas las fotografías son cortesía de Robin Sharma, excepto las siguientes:
La fotografía de Cora Greenaway de la p. 23 © 2021, N. G. Versteeg.
Impresa con permiso. Todos los derechos reservados.
La fotografía de Jean Dominique-Bauby de la p. 239 © Estate of Jeanloup Sieff.
Impresa con permiso. Todos los derechos reservados.
El cuadro de Gordon Downie de la p. 291, *Grace too* © 2021, Jim Middleton Art.
Reproducida con permiso. Todos los derechos reservados

Diseño de la cubierta: Adaptación de la cubierta original de
Harper Collins / Penguin Random House Grupo Editorial

Impreso en México - *Printed in Mexico*

ISBN: 978-1-64473-255-7

21 22 23 24 25   10 9 8 7 6 5 4 3 2 1

Mensaje de Robin Sharma

Este libro trata del inmenso genio, la honradez y el heroísmo que habita en cada corazón que late en este planeta.

Crear esta obra ha sido estimulante, aterrador, inspirador y agotador.

Escribir *Manifiesto para los héroes de cada día* me ha llevado a lugares dentro de mi trabajo, mi carácter y mi deber de servir mucho más allá de lo que había conocido hasta entonces. Al terminarlo, no era el mismo hombre que cuando comencé el proceso.

En las páginas que siguen descubrirás una filosofía diseñada para materializar tus mejores aptitudes, una metodología revolucionaria para crear obras maestras y un flujo constante de ideas para llevar una vida repleta de imponente plenitud, dicha permanente y libertad espiritual.

En este libro he compartido más de mí que en cualquiera de los anteriores. Revelar estas vulnerabilidades ha sido un proceso aterrador, pero al mismo tiempo satisfactorio. Examinar nuestros defectos de forma objetiva nos ayuda a convertirlos en sabiduría, ¿no es así? Y aceptar nuestro dolor nos permite transformarlo en fortaleza.

Mientras lees todo lo que he vivido, espero de corazón que aprendas qué peligros evitar, cómo convertir los problemas en victorias y lo maravilloso que es que la vida transcurra siempre a tu favor, incluso cuando no lo parece.

He escrito *Manifiesto para los héroes de cada día* como si fuera mi último libro. Aunque espero que pueda escribir muchos más, y rezo por ello. Sin embargo, la vida es un viaje precario y nadie sabe qué nos depara el futuro. Por eso he dado lo mejor de mí en este manual para lograr la máxima productividad, un rendimiento de élite, la felicidad constante y un extraordinario servicio a la sociedad.

Deseo de corazón que los conocimientos que estás a punto de adquirir iluminen las capacidades que duermen dentro de ti, aviven el fuego para crear tu obra maestra y te ayuden a obrar tu magia personal para que tengas la vida a la que aspiras mientras haces de nuestro mundo un lugar mejor.

Con amor y respeto,

P. D.: Para acceder a todos los modelos de aprendizaje, plantillas de implementación y fichas estratégicas que se mencionan en este libro, junto con vídeos formativos para profundizar en tu crecimiento, visita *TheEverydayHero Manifesto.com*.

Miles de genios viven y mueren sin ser descubiertos, ya sea por ellos mismos o por otros.

MARK TWAIN

Solo aquel que se consagra a una causa con toda su fuerza y su alma, puede ser un verdadero maestro. Por esta razón, la excelencia lo exige todo de una persona.

ALBERT EINSTEIN

La gente siempre dice que no cedí mi asiento porque estaba cansada, pero eso no es cierto. No estaba cansada físicamente. No, estaba cansada de sacrificarme.

ROSA PARKS

Lo más fácil es romper y destruir. Los héroes son aquellos que firman la paz y construyen.

NELSON MANDELA

Índice

1. Manifiesto para el héroe cotidiano que hay en ti . . . 17
2. Ser fiel a los ideales es un multiplicador de fuerza   20
3. Las últimas horas de tu yo expugnable 34
4. No pasa nada por no estar bien 37
5. La paradoja del minero de oro 39
6. El paso de víctima a héroe 42
7. Aquella vez que me robaron mis diarios
   personales 49
8. Enseñanzas de importantes mentores 52
9. La alegría de que se rían de ti 59
10. El memorándum de Orson Welles 60
11. Nada es perfecto 62
12. La doctrina del vendedor de castañas 64
13. El principio ROGO para acelerar el optimismo . . . 68
14. Deja de decir que tu genio es «la hostia» 71
15. Lo que J. K. Rowling me enseñó sobre la
    perseverancia 74
16. Protege tu salud como un atleta profesional 77
17. Mi noche de cuarto cruasanes de chocolate 89
18. Una filosofía opuesta para dominar los cambios
    inesperados 93
19. Por supuesto que eres lo bastante bueno 96

20. La declaración de activación del principiante 99
21. El buen hombre con barba y una gorra
de béisbol muy guay 102
22. Entrena con los profesores más fuertes 106
23. Una bandera roja es una bandera roja 109
24. ¿El capítulo más corto de la historia de la
creatividad? 112
25. La hipótesis del infractor 113
26. Ten la valentía de Swifty 117
27. Un profesor llamado «trauma» 119
28. El mantra del constructor de personas 125
29. Las 7 amenazas para la primera clase 128
30. Espera ingratitud 136
31. Aquella vez que me quedé solo en lo alto
de una montaña 138
32. La Pirámide de estrategias de máxima
productividad 143
33. Únete a la Brigada de la Esperanza 160
34. 40 cosas que me habría gustado saber a los 40 ... 162
35. La técnica de Misty Copeland para generar
confianza 167
36. El hábito de los 40 ejemplares de un solo libro ... 170
37. El significado de «desgracia» 173
38. Un lema básico para una prosperidad asombrosa . 175
39. Abraza al monstruo 176
40. La regla del postre de 4 cifras 180
41. No seas un perezoso 182
42. El instalador de las 13 virtudes de Ben Franklin .. 184
43. La queja del pavo real 189
44. El conflicto más costoso 190
45. Acaba con tus favoritos 192
46. Evita la tercera recompensa 196

47. Sanar un corazón que estuvo abierto de par
    en par te convierte en un gran maestro   198
48. Lo que aprendí de los cuadernos privados
    de Leonardo   209
49. La actitud de «no ganarás si ni siquiera
    lo intentas»   214
50. El buen trabajador que nunca mejoró   217
51. El lado oscuro de tus aspectos positivos   220
52. La Fórmula del éxito en 3 pasos
    (y mi régimen de consumo de brócoli)   223
53. En qué pienso cuando pienso en dificultades . . .   228
54. Por qué escucho música country mientras
    escribo   236
55. El paciente que parpadeó un libro   238
56. El secreto del generador de posibilidades   240
57. La gran mentira del pensamiento positivo   246
58. Aquella vez que fui de acampada   251
59. Los 13 rasgos ocultos de los multimillonarios
    a los que he asesorado   254
60. Las 8 formas de riqueza   262
61. El algoritmo para una vida bien equilibrada   270
62. El código del «solo porque» para los héroes
    de cada día   278
63. La muerte te lleva a un hotel de categoría
    superior   281
64. Por qué Aristóteles dormía en el suelo   284
65. Destruye tu fórmula ganadora igual que
    Miles Davis   288
66. El artista antifrágil del traje púrpura brillante   290
67. La teoría de mantener vivo tu fuego para una
    vida audaz   294
68. Cómo trabajan los poderosos   296

69. Las pequeñas cosas son las grandes cosas 299
70. Conviértete en un atleta creativo 301
71. Cómo lo hacen los superproductores 303
72. Huye de la aflicción del astronauta tras el paseo
     por la Luna 308
73. Lecciones de resistencia de la persona que perdió
     el rostro 310
74. Charles Darwin y la ventaja de la agilidad
     extrema 314
75. El modelo del dinero libre para la prosperidad
     superior 317
76. Deja el teléfono y habla con las personas 323
77. El capítulo más breve de la historia de la
     productividad 325
78. Los negocios son una hermosa guerra 326
79. Ponte serio cuando hables en serio 328
80. Las 4 principales prácticas de comunicación
     de los creadores de movimiento 330
81. Aquella vez que aprendí a rendirme 335
82. Nunca se sabe a quién tienes delante 338
83. El índice VCG para el rendimiento de primer
     nivel 340
84. Las 6 últimas palabras de Steve Jobs 345
85. Cuando las cosas parecen difíciles, confía en tu
     fuerza 347
86. No puedes inspirar a otros si no estás inspirado . 350
87. La pregunta de los 6 meses de vida 356
88. ¿Fama y fortuna para un epitafio en tu lápida? . . . 359
89. Resistir el declive del titán 361
90. La necesidad de la impopularidad artística 367
91. La deconstrucción del provocador 369
92. Aquella vez que conocí a Muhammad Ali 374

93. No te preocupes por tu legado 378
94. Un héroe llamado Desmond Tutu 380
95. Los pesares de las personas en su lecho
      de muerte 383
96. El bien que haces perdura toda la vida 388
97. Alégrate de ver gente viva 391
98. Versos del invencible héroe de cada día 392
99. Momentos favorables y tus segundas
      oportunidades 393
100. No pospongas tus sueños 398
101. Una filosofía para volver a ser humano 400

¿Qué será lo siguiente en tu heroica aventura? 403
Impulsa tu ascenso leyendo los best sellers
      de Robin Sharma 405
Apéndice 1: Lista de los 25 libros que hay que leer
      antes de morir 406
Apéndice 2: Lista de mis 25 películas favoritas 408
Apéndice 3: Lista de mis 25 documentales favoritos 410

1

Manifiesto para el héroe cotidiano que hay en ti

«Si no has encontrado nada por lo que morir, no mereces vivir», dijo Martin Luther King, Jr.

Moriría sin dudar por defender la idea de que eres grande. Recibiría una bala por preservar el concepto de que estás destinado a hacer obras maravillosas, a vivir majestuosos acontecimientos y a conocer el universo secreto de sabiduría que poblaron las avanzadas personas que vivieron antes que nosotros.

Como ciudadano de la tierra, estás llamado a aprovechar tu primitivo poder para hacer cosas asombrosas, lograr avances impresionantes y enriquecer la vida de tus hermanos y hermanas, con los que cuidas el planeta.

Creo que todo esto es verdad. No importa de dónde te llegue la fuerza de la naturaleza, tu pasado no tiene por qué dictar tu futuro. El futuro siempre puede transformarse en algo mejor que el presente. Eres humano. Y los humanos somos capaces de hacer esto.

Sí, tenemos colores, tamaños, géneros, religiones, nacionalidades y formas de ser diferentes. Nelson Mandela, Harriet Tubman, Mahatma Gandhi, Florence Nightingale y Oskar Schindler son héroes del más alto nivel. Pero aquellos que tienen vidas más tranquilas —que enseñan en los colegios o trabajan en restaurantes; escriben poesía o emprenden sus propios proyectos; se dedican a la panadería o crían a sus hijos en casa; los que ayudan en las comunidades, como los servicios de emergencias, los bomberos y los trabajadores humanitarios— también son dignos de ser llamados héroes. Muchas de estas buenas personas realizan trabajos difíciles, pero siempre con el noble propósito de hacerlo bien. Trabajan con una sonrisa en la cara y el corazón lleno de bondad.

Me siento humilde cuando mi vida se cruza con la de estos seres humanos. De veras. Aprendo de ellos, me inspiran, y de alguna manera me transformo al conocerlos.

Son héroes cotidianos. Las llamadas «personas corrientes» que se comportan de forma virtuosa y honrada.

Y así, con sincero respeto por todo el potencial que llevas dentro y que desea expresarse, al emprender nuestro viaje juntos estas palabras fluyen lo mismo que mis ánimos para ti:

> A partir de hoy, declara tu devoción por recordar el alma sublime, al valiente guerrero y al creador invencible que la sabiduría natural te pide que seas.
>
> Las tribulaciones del pasado han servido con gran habilidad para reinventarte y convertirte en alguien más fuerte, más consciente de las capacidades que te hacen especial y más agradecido por los beneficios fundamentales de una vida vivida en plenitud: buena salud, una familia feliz, un trabajo que te colma y un corazón repleto de esperanza. Estas dificultades aparentes han sido en realidad los peldaños de las victorias actuales y futuras.
>
> Los antiguos límites que te han encadenado y los «fracasos» que te han perjudicado han sido necesarios para la materialización de tu dominio. Todo ocurre para tu beneficio. Eres en verdad agraciado.
>
> Lo aceptes o no, eres un león, no una oveja. Un líder, jamás una víctima. Una persona digna de logros excepcionales, aventuras edificantes, satisfacción magistral y de la autoestima que con el tiempo aumenta de forma vertiginosa hasta

convertirse en una reserva de amor propio que nada ni nadie puede vencer.

Eres una poderosa fuerza de la naturaleza y un productor dinámico, no una víctima aletargada, atrapada en un mundo de degradante mediocridad, quejas deshumanizadas, conformidad y privilegios.

Y con un compromiso firme y un esfuerzo constante evolucionarás y te convertirás en un idealista, un artista extraordinario y un firme defensor de la singularidad. Una persona que cambia el mundo de verdad, a su manera honesta y extraordinaria.

Así que no seas cínico, crítico ni derrotista. Los escépticos son soñadores degenerados, y lo corriente es completamente indigno de ti.

Hoy, y cada día a partir de ahora de tu vida única y gloriosa, brillante, luminosa y de gran ayuda para muchos, conserva con uñas y dientes la libertad ilimitada para dar forma al futuro, materializar las ambiciones y magnificar las aportaciones de tus sueños, intereses y compromisos.

Aísla tu alegría, refina tu destreza e inspira a todos los testigos que tengan la suerte de ver tu buen ejemplo de cómo puede comportarse un gran ser humano.

Observaremos tu crecimiento, aplaudiremos tus capacidades, valoraremos tu valor y admiraremos tu futura inmortalidad.

Porque permanecerás en el corazón de muchos.

2

Ser fiel a los ideales es un multiplicador de fuerza

Cuando nadie cree en ti es cuando más necesitas creer en ti mismo.

Quienes están comprometidos con la máxima expresión de su genio natural saben que creer y ser fiel a uno mismo y a su poderoso objetivo —sobre todo ante el ridículo y la incertidumbre, ante los ataques y la adversidad— es la puerta de entrada a lo legendario. Y un verdadero camino hacia la inmortalidad, porque su noble ejemplo perdurará mucho después de que se hayan ido.

El viaje a la vida más heroica será pintoresco, edificante, complicado, maravilloso, turbulento y sin duda glorioso. Dedicarte a habitar tu grandeza, a generar un vasto aluvión de buenos resultados y a cumplir con tu parte para construir un mundo más alegre será el mejor y más sabio viaje que jamás hayas realizado. Te lo prometo. Y adentrarte en tu yo más creativo, poderoso y compasivo dotará de energía a todos los que te rodean para que despierten sus capacidades, haciendo de nuestro planeta un lugar más amable.

Permíteme que dedique un momento a compartir un poco de la historia de mis orígenes para que me conozcas mejor. Es lo menos que puedo hacer teniendo en cuenta que vamos a pasar mucho tiempo juntos en estas páginas.

No soy especial. No soy ningún gurú. No estoy hecho de una pasta diferente a la tuya.

Tengo mis talentos, igual que tú tienes los tuyos; tengo defectos muy humanos (¿no los tenemos todos?) y en ocasiones me siento inseguro, indigno y temeroso, así como valiente, útil y esperanzado.

Me crie en una localidad obrera de unos cinco mil habitantes, en una casa pequeña cerca del mar. Soy hijo de inmigrantes con un corazón de oro y, desde luego, no nací con un pan debajo del brazo.

Lleno de entusiasmo a los cuatro años   Jugando con la nieve delante de mi casa

Sí, ese soy yo en la función de teatro del colegio. Y delante de mi casa un invierno muy frío. ¿Lo ves?, no hay ningún Ferrari en la entrada. Tampoco lujosos adornos ni cosas innecesarias. Todo muy básico. La mejor manera de ser.

En el colegio nunca encajé en el grupo de los destacados. Prefería estar en mi mundo, soñando cosas fascinantes, marchando a mi propio ritmo. Iba a mi rollo, ya me entiendes.

En una ocasión, un director le dijo a mi querida madre que no mostraba ningún talento y que era poco probable que me graduara en el instituto. Otros profesores comentaron con discreción a mis padres que apenas tenía potencial. Unos pocos predijeron que acabaría siendo un gandul o un vagabundo. La mayoría de la gente se limitaba a burlarse de mí.

Salvo una persona.

Cora Greenaway. Mi profesora de historia de quinto curso. Ella creyó en mí, lo que me ayudó a creer en mí mismo.

La señora Greenaway me enseñó que todo ser humano nace con algún tipo de talento. Me explicó que a cada persona se le puede dar muy bien una cosa y que nacemos con puntos fuertes particulares, capacidades extraordinarias y virtudes muy dignas. Me dijo que si recordaba esto, trabajaba muy duro y era fiel a mí mismo, me pasarían cosas buenas y obtendría grandes beneficios.

Esta amable profesora vio lo bueno de mí, me animó y me mostró una bondad muy necesaria en una sociedad que con demasiada frecuencia menosprecia nuestras capacidades y degrada lo que se nos da bien. A veces solo se necesita una conversación con una persona extraordinaria para darle un nuevo rumbo al resto de tu vida, ¿verdad?

Hace unos años busqué a Cora Greenaway en internet. Lo que descubrí me conmovió de verdad.

De joven formó parte de la resistencia holandesa y cruzó tras las líneas enemigas durante la Segunda Guerra Mundial para rescatar a niños que se enfrentaban a la exterminación en los campos de concentración nazis. Arriesgó su vida y honró sus convicciones para salvar a los niños. Igual que me salvó a mí.

La señora Greenaway ha fallecido ya. Murió el mismo año que estuve indagando sobre su pasado. Doy las gracias al caballero de Ámsterdam que con tanta generosidad cuidó de ella al final y que me mantuvo informado sobre esta mentora que tanto significó para mí.

Cora Greenaway era lo que yo denomino un héroe cotidiano. Callada, humilde, fuerte y vulnerable, ética e influyente, sabia y afectuosa. Mejoró nuestra civilización realizando una buena obra tras otra.

Me inspiró para superar las limitadas expectativas que muchos habían puesto en mi vida y terminar el instituto. Y para estudiar en la universidad más tarde, donde me gradué en Biología y en Inglés. A continuación conseguí entrar en la facultad de Derecho y obtuve un máster en Leyes, con una beca completa.

Cora Greenaway con 101 años

No confíes en tus detractores. No prestes atención a quienes te subestiman. Ignora a los que te desaniman. Ellos no saben las maravillas que hay dentro de ti.

Con el tiempo me convertí en un exitoso abogado. Bien remunerado, pero vacío; motivado, pero insatisfecho a nivel creativo; disciplinado, pero desconectado de mi verdadero yo. Me despertaba por la mañana, me miraba en el espejo del baño y no me gustaba el hombre que veía reflejado. No tenía demasiadas esperanzas, ni una relación estrecha con el heroísmo natural, que desde entonces he aprendido que es uno de los beneficios primordiales de ser humano.

El éxito sin respeto por uno mismo es una victoria vacía.

Necesitaba conocer la versión más auténtica, más feliz, más serena y mejor de la persona que era, así que decidí rehacerme. Inicié una campaña de crecimiento personal masivo, una trascendente sanación emocional y un profundo avance espiritual.

Tú también tienes este poder para realizar cambios estructurales. La evolución, el encumbramiento e incluso la transformación absoluta forman parte del equipamiento de fábrica que hace que seas tú. Y cuanto más ejercites esta fuerza que es inherente a ti, más crecerá.

Regenerar una versión más creativa, productiva, inventiva e invencible de ti, repleta de alegría, valentía y serenidad, no es un don inalcanzable reservado a los dioses del Genio Sublime y a los ángeles de la Insólita Excelencia.

No. El genio tiene mucho menos que ver con la genética que con los hábitos. Convertirte en la persona que siempre has imaginado que podrías ser es el resultado de un entrenamiento accesible a cualquiera que esté dispuesto a abrirse, a esforzarse y a realizar los ejercicios que hacen realidad la magia.

En esa etapa de mi vida me propuse reconstruir, reconfigurar y reinventar a la persona que era para convertirme en un ser humano que obtuviera su poder de un sistema de navegación interno en vez de sacarla de atractivos externos, como la posición, los bienes materiales y el prestigio. Una persona que no dudara en hablar con sinceridad (aun a riesgo de ser impopular), que se mantuviera fiel a sus ideas, cuyo trabajo nunca pareciera un trabajo sino más bien una vocación; una persona que no necesitara comprar cosas para experimentar un intenso placer y que se dedicara a hacer que la vida de los demás fuera más feliz.

Es muy fácil dedicar toda la vida a escalar una serie de montañas y terminar dándote cuenta de que no has ascendido las correctas.

Por estar ocupado estando ocupado.

Por ser adicto a las distracciones y dejarte seducir por diversiones que nos proporcionan una falsa sensación de progreso, pero que en realidad nos roban las horas más valiosas de nuestros días más preciados.

Por el hipnótico encanto de llenar nuestra vida de objetos y actividades que nuestra cultura nos vende como los auténticos parámetros para medir el éxito, cuando en realidad son tan satisfactorias a nivel espiritual como una visita rápida al centro comercial más cercano.

Mi dedicación a reformarme viviendo más al día justo cuando entraba en la treintena me hace pensar en las palabras del poeta Charles Bukowski:

> Todos vamos a morir, todos nosotros, ¡menudo circo! Debería bastar con eso para que nos amáramos unos a otros, pero no es así. Nos aterrorizan y aplastan las trivialidades, nos devora la nada.

Durante tres largos años me levanté temprano, mientras mi familia dormía, y experimenté con prácticas que reducían mis debilidades, purificaban mis poderes y me situaban en consonancia con mi identidad personal.

Estudié libros sobre los grandes hombres y mujeres de la historia; genios del arte, temibles guerreros, científicos prodigiosos, titanes de los negocios y filántropos infatigables, aprendiendo las creencias principales, las emociones dominantes, las rutinas diarias y los férreos rituales que dieron lugar a sus brillantes vidas. En las páginas siguientes compartiré todo lo que descubrí.

Asistí a conferencias sobre crecimiento personal e invertí en cursos de desarrollo personal.

Aprendí a meditar y a visualizar, a escribir y a reflexionar, a hacer ayuno y a orar.

Contraté a entrenadores de alto rendimiento, trabajé con acupuntores, hipnoterapeutas, sanadores emocionales y asesores espirituales; me di duchas frías, sudé en calurosas saunas e invertí en masajes terapéuticos semanales.

Al recordarlo ahora, con mucha más edad, veo que fue mucho. Debo decir que el proceso fue a veces confuso, incómodo y aterrador. También electrizante, fascinante, gratificante y a menudo de una belleza arrebatadora. El cambio personal radical suele ser doloroso, porque es muy transformador. Y no podemos convertirnos en todo lo que estamos destinados a ser sin dejar atrás a la persona que éramos. Tu yo más débil debe experimentar una especie de muerte antes de que pueda resurgir tu yo más fuerte. Si la mejoría no parece difícil, no es una auténtica mejoría.

A medida que realizaba mi propio trabajo interior cada mañana, mientras el mundo aún dormía, la forma en que me veía a mí mismo, cómo me comportaba y el propio sistema operativo de mi vida se reestructuraron por completo. Conforme pasaba tiempo con mi equipo soñado de instructores, muchos de mis principales temores se desvanecieron; buena parte de mis preocupaciones diarias y comportamientos saboteadores desaparecieron sin más. Se esfumó mi necesidad de complacer, de ser querido y de seguir al rebaño mientras me traicionaba a mí mismo.

Me volví más fiel a mis valores más profundos, mucho más sano, creativo, alegre y sereno. Dejé de ser tan introvertido y pasé mucho más tiempo conectado de forma íntima con mi corazón. Esto hizo que mi inspiración volara, mi rendimiento se acelerara y que aumentara mi confianza. Empecé a conocer una magia accesible a cualquier ser humano que esté de verdad interesado en hacerse amigo de ella.

Hacia el final de esos tres años de curación y de crecimiento constante supe que estaba listo para comenzar la aventura de alcanzar el dominio personal y el liderazgo en la que continúo hoy en día. Supe por instinto que debía escribir un libro sobre mi experiencia y las lecciones que había aprendido para que otros también pudieran crecer.

Lo titulé *El monje que vendió su Ferrari.*
Algunos se rieron del título e insinuaron que nadie leería
un libro de autoayuda escrito por un abogado. Otros dijeron
que la vida de un autor era dura, y que lo mejor sería que aban-
donara antes de empezar. Me negué a ser partícipe de sus limitaciones y escribí con mucho entusiasmo una fábula sobre el
camino que se aleja de una existencia a medio vivir y se apro-
xima a una cargada de maravillas, de valentía y de verdaderas
posibilidades. El proceso de escribir ese libro fue fascinante.

Sabía muy poco sobre el mundo editorial y no venía de
una familia emprendedora (mi madre era profesora y mi padre
médico de cabecera). Pero sí sabía que el autoaprendizaje es
el camino para convertir las vívidas fantasías imaginadas en
una realidad que se detecta al instante. Lo que ignoraba podía
aprenderlo, adquirir las habilidades de las que carecía. Y también podía forjar los resultados que cualquier otra persona
hubiera creado, con concentración, esfuerzo, la información
correcta y buenos maestros. Así que me inscribí en un curso
de una noche en una organización llamada The Learning
Annex.

Allí aprendí sobre manuscritos y editores, editoriales e
imprentas, distribuidores y libreros. Fue un curso increíble
que me llenó de entusiasmo por hacer realidad mi sueño.
Cuando acabó la clase me fui a casa caminando en la fría noche
de invierno. Nevaba, pero iba lleno de esperanza. Y plenamente comprometido con hacer que mi libro viera la luz.

Decidí publicarlo yo mismo. Mi maravillosa madre editó
el manuscrito, leyendo con atención cada frase hasta altas
horas de la noche. Los primeros lectores fueron algunos buenos amigos. Lo llevé a imprimir a una copistería que abría las
veinticuatro horas. Todavía recuerdo que mi padre me llevó
allí a las cuatro de la madrugada para que pudiera avanzar con
mi misión antes de irme a trabajar a las ocho. Todavía era
abogado. Bendito sea por prestarme su ayuda incondicional
y su apoyo cuando más lo necesitaba.

Mi falta de experiencia hizo que no me diera cuenta de que al imprimir un libro a partir de páginas con un formato de tamaño carta el texto se reduciría. Así que la primera edición era difícil de leer. Pero eso no me detuvo, hice lo que pude y empecé a compartir el mensaje de que había publicado *El monje que vendió su Ferrari* en las asociaciones benéficas de mi comunidad. Mi primer seminario (casualmente dirigido por The Learning Annex) contó con veintitrés asistentes. Veintiuno de ellos eran de mi familia. No bromeo.

Lao Tzu tenía razón al decir: «Un viaje de mil kilómetros empieza con un primer paso». Yo empecé como escritor casi desde cero. (Si esperas a que las condiciones sean perfectas para emprender tu gran sueño, no empezarás nunca).

Un escritor famoso accedió a reunirse conmigo. Sentí que necesitaba más orientación y deseaba aprender a llegar a un público más amplio para influir de forma positiva en más personas. Encontrar a un mentor sabio no tiene precio cuando empiezas a llevar una vida más heroica. Me puse un traje, le llevé un ejemplar de mi libro autopublicado y me senté en una butaca de cuero muy usada frente a su enorme escritorio de roble tras el cual él era el centro de atención. «Robin, este es un oficio difícil —me dijo—. Muy pocos lo consiguen». Y añadió: «Tienes un buen trabajo como abogado. Deberías seguir con eso y no arriesgarte con algo tan inestable».

Sus palabras me desanimaron. Me desilusionaron. Pensé que tal vez mi ambición de hacer llegar *El monje que vendió su Ferrari* a los lectores para que se beneficiaran de él era una estupidez. Quizá había juzgado mal mi capacidad. Nunca había escrito un libro. Era un desconocido. Era difícil entrar en ese mundo. Tal vez el gran autor tuviera razón; debía ir a lo seguro y seguir con mi carrera de abogado.

Entonces tuve un cegador atisbo de lo evidente. Su opinión no era más que su opinión. ¿Por qué darle más valor? En realidad, la valoración del señor en cuestión no era de mi incumbencia. Alguien escribiría el siguiente best seller; ¿por qué no yo? Además, todo profesional empieza siendo amateur. Me pareció que no debía dejar que su consejo apagase mi pasión ni negar mis aspiraciones. Cada día, mientras me sentaba en mi despacho de abogado, pensaba para mis adentros: «Cada hora que estoy aquí es una hora alejado de lo que quiero hacer de verdad. Y de lo que sé que estoy destinado a hacer».

Imagino que mi fe era mayor que mis temores. Y mi osadía era más fuerte que mis dudas.

Confía siempre en tu opinión, por encima del razonamiento frío y práctico de tu intelecto. Tu potencial, tu dominio y tu genio no moran ahí. La gente dice que fui valiente al perseverar frente a las discrepancias y los desafíos. Pero no fue valentía. Para ser sincero, ya que quiero serlo siempre y lo seré durante el tiempo que pasemos juntos, sentí que no tenía más remedio que seguir hacia donde me llevaba mi entusiasmo.

«Las personas que viven de forma plena no tienen miedo a la muerte», escribió Anaïs Nin. Norma Cousins comentó: «La gran tragedia de la vida no es la muerte, sino lo que dejamos morir dentro de nosotros mientras estamos vivos». Comparto estas citas para recordarte lo breve y frágil que es la vida. Muchos de nosotros retrasamos el poner en práctica esas cosas que hacen que nuestra alma cobre vida, a la espera de un imaginario momento ideal. Nunca llega. No hay momento mejor que este para convertirte en el ser humano que sabes que puedes ser y forjar la vida de tus sueños. El mundo podría cambiar por completo mañana. La historia ha demostrado que esto es cierto. Por favor, no vivas tus mejores horas en la sala de espera de la vida.

Es más sensato arriesgarse y quedar como un tonto (pero sabiendo que lo has hecho), que perder la oportunidad y terminar vacío y con el corazón roto en tu último día.

Así que le llevé *El monje que vendió su Ferrari* a un respetado editor con la intención de mejorarlo. Estaba entusiasmado ante la posibilidad de tener la opinión de un experto y convencido de que él me diría que había escrito algo muy especial.

En cambio, la carta que recibí del editor fue una retahíla de críticas. Comenzaba: «Hay serios problemas en *El monje que vendió su Ferrari*, Robin. No hay que andarse con rodeos».

¿Su opinión de mis personajes? «Parecen meros estereotipos. Por ejemplo, Mantle tiene éxito, es rico, brillante, carismático, duro, muy divertido, etc., pero cuanto más exagera, más se convierte en un cliché».

Terminaba la carta diciendo: «Seguro que mi reacción a su obra le ha decepcionado, pero espero que mis sugerencias le resulten útiles. Escribir bien requiere un trabajo muy muy duro. Por desgracia, escribir bien parece fácil. No lo es».

Tras leer la nota del editor, me senté en mi coche, inmóvil, con el corazón acelerado y las manos sudorosas, delante de mi casa de ladrillo rojo con setos bien recortados. Mi manuscrito estaba en el asiento de al lado, sujeto con gomas. Todavía recuerdo la escena con todo detalle. Y recuerdo cómo me sentía.

Avergonzado. Rechazado. Abatido. Me rompió el corazón aquel soleado día.

Sin embargo, el instinto es más sabio que el intelecto. Todos los progresos reales proceden de soñadores a los que los llamados «expertos» les dijeron que su arrolladora idea era una tontería y que su obra creativa no era lo bastante buena. Te ruego que defiendas el respeto por ti mismo y por tu arte por encima de dictámenes cobardes e impedimentos de personas que son maestros en la teoría, pero creadores de nada.

Una voz, fuerza o sabiduría dentro de mí, procedente de un lugar muy superior a la lógica, me indicó: «No hagas caso. Al igual que el famoso autor no te desanimó, esta carta solo es la opinión de ese editor. Sigue adelante. Tu honor y tu amor propio dependen de tu determinación».

Así que continué. Como espero con toda mi alma que hagas tú cuando te derriben y te golpeen, ya sea poco o mucho, estés magullado y ensangrentado. Los contratiempos son solo la forma que tiene la vida de poner a prueba cuánto deseas tus sueños, ¿no es así?

Como dijo Theodore Roosevelt en un discurso titulado *La ciudadanía en una república*, que pronunció en la Sorbona de París el 23 de abril de 1910:

> No es el crítico quien cuenta, ni el que señala con el dedo al hombre fuerte cuando tropieza, o el que remarca qué podría haber hecho mejor aquel que hace las cosas. El mérito recae en exclusiva en el hombre que se encuentra en la arena, con el rostro manchado de polvo, sudor y sangre; el que lucha con valentía, el que se equivoca y yerra el golpe una y otra vez, porque no hay esfuerzo sin error ni fallos. Quien cuenta es aquel que se esfuerza por hacer las cosas; aquel que conoce grandes entusiasmos, las grandes devociones; que se entrega en cuerpo y alma a una causa noble; aquel que, si la fortuna le sonríe, al final saborea el triunfo de los grandes logros y, si no, si fracasa, al menos lo hace mostrando toda su audacia, por lo que jamás ocupará un lugar entre esas almas frías y asustadizas que no conocen la victoria ni la derrota.

En realidad, la vida favorece a los obsesionados. La fortuna brilla de verdad sobre aquellos cautivados por sus magníficas ambiciones. Y el universo ayuda al ser humano que no está dispuesto a claudicar ante las fuerzas del miedo, el rechazo y la inseguridad.

Unos meses después de publicar el libro, me encontraba en una librería local con mi hijo, que tenía cuatros años por entonces. Gran parte del mérito de lo que sucedió es suyo, porque fue su afición a los martillos, las cintas métricas y otras herramientas de carpintería (siempre se sentaba a comer con su camisa a cuadros de trabajo, su casco amarillo de plástico y su cinturón de herramientas de falso cuero) lo que nos llevó a la ferretería de al lado de la librería. Era una noche lluviosa, con una luna llena increíble que auguraba buenos presagios. Lo recuerdo bien.

Una vez en la librería fuimos directos a la sección donde estaba expuesto mi libro. Le había entregado al propietario seis ejemplares en depósito (es decir, que si no conseguía venderlos, podía devolverlos). Otro autor autopublicado me había dado un consejo importante: en cuanto un libro está firmado por el autor, el minorista debe quedárselo. Así que tenía la costumbre de visitar los establecimientos en los que se vendía *El monje que vendió su Ferrari* para firmar todos los ejemplares.

Recogí los seis que había en el estante y me dirigí a la parte delantera, donde con educación pedí permiso para firmar mi libro. La cajera me lo concedió y los firmé con una mano mientras con la otra sujetaba a mi hijo, que estaba sentado en el mostrador de madera delante de mí.

El mostrador de la librería

Mientras rubricaba mi nombre reparé en que tenía a un observador de pie a mi lado, vestido con una gabardina verde aún mojada por la lluvia. Estaba pendiente de cada movimiento que hacía.

Transcurridos unos minutos, el hombre se aproximó a mí y me dijo, hablando de manera muy precisa: «*El monje que vendió su Ferrari*. Es un gran título. Háblame de ti».

Le expliqué que era abogado. Que hacía años que me sentía frustrado e infeliz porque estaba viviendo la vida de otra persona. Le conté que había descubierto formas valiosas de vivir siendo más feliz, más seguro, más productivo y con mucha más vitalidad. Dije que deseaba con todas mis fuerzas hacer llegar mi libro a tantas personas como fuera posible y servir a la sociedad lo mejor que pudiera. Añadí que había publicado mi libro en una copistería que abría las veinticuatro horas, y que me habían ridiculizado, criticado y menospreciado mientras llevaba adelante mi proyecto.

Él me miró. Me estudió. Esperó lo que me pareció una eternidad.

A continuación sacó su cartera y me entregó su tarjeta de visita. En ella estaba impreso: «Edward Carson. Director general. Editorial HarperCollins».

La sincronización es la forma que tiene el destino de permanecer en silencio, ¿no te parece?

Tres semanas después, HarperCollins compró los derechos de *El monje que vendió su Ferrari*.

Por siete mil quinientos dólares.

El libro se ha convertido en uno de los más vendidos de todos los tiempos y ha ayudado a millones de buenas personas en nuestro querido mundo.

De modo que, al terminar este capítulo, te animo a que consideres las ambiciones éticas que habitan tu corazón en silencio, esperando a hacerse realidad. Te pido que te preguntes cómo puedes ser la Cora Greenaway de la vida de alguien y la clase de ser humano que hace que la gente sea más valiente cuando está en tu presencia. Te invito a ir al umbral de los miedos que te encadenan, a explorar los límites que te atan y a fijarte en todas las heridas del pasado que ahora te detienen, y a superarlo todo.

Este día representa un nuevo amanecer para ti, y nuestro mundo aguarda tu heroísmo cotidiano.

3

Las últimas horas de tu yo expugnable

Bebiendo café. Suena música trip hop. El crudo invierno por fin ha dado paso a una primavera más amable.

Me siento en el cuarto en el que escribo, el lugar al que acudo cuando quiero trabajar. Voy a compartir la escena, a hacer que esto sea más cercano:

Uno de mis rincones favoritos para fomentar la creatividad en casa

Hoy estoy reflexivo. Me pasa a menudo, soy bastante introvertido.

Pienso en las personas que he conocido durante las casi tres décadas que llevo trabajando en el campo del liderazgo y del dominio personal. En charlas privadas para empresas incluidas en la lista Fortune 100, en las calles de ciudades lejanas o en inmensos estadios de países fascinantes de todo el planeta, que tanto merece la pena salvar.

Gente honrada. Magníficas intenciones. Sin embargo, muchos no dudan en compartir conmigo, durante nuestras conversaciones, que anhelan mucho más...

Saber lo que significa expresar con franqueza su genio creativo, disfrutar de los tesoros de la vida y colaborar para forjar una cultura en la que los estímulos y no la crítica, el liderazgo y no el victimismo, las ideas y no los chismes, y el amor y no el odio, ganen la partida.

Sentir más optimismo, ser más audaces y conocer propósitos mayores mientras entienden lo que significa sentirse inspirados en profundidad, viviendo el momento en vez de estar marcados por el pasado o asustados por el futuro.

Reclamar una relación con sus virtudes más genuinas, su mayor potencial y sus ambiciones más vívidas.

Vivir cada día con la lucidez necesaria para saborear los placeres más sencillos de la vida, sin la carga de las preocupaciones.

Eres sabio (quizá más de lo que imaginas en este momento que estamos compartiendo).

Eres consciente de que el potencial que no se expresa se convierte en dolor.

Sabes que las formas de medir el éxito que te vende la sociedad son promesas vacías que solo sirven para distraerte de la cruzada hacia una vida más valiente.

Entiendes que cuanto más te acerques a tu fortuna, más alto gritarán tus temores.

Eres consciente de que el proyecto que más evita tu falso yo es precisamente la operación que tu yo más noble procura que progrese.

Comprendes que la clase mundial tiene menos que ver con la genética y más con los hábitos. Y que todos los productores poderosos trabajan muy muy duro.

Sabes que el tiempo corre, y que aplazar el desarrollo es negar el genio.

Sabes que no puedes permitirte esperar otro día más para convertirte en el héroe que siempre has imaginado ser.

Y así, con el debido respeto, te sugiero...

Que empieces hoy.

Que tengas el coraje de actuar en los límites de tus poderes. Porque cuando tientes tus límites, estos se expandirán.

Que actives ese lado infantil que una vez sintió curiosidad y aprendía de forma constante, antes de que te educaran para que evitaras riesgos y te adiestraran para pensar como los demás, y que así superes siempre a la persona que eres ahora.

Que midas tus victorias en función de la magnitud de tus progresos y nunca por los objetos que hay en tus armarios.

Que lideres sin un título, influyas sin una posición y crees la obra maestra que demuestre las dotes que la naturaleza te ha otorgado.

Y que recuerdes que el camino más fácil suele ser la peor ruta.

Posponer estas acciones es traicionar la grandeza.

4

No pasa nada por no estar bien

Nuestra civilización nos vende la idea de que si no sonreímos y somos felices, si nuestros cachorros no bailan y el arcoíris no entra a raudales por las ventanas en días perfectos, algo malo nos pasa.

He aquí lo que he aprendido: una vida vivida de forma intensa requiere salir al ruedo, asumir múltiples riesgos, seguir diversos caminos, recibir bastantes golpes y enfrentarse a los vendavales de los mares traicioneros más de lo que dicta el sentido común. Estas palabras del dramaturgo irlandés George Bernard Shaw me inspiran en los días difíciles: «El hombre razonable se adapta al mundo; el irracional se empeña en tratar de adaptar el mundo a él. Por lo tanto, todo el progreso depende del hombre irracional».

También me he dado cuenta de que, gracias a los momentos duros y turbulentos que todos soportamos, somos capaces de experimentar en plenitud los placeres de los buenos momentos cuando se presentan. Y siempre llegan, incluso cuando parece que no lo harán.

«Nunca podríamos aprender a ser valientes y pacientes si en el mundo solo hubiera alegría», nos enseñó Helen Keller.

Debo reconocer que no me gusta que las cosas no vayan como yo quiero. No me río tanto y me preocupo más. No soy tan activo ni tan creativo. No soy tan productivo ni puedo acceder a la misma motivación.

Pero he aprendido que no pasa nada por no estar del todo bien. Que cuando no logramos el rendimiento que la mayoría valora, es muy probable que estemos progresando en nuestro rendimiento espiritual. Un día difícil para el ego es un día magnífico para el alma. Los contratiempos, las dificultades y ser presa de la confusión forman parte del ser humano; nunca hay que juzgarlos como algo malo y erróneo. Es solo un alto en el camino que tenemos que experimentar durante este viaje que llamamos vida.

He descubierto que todo lo que vivo durante una temporada desagradable sirve para agilizar mi sabiduría, forjando una fuerza impagable y descubriendo poderes humanos en plena crisis. El sufrimiento me ha ayudado a ser más humilde y sin duda más afectuoso al rebajar mi ego y fortalecer mi heroísmo personal. Es solo una clase programada en el plan de estudios de la escuela de la tierra. Un capítulo en la vida de un hombre que trata de alcanzar el cielo y hace todo lo posible por llevar consigo a los demás.

Prefiero confundirme, magullarme un poco (o mucho) y saber que estoy viviendo de forma plena que dedicar mis mejores años a ver la televisión en un barrio residencial o a comprar cosas que no necesito para impresionar a gente que no conozco en una tienda en la que en realidad no quiero estar. Ese no soy yo. No es lo que quiero representar.

Así que te animo de todo corazón a que tú —una persona real dedicada (y destinada) a llevar una vida magnífica, productiva y de gran impacto— muestres tus heridas con orgullo. Defiende las cicatrices que has interiorizado, desarrollado y pulido. Y considera los cortes que te han herido como medallas al valor concedidas por tu valentía, ya que has luchado por tus objetivos más serios y tus nobles ideales.

Y por supuesto, recuerda: no pasa nada por no estar bien.

5

La paradoja del minero de oro

Esta es una historia muy antigua pero real. Hace miles de años se forjó en Tailandia una imponente estatua de Buda hecha de oro. Los monjes rezaban ante ella, la gente contemplaba su belleza y todos los transeúntes veneraban la extraordinaria obra maestra. Entonces se corrió la voz de que invasores extranjeros se estaban preparando para entrar en el país y existía el riesgo de que robaran el ídolo.

Así que los monjes tramaron un plan para ocultarlo: cubrieron el Buda de Oro con una capa de tierra tras otra, hasta que quedó irreconocible.

Los invasores pasaron de largo ante la estatua, para alivio de los monjes.

Siglos más tarde, un visitante captó un destello dorado que surgía de una pequeña montaña de tierra. Cuanto más excavaban la cubierta, más oro aparecía. Al final descubrieron que se trataba del Buda, construido por completo del metal precioso.

Así eres tú.

Cuanto más avances capa a capa en los tesoros de tus capacidades interiores, más se te recompensará con una generosidad inesperada en tu realidad externa. Es toda una paradoja, ¿no? Saber que la puerta de entrada al éxito y al reconocimiento en tu vida pública exige que realices un viaje interior a las profundidades de tu mundo privado para que controles todo lo que eres en realidad.

Cuanto más trabajes en tu interior para aumentar tu conocimiento personal, más reaparecerá el oro que has cubierto de
tierra para aislarte de las dificultades y los problemas de la vida.
Con buenas dosis de práctica diaria para extraer tus capacidades, refinar tus talentos y revelar tu eminencia, la persona que
has construido se mostrará cuando estés en el mundo.

Mientras me encontraba en Bangkok para una presentación de liderazgo para una empresa en rápida expansión, fui
a ver el impresionante Buda de Oro. He aquí la fotografía de
mi archivo personal:

En Bangkok, con el Buda de Oro

La idea que en realidad intento proponerte es que tal vez la búsqueda de cualquiera que pretenda materializar su magnificencia, vivir sin miedo (y de forma plena) y lograr hazañas que mejoren nuestra familia mundial no es la de convertirse en alguien distinto del que ya es.

¿Qué pasa si el verdadero esfuerzo consiste solo en recordar lo que una vez fuiste, antes de que una fría cultura te alentara a cubrir tu luz con una armadura de dudas, incredulidad y falsas razones respecto a por qué no puedes expresar tu genio original? Y hacer de tu vida un monumento al dominio, al rendimiento y al servicio sincero a la humanidad.

6

El paso de víctima a héroe

Uno de los principales mensajes que espero que asimiles a nivel celular gracias a esta obra es el siguiente: cada día representa una grandísima oportunidad de convertir cualquier forma de victimismo en heroísmo cotidiano. De modo que casi cada movimiento que hagas según van pasando las horas es un voto para la plena realización de la grandeza personal.

Para materializar tu dominio y disfrutar tu mejor vida, te invito a dar los siguientes cinco pasos.

Permíteme que te guíe en cada uno:

Paso n.º 1: Cambiar la mentalidad de «no puedo» por la de «sí puedo»

Las víctimas son prisioneras del «no puedo». Te dicen sin cesar por qué un ideal no puede tener éxito, por qué una empresa no puede funcionar y por qué una ambición no puede materializarse. Debajo del «no puedo» habita el miedo. A fracasar, a no ser lo bastante bueno, a no merecer la victoria, a ser criticado, a salir herido y a las responsabilidades del éxito que imaginamos. Todos los constructores del mundo y los líderes del cambio son expertos en utilizar el lenguaje de la esperanza, el vocabulario de la consumación y el dialecto de la libertad. Evitan contagiarse del «no puedo».

Entienden que las palabras que utilizas son tus pensamientos verbalizados, y que la creación de una obra maestra, el inicio de un movimiento o el diseño de una vida magnífica requiere la energía positiva del «puedo».

Los escépticos y los pensadores derrotados jamás se convierten en aquellos que forjan la historia.

EL PASO DE VÍCTIMA A HÉROE

1. LA VÍCTIMA — LA MENTALIDAD DEL NO PUEDO	EL HÉROE — LA MENTALIDAD DEL PUEDO
2. LA VÍCTIMA — PONE EXCUSAS	EL HÉROE — OBTIENE RESULTADOS
3. LA VÍCTIMA — VIVE EN EL PASADO	EL HÉROE — MEJORA SU FUTURO
4. LA VÍCTIMA — ESTÁ OCUPADO ESTANDO OCUPADO	EL HÉROE — ES PRODUCTIVO
5. LA VÍCTIMA — TOMA DEL MUNDO	EL HÉROE — APORTA AL MUNDO

Una de mis películas favoritas es *El instante más oscuro*, un filme sobre el ascenso de Winston Churchill hasta convertirse en un líder legendario en tiempos de guerra. En la escena final pronuncia un apasionado discurso que encandila a quienes se encuentran a ambos lados del espectro político del Parlamento.

Lord Halifax, la némesis de Churchill, estaba atónito ante la ejecución de la magia vocal de Churchill y le preguntó al colega que estaba sentado a su lado: «¿Qué acaba de pasar?». La respuesta fue: «Ha movilizado la lengua inglesa. Y la ha enviado a la batalla».

Sí, las palabras que empleas son semillas de la cosecha que recoges. Las palabras son poderosas. Se han utilizado para inspirar y liberar a naciones enteras. Y cuando se pronuncian con motivos malvados, han influido a las masas para que se conviertan en soldados del odio.

Cuando escuchas a alguien cuya filosofía es la mediocridad, verás que hace uso de un lenguaje victimista, habla de forma negativa y esgrime argumentos sobre por qué no puede representar el heroísmo en los aspectos principales de su vida. Explicarán por qué no pueden mostrarse elegantes en momentos difíciles, optimizar su rendimiento sin importar las condiciones, ser un gran ejemplo para los demás, tener una excepcional forma física, amasar su fortuna y dejar su huella. El «no puedo» es una torre en la que se encierran las víctimas con la esperanza de que eso les proteja del peligro o el riesgo. Pero, al hacerlo, evitan las abundantes recompensas que de forma inevitable conlleva asumir riesgos de manera reflexiva frente a hacerlo de forma irreflexiva.

El otro día vi a un hombre en televisión que se quejaba de que el gobierno no le estaba apoyando lo suficiente para garantizar que su pequeño negocio prosperara ni para hacerle la vida más fácil. «No veo ninguna solución a esta situación y no puedo sobrevivir en este ambiente tan turbulento», se quejaba.

Vaya...

No lo juzgo en absoluto, pero me parece que esta buena persona esperaba que un poder ajeno al suyo hiciera realidad sus aspiraciones. Y por lo que yo sé, el universo no funciona así. No recompensa a quienes culpan a sus circunstancias cuando las cosas no funcionan y esperan ayuda del exterior sin mover un dedo.

No. Aplaude a quienes demuestran su capacidad para superar las dificultades y convierten sus problemas en victorias.

La vida ama a esos héroes cotidianos que entienden que poseen habilidades, capacidades y la fuerza para dar forma a todos los acontecimientos que el destino les depara.

Las palabras que utilizas tienen potentes campos de fuerza a su alrededor, que atraen resultados que se identifican con ellas del mismo modo que los imanes atraen las limaduras de hierro. También debes saber que las palabras que utilizamos cada día revelan nuestras creencias más arraigadas a todos los que nos rodean, aunque esas creencias no nos sirvan (incluso pueden ser auténticas mentiras que nos enseñó alguien en quien confiábamos al comienzo de nuestra vida).

Yo utilizo siempre la técnica de la autosugestión para reorganizar mi vocabulario hacia un pensamiento positivo y una creatividad mayor. Por la mañana muy temprano, mientras mi subconsciente está más dispuesto a recibir instrucciones, recito lemas como: «Estoy muy agradecido por el día que me espera y por toda su belleza, sus alegrías y sus emociones». Durante el día, si mi mente y mi corazón se desvían hacia alguna herida del pasado o alguna reflexión negativa que mancilla lo mejor de mí, susurro: «Ya no hacemos esto» o «No entremos ahí». Entiendo que esto puede parecer extraño, pero dado que deseo de verdad ayudarte, comparto esta práctica personal que me funciona muy bien.

Así que da el paso para ser más consciente del lenguaje y de los pensamientos que tienes. Y después, con ese mayor conocimiento, inicia el proceso de eliminar todos los «no puedo» y reprograma el poder del «puedo». Redirigir tu vocabulario hacia el liderazgo y la excepcionalidad es una de las formas más sencillas pero potentes de aumentar tu confianza, rendimiento e influencia en el mundo.

Paso n.º 2: Dejar de poner excusas para obtener resultados

Puedes poner excusas o puedes cambiar el mundo. Es imposible hacer ambas cosas. Se detecta a una víctima observando que tiene una razón casi instantánea para explicar por qué su vida no va bien (y nunca tiene nada que ver con ellos).

Esas personas han recitado tantas veces dichas excusas que se han lavado el cerebro ellas mismas y han terminado creyendo que son ciertas. Las han racionalizado hasta el punto de que se han convertido en unos maestros a la hora de explicar su mediocridad. Tu experiencia cambia en el mismo instante en el que entiendes que achacar la culpa de cualquier carencia en tu realidad a las condiciones, a los acontecimientos y a otras personas, da poder a las condiciones, los acontecimientos o las personas a las que responsabilizas de tu descontento. Crecemos en el instante en que asumimos la responsabilidad personal plena por la apariencia de nuestros resultados. Y, al hacerlo, recuperamos nuestra soberanía para realizar las mejoras que buscamos. Cada vez que te abstengas de recurrir a una excusa y en su lugar te consideres a ti mismo el creador de tu vida, obtendrás el correspondiente aumento de la fuerza. Haz esto a diario y te convertirás en un individuo de carácter sobresaliente, productivo, con autocontrol y libertad espiritual.

Paso n.º 3: Abandonar el pasado para forjar un futuro mejor

A las víctimas se les da de fábula vivir en el pasado. Pero no se puede abrazar un futuro fantástico con un pie en una época pasada. Considera tu historia como una academia de la que puedes aprender en vez de una cárcel en la que permanecer encadenado. Emplea la amnesia selectiva para recordar solo lo bueno que has tenido la suerte de disfrutar. Olvida resquemores latentes y decepciones que languidecen mientras aprovechas el excelente crecimiento que los duros acontecimientos te han reportado para convertirte en un productor más audaz y en una mejor persona.

Durante todo mi trabajo de tutoría con titanes de la industria, iconos del deporte y auténticos constructores del mundo, cada uno de ellos adquirió la capacidad de utilizar todo lo que le había ocurrido como combustible para enriquecerse aún más. Cada una de estas superestrellas pasó de pensar en el pasado a optimizar el presente de primer nivel que precede a un futuro magistral.

Paso n.º 4: Pasar de estar ocupado «estando ocupado» a ser productivo

Te ruego que no confundas estar ocupado con ser productivo. Y desde luego, no des por hecho que movimiento equivale a progreso. Una agenda llena no significa que estés haciendo cosas maravillosas. Demasiados buenos artistas, sin duda legendarios, cayeron en la trampa de realizar un trabajo falso en vez de un trabajo real. No es lo mismo.

Para una víctima, el ajetreo se convierte en la droga preferida, una vía de escape que llena su tiempo de frivolidades y trivialidades en un vano intento inconsciente de eludir la incomodidad que supone la creación de una obra cumbre que respete el genio humano. Es mucho más fácil engañarte a ti mismo pensando que tienes demasiado que hacer —y luego echar la culpa de tu falta de victorias artísticas y triunfos productivos a un mundo duro y cruel que exige tu atención—, que controlar tu vida bloqueando todas las distracciones digitales e interrupciones innecesarias y honrar tu brillantez nata realizando un trabajo que fascine a todo el que lo vea.

Paso n.º 5: Dejar de tomar del mundo para dar al mundo

No hagas caso a la creencia del *statu quo*, según la cual el éxito significa que el ganador se lo lleva todo. En vez de tomar del mundo, haz que te resulte siempre emocionante dar al mundo. Y compórtate de un modo que ayude a todos los ciudadanos.

Los que pertenecen a la mayoría viven en la escasez (temor a que no haya suficiente para que todos sean felices). Son supervivientes, atrapados en un secuestro límbico, que actúan con su cerebro ancestral en vez de con la gran sabiduría de su intelecto superior. Para experimentar las recompensas que las posibilidades te tienen reservadas, continúa reafirmando el lema que dice: «Aquel que enriquece a más personas, gana». Y permite que la generosidad, junto con la virtud del servicio constante a los demás, guíe el resto de tu vida.

La estadista Golda Meir escribió una vez: «Confía en ti mismo. Sé la persona con la que te haría feliz vivir el resto de tu vida. Saca el máximo partido de ti avivando las diminutas chispas interiores de las posibilidades para que ardan las llamas de logros mayores».

Al aplicar los cinco elementos del paso de víctima a héroe, la confianza que tienes en ti mismo crecerá, la estrecha relación con tus talentos especiales y tus grandes méritos será más profunda y restablecerás la relación con esa parte de ti que está segura de tu capacidad para traducir tus actuales deseos en un éxito colosal: personal, profesional, económica y espiritualmente.

Sí, estoy de acuerdo en que el proceso no siempre será fácil. (¿Por qué nuestra sociedad aplaude lo que es fácil?)

Sin embargo, recuerda que las actividades que no te exigen nada nunca harán que mejores.

Y que las actividades que más cuesta acometer suelen ser las más valiosas.

Y que el miedo siempre grita más fuerte cuanto más cerca está tu magia.

Así que sigue adelante con la poderosa sabiduría de que las cosas buenas les suceden a las personas que hacen cosas buenas mientras compartes tus tesoros con nosotros.

7

Aquella vez que me robaron mis diarios personales

Sin entrar en detalles escabrosos, y asegurándome de proteger la dignidad de los implicados (que se comportaron lo mejor que sabían), me gustaría hablar de aquella vez que cogieron «prestados» mis diarios personales con anotaciones de nueve años.

Todos mis gráficos de sueños y las hojas de aprendizaje en las que registraba los conocimientos que había reunido estaban ahí. En aquellos diarios había documentado el profundo procesamiento emocional y la considerable recuperación del desamor, los momentos duros y otras decepciones. Todos los collages de mi vida ideal, mis cavilaciones personales más vulnerables y las constantes reflexiones sobre mi muy necesario crecimiento, todo desapareció. Y todas las observaciones creativas generales, los conocimientos de mis viajes por el mundo, las notas de mis conversaciones mentales y los miles de minilecciones aprendidas los días vividos lo mejor posible, se esfumaron sin más.

En un solo día. En una sola mañana, para ser más exacto. El universo tiene un hilarante sentido del humor, ¿no te parece?

Así que, cuando la gente me dice: «Robin, me encanta tu método de escribir un diario para fomentar el optimismo, la autenticidad, la gratitud, la experiencia y la libertad espiritual, pero ¿qué pasa si alguien ve lo que escribo?».

Respondo desde la experiencia más extrema: «¿Qué importa? Verán a una persona que tiene una vida. Con esperanzas y temores al mismo tiempo. Una persona fantástica y con defectos. Tan segura como confusa. Que trabaja en sí misma para convertirse en una versión más cercana a su visión más perfecta. Y eso es glorioso».

Esta tremenda pérdida me enseñó a no aferrarme a las cosas, una de las habilidades más preciadas que uno puede aprender durante este viaje terrenal en el que estamos. Esta traición aumentó mi capacidad de aceptar las cosas y de reconciliarme con aquello que ocurre, sea lo que sea. Me ayudó a saber desconectar y a dejar de controlar lo que sucede. A dejar de identificarme con lo que otros puedan pensar de mí si se enteran de mis temores y mis fracasos, de mis oraciones, aspiraciones y recursos.

En el mejor de los casos, cualquiera que lea mis reflexiones personales verá a un hombre que está en el buen camino. Alguien que trabaja más duro en sí mismo que cualquier otra persona en cualquier otro lugar. Un ser humano que desea con todas sus fuerzas evolucionar para ser más honrado, decente, servicial y compasivo. Y tal vez, algún día, incluso noble.

En el peor de los casos, alguien se enterará de mis errores, leerá mis frustraciones, espiará mis magulladuras y determinará que estoy hundido.

¿Y sabes qué? Según mi filosofía, esto solo me hace real. Que esté despierto. Y vivo.

Conozco a muchas celebridades, líderes de renombre y supuestos gurús que cuando se apagan las luces del escenario no son en absoluto como aparentan ser. Todo era una ilusión, puro marketing, y un trabajo de ventas brutal.

Escribir intimidades en un diario casi todos los días me ha ayudado a enriquecerme, a conocerme mejor, ha magnificado mi creatividad de forma considerable, ha mejorado mi fluidez emocional, me ha generado una sensación casi constante de gratitud y ha eliminado muchas de las manchas que se habían instalado en mi alma.

Para ser sincero, esta práctica me ha salvado la vida.

Lo que he escrito en esas páginas, entre esas tapas de cuero negro, detalla mi proceso personal de purificación. La preparación para forjar un carácter más fuerte y convertirme en un auténtico líder al servicio de los demás. Los intentos de liberarme en vez de reprimir cualquier negatividad y toxicidad atrapadas en mi interior. Todos mis diarios proporcionan un archivo de la aventura de mi mejor yo, triunfando poco a poco y de forma serena sobre mi lado inseguro y temeroso.

Si algún hermano o hermana de nuestra gran familia que habita este pequeño planeta pretende condenarme, burlarse de mí o pensar mal de mí al conocer mis debilidades y defectos, no pasa nada. En realidad, su comportamiento es cosa suya. No tiene nada que ver conmigo. No es asunto mío.

Mi frase favorita de la película *Shoot the Messenger* es: «Echa un vistazo de cerca a la vida de cualquiera y verás un circo de tres pistas».

Un circo de tres pistas. Al echar un vistazo de cerca a la vida de cualquiera.

Llena de color y de comedia, de sorpresas y de acrobacias, de caminar por la cuerda floja en las malas temporadas, así como de toneladas de asombro y maravillas durante los días de sol.

8

Enseñanzas de importantes mentores

Rezo para que cuando te llegue este mensaje, que escribo mientras cruzo el Atlántico en avión, estés centrado en tu trabajo, persiguiendo con determinación las cimas de tu excelencia y dispuesto a dejar tu huella en el mundo mientras esculpes una vida llena de felicidad, sofisticación, serenidad y utilidad de la que al final te sentirás orgulloso.

He tenido la fortuna de contar con muchos y magníficos mentores en mi vida.

Cuando era abogado, con veintipocos años, trabajé para un importante juez que poseía una inmensa integridad, una excepcional disciplina y una inolvidable humanidad. Fue venerado en su campo, se formó en Harvard, era brillante y un hombre modélico. Sin embargo, su vida era bastante austera. Por ejemplo, conducía un coche sencillo, poco llamativo y bastante viejo. Este caballero prefería no invertir en cosas triviales. Porque era un peso pesado.

Seguimos en contacto tras su jubilación. Me enviaba cartas manuscritas por correo, agradeciéndome los diversos libros que yo le mandaba. Siempre valoraba mis progresos y me felicitaba por mis avances como escritor y asesor de liderazgo. Su generosidad me hizo sentir más grande de lo que era y mejor de lo que soy. Su honradez hacía que me sintiera forzosamente aún más esperanzado.

Esperaba con ansia aquellas cartas, con mi nombre y mis

señas escritas con esmero en el sobre, con la tinta de su vieja pluma estilográfica.

Mi última visita a uno de mis mejores mentores, el presidente del Tribunal Supremo Lorne O. Clarke

Cuando él estaba próximo a cumplir los ochenta y cinco años, durante un periodo de mi vida en el que yo me veía saturado de giras internacionales de conferencias, plazos de entrega literarios y compromisos familiares, decidí poner todo en pausa y subirme a un avión para visitar a este ser humano que tanto me había influido. No quería perder la oportunidad de volver a verlo.

Recordamos el tiempo que pasamos juntos mientras disfrutábamos de una taza de té fuerte, reímos a carcajadas y charlamos sobre temas de interés para ambos.

Antes de irme le pregunté a mi anciano mentor: «¿Cuál es el consejo más importante que puedes darme de cara al futuro, presidente del Tribunal Supremo Clarke?».

Él guardó silencio unos minutos y después respondió con serenidad: «Sé siempre amable, Robin. Oh, es muy importante. Sé siempre amable».

A continuación hizo algo que jamás había hecho en todos los años que nos conocíamos; se acercó y me dio un abrazo mientras añadía: «Te quiero, Robin».

Dos meses después, este gigante del derecho y gran servidor público falleció.

Steve Wozniak, cofundador de Apple, también ha sido un mentor con gran influencia sobre mí. Le conocí en Zúrich, cuando formó parte del profesorado en The Titan Summit, un evento en directo para líderes mundiales y empresarios de élite que dirigí durante muchos años.

Aunque era un icono, Woz llegó solo, hizo gala de una educación impecable y se mostró tan accesible como un buen amigo. Durante nuestra entrevista en el escenario reveló su fórmula ganadora como visionario y tecnólogo, compartió ideas poco conocidas sobre la auténtica fuente de la excelencia de Steve Jobs y nos invitó a todos a que nos comprometiéramos no solo a ser los mejores en lo que hacíamos, sino también a tratar a cada persona con una cortesía exquisita y un respeto extraordinario.

Nos mantuvimos en contacto durante muchos años y llegué a considerarlo no solo un guía, sino también un amigo muy querido.

Detrás del escenario en The Titan Summit, en Zúrich,
con el cofundador de Apple Steve Wozniak

Aunque he tenido el honor de ser mentor de muchos multimillonarios famosos, leyendas del deporte de la NBA, la NFL y la MLB y de los equipos de liderazgo de organizaciones como Nike, FedEx, Oracle, Starbucks, Unilever y Microsoft, si me preguntan quién ha sido la principal influencia en mi vida, yo diría: «Es fácil; mi padre».

Mi padre nació en una humilde familia de Jammu, Cachemira, con un sacerdote como padre y una santa como madre. Según mi tío (su hermano), mi padre era un estudiante superdotado que tuvo que superar a unos diez mil competidores para conseguir una plaza en la facultad de Medicina de Agra (India), donde se encuentra el Taj Mahal.

Llegado el momento de desplazarse hasta allí para iniciar sus estudios de Medicina, su hermano mayor y él caminaron un día entero y después viajaron tres días en tren para ir la facultad, pero cuando se presentaron les informaron de que le habían dado su plaza a otra persona.

Abatidos pero no derrotados, suplicaron al director de la universidad que le admitieran, dado el magnífico expediente académico de mi padre. (Mi padre nunca lo diría, ya que es muy humilde, pero mi tío me aseguró una vez que era «absolutamente brillante»).

Tras muchas discusiones, al final admitieron a mi padre. Lo que le llevó a terminar la carrera de Medicina y a mudarse a África, donde conoció a mi madre (y me engendraron a mí). Después trabajó para el gobierno ugandés como médico de campaña (un día se cruzó en la selva con el dictador Idi Amin y mi madre dice que ese día le salvó la vida a mi padre; pero esa es otra historia, tal vez para un próximo libro), y además ha sacado adelante a una familia sana (mi hermano es un cirujano ocular muy respetado).

Mi padre (y mi muy sabia madre) lo son todo para mí.

Durante cincuenta y cuatro años, mi padre ha ayudado a la comunidad como médico de familia.

Década tras década ayudó a quienes lo necesitaban,

incluso pagando de su bolsillo los medicamentos si el paciente no se lo podía permitir.

Y año tras año me ha brindado una filosofía de peso que me ha moldeado a un nivel muy profundo.

Mis padres y yo en el jardín

Por si sirve de ayuda, quiero compartir la mejor lección que he aprendido de mi padre. Es una enseñanza simplemente profunda y profundamente simple (como todas las grandes verdades).

«Sirve a los demás».

Muchos en esta época de incertidumbre se comportan de una manera egoísta, soberbia e indigna que perjudica a nuestra sociedad y degrada el planeta.

Muchos han olvidado que en realidad pertenecemos a una misma familia, en un planeta muy insignificante, en un universo con doscientos mil millones de galaxias y dos billones de estrellas.

Muchos miden el triunfo en función de la cantidad de riquezas acumuladas, desconocen el significado de «suficiente» y se conducen en la vida como si fueran aprendices de Maquiavelo.

A muchos les han lavado el cerebro haciéndoles creer que el que más se lleva, recibe lo mejor.

¿En serio?

¿Qué pasa con eso de que la riqueza fluye cuando aumentas el valor de lo que das a los demás, incrementas tu compromiso de ayudar y elevas de forma drástica tu contribución a todo el que lo necesite, ya sea un pariente o un amigo, un cliente o un proveedor, un vecino o un auténtico desconocido? Las recompensas más generosas —como la felicidad plena, la serenidad duradera y el creciente amor propio— son fruto de saber que estás viviendo tu vida para llevar a cabo una misión mucho más grande que tú mismo.

«Sirve a los demás», nos dijo mi padre a mi hermano y a mí. Lo repetía con frecuencia. Y a veces, con sus libros de medicina apilados a su lado cuando se sentaba en su sillón favorito del salón, añadía: «Ese es el secreto de una buena vida, chicos».

Para hacer hincapié en eso, mi padre escribió el siguiente poema de Rabindranath Tagore en la tapa de cartón de su talonario de recetas y lo colocó en la puerta de la nevera, en la cocina, para que lo viéramos antes de irnos al colegio cada mañana:

La primavera ha pasado
El verano se ha ido
Y el invierno está aquí
Y la canción que tenía que cantar continúa silenciada
Pues he dedicado mis días a poner y a quitar las cuerdas
  de mi instrumento

Para mí, estos versos nos recuerdan que la vida es demasiado corta para no ir a por todas. Que cada uno de nosotros tiene una música que no deber acallar en su interior. Y que mantenerse ocupado por el mero hecho de estar ocupado y permitir que actividades sin importancia consuman tus horas es una tremenda falta de respeto a tu genio natural.

Las palabras también me hacen pensar en el deber de servicio que todos tenemos. Hablan de la obligación de enriquecer a los demás en una civilización que con demasiada frecuencia destroza a las personas. Señalan nuestra responsabilidad colectiva de aprovechar nuestros días de manera que se reduzca la injusticia, el maltrato y el odio en nuestra cultura actual y los sustituya la buena voluntad hacia todos. Y mucho más honor.

Mi padre, mi mayor mentor, me escribió una carta cuando era un joven abogado. Llevo grabadas en el corazón algunas de las palabras que leí. Y necesito compartirlas contigo:

> Cuando naciste, lloraste mientras el mundo se alegraba. Vive tu vida de forma que cuando mueras, el mundo llore mientras tú te alegras.

9

La alegría de que se rían de ti

Este es un capítulo corto, destinado a visionarios, soñadores e inadaptados.

Cuando realices tus ambiciones y materialices tus aspiraciones con visión de futuro, los provocadores saldrán a jugar.

Cuando vivas tu verdad y reveles por completo tus dotes, los críticos murmurarán y los cínicos refunfuñarán.

Cuando tu imperio de productividad, prosperidad e influencia, antes oculto, salga por completo a la luz, los detractores se reirán de ti. Y tratarán de detenerte.

Sin embargo, a todos los que hacen historia se les ridiculizó al principio, antes de ser venerados.

La propia naturaleza de un ideal valiente y de la ardiente esperanza de hacerlo realidad significa que destacarás entre la multitud, te llamarán raro y la mayoría se sentirá amenazada por tu poder creativo. Esto se manifestará en celos, burlas y, a veces, incluso ataques despiadados.

Recuerda (por favor) que los que tratan de impedir tus sueños revelan sus limitaciones, no las tuyas. Así que continúa a toda costa. No debes sucumbir a tus inseguridades ni estancarte.

Porque el fracaso al realizar la acción correcta entraña el triunfo de los mezquinos, los poco generosos y aquellos que prefieren que todos vivan en la oscuridad antes que verlos brillar con fuerza.

10

El memorándum de Orson Welles

Orson Welles está considerado uno de los cineastas más adelantados de todos los tiempos.

Rodó *Ciudadano Kane*.

Dirigió y narró la extraordinaria adaptación radiofónica de la novela de H. G. Wells, *La guerra de los mundos*, que provocó una histeria generalizada cuando los oyentes, creyendo que la Tierra estaba siendo atacada de verdad por extraterrestres, corrieron a refugiarse.

Reinventó la forma de hacer películas mediante el uso de sus inusuales ángulos de cámara, sus eclécticas técnicas de sonido y las tomas largas que se convirtieron en su marca personal.

Sin embargo, lo que más admiro de Orson Welles es su integridad artística y su consagración a alcanzar la perfección como líder creativo.

Después de tres meses en la sala de edición, asegurándose de que su película *Sed de mal* fuera una obra maestra, el estudio prohibió a Welles que siguiera en el proyecto. (El *establishment* de Hollywood siempre lo consideró un extraño y solían ponerle trabas para hacer las películas).

Welles entendía la frustración que su perfeccionismo generaba en la gente y lo reconocía: «Podría trabajar eternamente en el montaje de una película. No sé por qué me lleva tanto tiempo, pero eso tiene el efecto de suscitar la ira de los productores, que luego me quitan la película de las manos».

Unos meses después de que lo echaran, Welles vio el montaje de *Sed de mal* que había realizado el estudio. Se enfadó tanto al ver que no reflejaba sus estándares de excelencia que, aunque ya no participaba en ella (ni le pagaban), escribió un memorándum al jefe de producción detallando con meridiana precisión las correcciones necesarias.

El documento tenía cincuenta y ocho páginas.

Lo he leído y es impresionante.

La pericia técnica que revela, la atención a los aspectos en apariencia poco importantes y el respeto por el hecho de que dejaran su nombre a un lado son sorprendentes. Y una gran inspiración para cualquier persona que de verdad quiera hacer obras que perduren.

El productor desestimó las sugerencias y *Sed de mal* se proyectó tal cual.

Aquella versión permaneció en el mercado dieciocho años, hasta que alguien descubrió el memorándum y lo publicó en *Film Quaterly*, donde captó la atención de un director que idolatraba a Orson Welles. Se encargó de reeditar la película para que fuera más fiel a la visión original del pionero que estaba detrás.

A los críticos les encantó.

Sin embargo, para mí la verdadera victoria no está en el reestreno de la película, sino en la redacción de ese memorándum.

Lo que confirma que la realización de una obra maestra tiene mucho menos que ver con el dinero que se gane y mucho más con el carácter del creador.

11

Nada es perfecto

Estaba en San José, Costa Rica, alojado en un elegante hotel *boutique* junto a un precioso canal.

Al salir, la joven de recepción me preguntó con amabilidad: «¿Que tal ha sido su estancia? Espero que perfecta. —Y entonces, antes de que pudiera responder, añadió—: Por supuesto, nada es perfecto».

Hum.

«Nada es perfecto». Qué gran observación.

En la naturaleza no hay banco de arena, jardín, arroyo sinuoso, flor perfumada ni frondoso bosque que sea perfecto.

Lo mismo ocurre en la vida, ya que se rige por las mismas leyes naturales. No encontrarás nada que sea absolutamente perfecto. Jamás.

Y en cuanto aceptes esto descubrirás que las cosas son mucho más fáciles de manejar. Existirás con mucha más alegría, tranquilidad y genio espiritual.

Nada en lo que trabajes será jamás perfecto, aunque sea tu obra magna. Estoy seguro de que Miguel Ángel habría cambiado algunas pinceladas del fresco del techo de la Capilla Sixtina una vez terminado, que Lev Tolstói habría estructurado *Guerra y paz* de forma un poco distinta si hubiera tenido una segunda oportunidad y que Marie Curie habría imaginado de nuevo varias de sus innovaciones científicas tras una reflexión más profunda.

Ningún negocio será nunca perfecto, aunque la mercancía sea magnífica y cuentes con artistas épicos para tu equipo.

Ninguna cena en un restaurante será perfecta, aunque sea la comida más exquisita que hayas probado jamás.

Ningún par de zapatos, ninguna tarta de pastelería, ninguna película que veas por televisión ni ningún partido entre los mejores jugadores será nunca perfecto.

Y ninguna relación personal será perfecta. Porque aún no he conocido a la persona perfecta.

Pero aquí está lo maravilloso: cuando aceptes esa certeza sobre la perfección de todas las cosas, empezarás a ver de forma automática la magia que hay en este desorden.

Empezarás a ver la química, y la auténtica alquimia, en los objetos, las experiencias y los seres humanos que tienen defectos. Aprenderás a confiar en que todo es perfecto en su imperfección.

En Japón, la gente arregla las piezas de cerámica rotas uniéndolas con oro puro, una práctica de cuatrocientos años de antigüedad llamada *kintsugi*. Me produce una enorme fascinación que la pieza antes deteriorada se vuelva más fuerte en las partes rotas. Y lo que es más importante: el método celebra la verdad que entraña que algo con defectos se pueda concebir de nuevo como algo todavía más valioso.

¿No sería esto algo perfecto?

12

La doctrina del vendedor de castañas

Una noche, salí a pasear yo solo por las calles adoquinadas de una ciudad europea de ensueño.

Observé a los turistas que salían de los restaurantes elegantes, estudié a los maniquíes de los escaparates de las tiendas de lujo y me maravillé al ver la luna iluminar los tejados de las etéreas catedrales.

En una plaza había una figura solitaria.

Estaba encorvada sobre una estufa en la que asaba castañas. Hacía su trabajo como si fuera el más importante del mundo. Una sonrisa amable se dibujaba en su rostro surcado de arrugas, aunque era casi medianoche.

Me detuve a su lado y compré una bolsa de castañas. Entonces le pedí que me contara su historia. Le hice algunas preguntas sobre su familia. Sentía curiosidad por las dificultades de su viaje vital y qué fue lo que le llevó a acabar en esa plaza.

«Es tarde. Hace frío. Las calles están ahora bastante tranquilas. ¿Por qué sigue aquí, en su silla, vendiendo castañas?», le pregunté al castañero de mediana edad, que llevaba un gorro de lana azul.

Él me miró en silencio. «Fui un hombre de negocios de gran éxito en mi país —respondió—. Entonces enfermé y lo perdí todo. Mi empresa, mi casa y mi dinero. Pero todavía puedo trabajar, gracias a Dios. Todavía puedo mejorar mi vida. Puedo hacer feliz a la gente ofreciendo estas castañas que aso con mucho amor. Todavía sigo vivo, así que puedo soñar».

El vendedor de castañas que no ponía excusas

«He tenido sueños y he tenido pesadillas. Vencí las pesadillas gracias a mis sueños», dijo Jonas Salk, el icónico científico y creador de la vacuna de la polio.

Todo ser humano con un corazón que late alberga un poder fascinante en su interior. Una capacidad para transformar los ideales en resultados, los contratiempos en éxitos y las promesas en proezas. Por desgracia, a la mayoría de la gente se le ha enseñado a repudiar esta fuerza con tanta frecuencia que han olvidado que la tienen.

Ahí estaba ese hombre. Había vivido una tragedia. El destino lo había vapuleado a conciencia. Y, sin embargo, en vez de quejarse, renegar y hacer poca cosa con sus habilidades, como una víctima indefensa que se lame las heridas del pasado y se regodea en la autocompasión, ahí estaba él, sonriendo, trabajando, ayudando y poniendo de su parte para mejorar su realidad. Era hermoso. Heroico, en realidad.

Y si continúa con semejante determinación y pasión por su cometido, no me cabe la menor duda de que pronto podrá contratar a otras personas para que le ayuden a expandir su empresa a otros lugares, y si sigue aprovechando la oportunidad, hasta es posible que con el tiempo compre una finca de castaños y construya una serie de fábricas de procesado del fruto que dé empleo a mucha gente, y quizá al final se retire para dedicarse a la filantropía. ¿Quién sabe? Por supuesto que la Fortuna tiene su propio guion, y gran parte de lo que vivimos está escrito por el guardián del destino. Sin embargo, a los seres humanos se nos han otorgado inmensas dotes y un impresionante poder para moldear nuestro futuro.

Mi experiencia con el castañero de firme carácter me lleva a pensar en lo que yo llamo «La fábula de los dos restaurantes».

En la romántica ciudad europea, la preferida por los amantes, había dos restaurantes. Estaban situados uno enfrente del otro. Servían un tipo de comida muy similar y, a primera vista, se asemejaban mucho. Pero en uno de ellos siempre había una larga cola en la calle. Todas las noches. ¿El otro? Tenía casi todas las mesas vacías.

Curioso, ¿no te parece?

Apostaría a que el dueño del local vacío tiene un millar de seductoras justificaciones y un millón de atractivas excusas de por qué su restaurante no goza de popularidad. Supongo que frases como «solo es suerte», «están mejor situados», «no encuentro un gran chef», «cuesta encontrar buenos trabajadores» o «la economía hace que me sea imposible tener éxito» ocuparán los primeros puestos de su lista. Ninguna de estas excusas serían afirmaciones veraces. Solo sirven para que el propietario se sienta mejor por tener las mesas vacías.

La realidad es que el aclamado restaurante encontró la forma de brillar. Igual que podría haber hecho el establecimiento de enfrente. Sin embargo, ceder el poder propio es mucho más sencillo. Resulta más fácil dejarse llevar, con un mínimo compromiso con la experiencia, una pobre ética laboral y sin pasión alguna por crear algo especial. Culpar a los astros de la falta de maestría y de unas malas circunstancias solo sirve para que las personas se sientan mejor. Porque asumir toda la responsabilidad de nuestros actos y sus consecuencias exige librar una batalla contra nuestros dragones y demonios. Requiere una extrema valentía y una profunda sabiduría que pocos están dispuestos a adquirir.

Y, sin embargo, para obtener los resultados que muy pocos tienen, hay que hacer cosas que muy pocos hacen.

En realidad, no tenemos suerte en la vida. La suerte la creamos nosotros. En cuanto actuamos de la forma correcta.

Te aconsejo que hoy te prometas a ti mismo dejar que el virtuosismo sea tu luz, que la diligencia sea tu estrella polar, que la integridad sea tu faro y que la búsqueda de la grandeza durante toda tu vida sea tu brújula.

Y cuando estés a punto de rendirte y necesites un poco de inspiración sincera, te ruego que te acuerdes de mi amigo el castañero. El del gorro de lana azul.

13

El principio ROGO para acelerar el optimismo

Tu ecosistema da forma a tu energía y tu entorno influye en tu rendimiento. De manera drástica.

Todo lo externo a ti influye a un nivel profundo en tu forma de pensar, de sentir, de crear y de ejecutar. Absolutamente todo.

Tu ecosistema particular incluye a las personas con las que conversas, los influencers a los que sigues, los medios de comunicación que consumes, los libros que lees, la comida que comes, las herramientas de trabajo que utilizas, el transporte que empleas, el lugar en el que vives y los espacios que visitas. Todo ello funciona de manera conjunta para elevarte a la categoría de leyenda o para reducirte a algo corriente.

Lo que me lleva al principio ROGO: Recoge Optimismo y Generarás Optimismo.

No puedes pasar horas cada día viendo las noticias (pensadas para asustarte y que solo veas eso en vez de mostrarte el inmenso bien que se está haciendo en el mundo en ese mismo momento), siguiendo a esas celebridades superficiales y presumidas, rodeado de gente que te hace sentir mal y pasando el tiempo en entornos físicos tóxicos, y aun así pensar que es posible aprovechar la magia que aumenta tus capacidades originales, respeta tu magnífico carácter y hace que prodigues tu encanto en la sociedad.

Para aumentar tu inspiración tienes que hacer cosas que la potencien. Sé que parece una obviedad, pero en general se percibe cuando no se cumple. Proteger de forma activa tu optimismo para generar una creatividad de élite y un rendimiento máximo no es algo común en una cultura que fomenta la medicación por medio de las distracciones digitales y la evasión mediante el sensacionalismo superficial. Para obtener las recompensas que solo experimenta el 5 por ciento de la población hay que introducir hábitos e incluir formas de ser que el 95 por ciento restante no está dispuesto a adoptar.

Mi consejo es que construyas un foso alrededor de tu actitud más esperanzada y un muro alrededor de la exuberancia de tus aspiraciones más elevadas. Permite el paso solo a aquellas influencias que fomenten tu entusiasmo, optimicen tu genio inherente, maximicen tu rendimiento y glorifiquen tus talentos naturales. Blinda y fortifica esos pensamientos alentadores a los que tanto esfuerzo dedicas erigiendo una fortaleza invisible que no permita la entrada a nada ni a nadie que amenace tu grandeza. Porque jamás podrás crear tu visionaria empresa ni expresar plenamente tu magia si el depósito de tu inspiración está vacío o si estás lleno de negatividad. Ah, y ya de paso, asegúrate de llenar tu mente y tu corazón de grandes ambiciones para no dejar espacio a las pequeñas preocupaciones.

Los mejores artistas trabajan en entornos positivos, bonitos y tranquilos por una razón fundamental: eso activa el estado de fluidez, esa corriente de genialidad a la que cada uno tenemos acceso si estructuramos nuestro espacio de trabajo y organizamos nuestra vida privada de forma que nos permita actuar a la altura de nuestras facultades.

El pintor Andrew Wyeth dejó la ciudad de Nueva York cuando se convirtió en uno de los artistas más célebres de la historia y pasó el resto de su carrera trabajando en un estudio en una granja en Chadds Ford, Pensilvania, y en una casita junto al mar en Cushing, Maine.

Permanecer cerca del impresionante esplendor de la naturaleza es un hábito de todos los grandes maestros para mantenerse inspirados, centrados y felices en una época de cambios estructurales e inmensa agitación. (También pasan mucho tiempo solos, porque únicamente pueden alcanzar su máximo estado creativo cuando están aislados).

J. D. Salinger, después de que *El guardián entre el centeno* se convirtiera en uno de los libros más vendidos del planeta, se retiró de la atención pública con treinta y cuatro años y pasó los cincuenta y siete restantes en la zona rural de Cornualles, New Hampshire, escribiendo a diario en un pequeño estudio conectado con la casa principal por un túnel subterráneo. Podía ir a su despacho sin que le vieran los fotógrafos ni los admiradores que esperaban en la calle.

El creador de James Bond, Ian Fleming, compró un lugar de retiro en Jamaica, al que bautizó como GoldenEye, encaramado sobre una bonita playa para que le proporcionara las epifanías y el combustible artístico que mejoraran su obra.

Como primer ministro de Reino Unido, Winston Churchill pasaba los fines de semana en Chequers, la casa de campo oficial del jefe del Gobierno británico, o en Chartwell, su residencia junto a un lago en el sureste de Inglaterra, para aliviar la presión que le suponía liderar el país durante la guerra contra el régimen nazi. Allí planificaba la estrategia militar, escribía con esmero sus hipnóticos discursos, pintaba paisajes y fumaba puros en los verdes jardines.

Los constructores del mundo, así como los héroes cotidianos decididos a cumplir su promesa, comprenden el principio ROGO. Entienden que fortalecer el optimismo, la inspiración y las grandes esperanzas en un momento de negatividad general es fundamental en su campaña de producir un trabajo sublime y llevar una vida que rebose felicidad, serenidad y libertad espiritual.

14

Deja de decir que tu genio es «la hostia»

Dondequiera que vayas, oirás a gente buena usar malas palabras para grandes cosas.

El camino a la iluminación es que las cosas no te importen «una mierda».

Lleva unas zapatillas deportivas con estilo y te aplaudirán por llevar unas zapatillas «de la hostia».

Aprende a meditar, visualizar, llevar un diario y rezar para dejar atrás viejos traumas, desterrar la timidez y aumentar tu confianza, y tus amigos te aplaudirán por ser el «puto amo».

Haz gala del rendimiento laboral más espectacular de tu vida (hasta la fecha) y te dirán que lo has hecho de «puta madre».

Mejora tu arte para acercarte a tu potencial y tus compañeros exclamarán: «Estás haciendo un trabajo de cojones».

¿En serio? Las palabras significan aquello que las palabras dicen.

Y las palabras que usas envían potentes mensajes a tu subconsciente sobre quién eres, lo que puedes lograr y la calidad de lo que vas a producir.

Hace un tiempo di un discurso sobre liderazgo en un evento al que asistió la junta directiva de uno de los gigantes mundiales del sector de los medios de comunicación.

Dos hombres jóvenes y muy educados nos llevaron al aeropuerto al compañero de equipo que viajaba conmigo y a mí.

Charlamos sobre buena comida, música interesante y de la importancia de buscar la felicidad.

Entonces le pregunté al conductor acerca de sus ambiciones.

Me reveló su deseo secreto de trasladarse a Canadá.

Me contó que amaba la belleza natural del país, el civismo de su gente y la eficacia de sus infraestructuras.

«Pero sé que es imposible», repitió una y otra vez, reforzando así el circuito neuronal asociado a la imposibilidad porque, como te dirá cualquier buen neurocientífico, las células cerebrales que se activan juntas se conectan entre sí.

La gente revela sus creencias más profundas por medio de sus comportamientos cotidianos, y las heridas saboteadoras por medio de las palabras que se callan.

Los temores del joven habían estafado a sus deseos. Sus desleales dudas habían secuestrado sus fiables sueños.

Las falsas suposiciones, las barreras irreales y la errónea visión del mundo que asimiló de quienes le rodeaban le enseñaron a hablar como una víctima impotente, a ver barrotes de una prisión que no estaba ahí, algo parecido a lo que pasa cuando a un perro que tiene una valla alrededor de su patio se la quitan pero aun así no cruza el límite.

El joven imaginaba un bloqueo donde en realidad existía una puerta. «Lo que nos causa problemas no es lo que no sabemos, sino lo que sabemos y no es cierto», dijo el sagaz artista y humorista Will Rogers.

Presto mucha atención a las palabras que digo. Ni siquiera llamo *fall** al otoño porque el término *fall* tiene connotaciones negativas en mi filosofía. Me encanta el otoño. No me interesan las caídas. Eso duele. A veces mucho.

---

* En inglés, *fall* significa otoño, pero también caída. (*N. de los T.*)

Recuerdo haber leído un mensaje de un lector que decía que deseaba asistir a un evento en directo que yo dirigía, pero que no podía «porque tendría que cruzar el océano».

¿Es que creía que el único modo de llegar hasta allí era nadar durante un mes?

¿Pensaba que solo se podía cruzar el océano en un bote de remos desvencijado?

¿Acaso ir a la reunión requería que tuviera la audacia de sir Edmund Hillary y la valentía de Juana de Arco?

La obsesión del conductor con la palabra «imposible» (en serio, no dejaba de repetir la dichosa palabra) mostró su mentalidad rígida y malsana. Y entonces, por desgracia, su limitada filosofía se convirtió en una profecía autocumplida. Si no creemos que algo es posible, entonces no haremos el trabajo, no seremos constantes ni tendremos la paciencia necesaria para hacer realidad la fantasía. Por tanto, no sucede. Lo que luego nos confirma que todo era imposible.

Y ya que estoy hablando de elegir las palabras con cuidado para maximizar la creatividad, el rendimiento y la prosperidad, ni en un millón de años calificaría «de la hostia» el trabajo que alimenta mi alma, expresa mi talento, me proporciona el oxígeno vital y me permite ayudar a otras personas.

Jamás halagaría a nadie diciendo que tiene un aspecto «de la hostia».

Nunca menospreciaría el éxito de alguien que se lo ha ganado con esfuerzo diciendo que su gran logro es «una locura».

Y cuando alguien ha hecho un trabajo sobresaliente, nunca le diría que lo ha hecho «de puta madre».

Porque considero que son malas palabras. No son buenas. A mi modo de ver.

Un lenguaje hermoso tiene carisma. Así que ejercita bien el tuyo.

15

Lo que J. K. Rowling me enseñó sobre la perseverancia

Los hechos:

La autora de la serie sobre Harry Potter ha vendido más de quinientos millones de libros.

Este titán de la literatura es la primera novelista que se ha convertido en multimillonaria.

La escritora, que pasó de ser pobre y desconocida a ser rica y famosa, es ahora una importante filántropa.

Su padre era ingeniero aeronáutico en la factoría de Rolls-Royce y su madre trabajaba en el departamento de química del colegio en el que Rowling estudió.

De niña «vivía para los libros» y se describía a sí misma como «el típico ratón de biblioteca, con pecas y gafas de la Seguridad Social».

Esta celebridad escribió su primer libro a los seis años y su primera novela a los once (trataba de siete diamantes malditos; ojalá yo tuviera tanta imaginación).

La idea de Harry Potter se le ocurrió de camino a la estación de King's Cross, en Londres, en un tren de Manchester que llevaba retraso. En realidad, la idea de los siete libros surgió en ese viaje, junto con la trama central del primero, *Harry Potter y la piedra filosofal*. En un increíble golpe de intuición, el concepto se le presentó en una sola frase: «Niño que no sabe que es mago va a una escuela de magos».

Escribía a mano, en trozos de papel que acabó guardando en una maleta (sí, una maleta).

Gran parte del primer libro de Harry Potter lo escribió en la cafetería Nicolson's y en The Elephant House en Edimburgo. Por entonces, Rowling era una madre soltera que necesitaba la ayuda de la asistencia social.

Durante el proceso de escritura falleció la madre de la escritora, a la que estaba muy unida. Esto la sumió en una larga depresión. Pero Rowling continuó creando, utilizando la oscuridad emocional como abono para hacer que sus personajes fueran más ricos y memorables. (La dificultad puede ser una compañera fiel para el éxito creativo).

Terminó el libro y envió tres capítulos a varios agentes literarios. Solo uno respondió. Rowling dijo: «Fue la mejor carta que he recibido en mi vida».

Tuvo numerosos rechazos por parte de las editoriales, que alegaban que el libro no sería un éxito comercial ni interesante para el público joven. Finalmente, Bloomsbury accedió a publicar *Harry Potter y la piedra filosofal*, pero le pidió a Joan Rowling (como era conocida por aquel entonces), que añadiera una «K.» después de la inicial de su nombre, ya que creían que un nombre claramente femenino desanimaría al público infantil. (La «K.» es de Kathleen, el nombre de pila de su abuela).

Incluso después de convertirse en una de las autoras más vendidas de todos los tiempos, dijo que no iba por ahí pensando que era fabulosa. Su principal objetivo es «escribir mejor que ayer».

Publicó una serie de libros policiacos bajo el pseudónimo de Robert Galbraith. Sin revelar quién era, envió el libro a los editores para que lo evaluaran. Una de las muchas cartas de rechazo que recibió le sugería que «un grupo de escritores o un curso de escritura podrían serle de ayuda». (¿Recuerdas lo que te he dicho antes? La opinión de alguien es solo su opinión. No la creas si no te ayuda a mejorar).

Un proverbio japonés nos enseña: «Cáete siete veces. Levántate ocho».

J. K. Rowling vivió según esa máxima. Y eso la hizo grande.

16

Protege tu salud como un atleta profesional

Muy bien. Este capítulo es un poco más largo, pero prometo que merecerá la pena. Así que vamos a empezar.

Thomas Fuller escribió: «No se valora la salud hasta que llega la enfermedad».

Una gran verdad, ¿no crees?

Tras una presentación en Qatar ante la cúspide de los directivos de la región, una persona del público se acercó a mí, me entregó una nota arrugada y me pidió que la leyera en un momento de tranquilidad. Esa noche, en la habitación del hotel, leí estas palabras garabateadas en el papel:

> La salud es la corona que descansa en la cabeza de la persona sana y que solo una persona enferma puede ver.

«Aquellos que no tienen tiempo para hacer ejercicio, al final tendrán que encontrar tiempo para la enfermedad», nos recordó el estadista británico Edward Stanley.

Pocos hábitos transformarán más el rendimiento y aumentarán más la alegría que optimizar lo que yo llamo «disposición física» en el plan de estudios que enseño a mis clientes de tutoría avanzada en el programa IconX y en el curso online *El círculo de las leyendas*.

Muchos expertos en el ámbito del desarrollo personal hablan de la disposición mental y predican el lema de «La mentalidad lo es todo». Con inmenso respeto hacia todos esos educadores, yo tengo un enfoque contrario a la ecuación del autocontrol.

Sí, equilibrar tu disposición mental para instaurar el pensamiento y la programación mental de la grandeza es fundamental para un rendimiento magistral. Tu comportamiento cotidiano refleja tus creencias más profundas. Y tus ingresos e influencia nunca serán mayores que tu propia identidad e historia intelectual. Así que la mentalidad importa. Por supuesto. Sin embargo, no lo es todo.

Como seres humanos somos mucho más que nuestra psicología.

También tenemos una segunda dimensión que yo llamo «disposición emocional», que se resume en que, junto con nuestra psicología, cada uno de nosotros además tiene un lado emocional. No solo poseemos la capacidad de pensar, sino que también tenemos la gran capacidad de sentir. Es sencillamente imposible adentrarse en el conocimiento más elevado, tener una relación íntima con tus poderes ocultos, lograr resultados fascinantes y experimentar gratitud, sobrecogimiento y asombro continuos si solo vives en tu cabeza.

Sí, equilibra tu disposición mental, pero te ruego que también dediques tiempo a purificar tu disposición emocional para que esté libre de las emociones tóxicas reprimidas del miedo, la ira, la tristeza, la decepción, el resentimiento, la vergüenza y la culpa que todo ser humano acumula a medida que transcurre la vida y superamos desgracias. Si fracasas en tu empeño de abordar y sanar de manera constante esta zona de dolor que acecha en tu subconsciente, descubrirás que tu energía, creatividad y rendimiento máximos estarán siempre bloqueados (entender esto es de vital importancia). En un próximo capítulo te guiaré a través de una serie de métodos dinámicos y tácticas transformadoras para limpiar este equipaje invisible. Por ahora, solo has de entender que realizar el trabajo necesario para liberarte de viejas heridas emocionales es fundamental para mejorar tu rendimiento. De lo contrario, las sombras secretas alojadas en lo más hondo de tu disposición emocional siempre sabotearán tus excelentes intenciones intelectuales.

Trabajar en la disposición mental pero descuidar la emocional es también la razón principal por la que no perdurarán la mayoría de los aprendizajes, ya sea por medio de libros, formación digital o conferencias en directo. Obtenemos la información a un nivel cognitivo, pero no la asimilamos como un conocimiento emocional en el cuerpo. De modo que no la retenemos. Esto entraña que nuestros hábitos menos sólidos y los comportamientos que nos limitan se mantengan, por culpa de nuestra incapacidad para aceptar las ideas como una verdad profunda debido a los bloqueos en nuestra disposición emocional.

Muy bien. Así que, como seres humanos, tenemos los imperios interiores de la mente y del corazón. Ambos deben ser atendidos y cultivados de manera constante para disfrutar de los imperios exteriores de la creatividad espectacular, el rendimiento excepcional, la prosperidad extraordinaria y el importante servicio a la sociedad.

Sin embargo, la psicología y la afectividad no son el final de la ecuación del virtuosismo personal. Hay dos universos internos más en mi programa de orientación que, cuando también se elevan, completan el algoritmo del liderazgo personal. Estos son la disposición física y la disposición espiritual.

Echemos un vistazo al esquema de la página siguiente:

LOS 4 IMPERIOS
INTERIORES

Solo cuando los cuatro imperios humanos despierten y empiecen a mejorar, revelarás tu genialidad, mostrarás tu grandeza, liderarás tu campo y experimentarás una vida de positivismo, vitalidad, asombro y libertad espiritual. La principal razón, y esto es muy importante, por la que fracasan casi todos los intentos de conocer tu yo soberano es que no se tiene en cuenta este enfoque inverso ni se aplica.

Así que, tras la psicología y la afectividad, llegamos al imperio interior número tres. La disposición física es tu cuerpo. No cambiarás el mundo si estás enfermo. O muerto. La optimización de tu disposición física, en la que me centraré la mayor parte del resto de este capítulo, implica mejorar tu energía, aumentar tu inmunidad y reducir la inflamación para vencer las enfermedades y prolongar tu vida de manera significativa.

Por último, la disposición espiritual habla de tu espiritualidad, de la relación con esa parte eterna de ti que es sabia, por completo inquebrantable, unida a todos los demás seres humanos del planeta e ilimitada. La práctica de la espiritualidad consiste en reducir el ruido de tu ego para que puedas oír los susurros de tu héroe primigenio, que es quien eres de verdad bajo las dudas y la desconfianza que todos acumulamos a medida que vamos cumpliendo años.

Voy a repetir esto porque quiero que quede claro: solo cuando realices el trabajo diario para que crezcan cada uno de los cuatro imperios interiores, experimentarás exponenciales beneficios en tus imperios exteriores de la creatividad, el rendimiento, la prosperidad y el servicio público a los demás.

Una vez abordado este contexto tan importante y del que raras veces se habla, vamos a centrarnos en la principal prioridad de proteger tu salud optimizando tu disposición física.

A medida que aumente tu dimensión física, construirás un cerebro aún mejor, mejorarás tu concentración, activarás una resistencia extraordinaria, multiplicarás la cantidad de fuerza de voluntad a tu disposición, elevarás tu estado de ánimo, reducirás los peligros de la inflamación crónica que causa enfermedades, dormirás mejor y vivirás más tiempo.

Uno de los modelos de aprendizaje que les ha resultado útil a mis clientes cuando se trata de mejorar la salud y ponerse en forma como un atleta profesional es la Trinidad de la Vitalidad Radiante:

TRINIDAD DE LA VITALIDAD RADIANTE

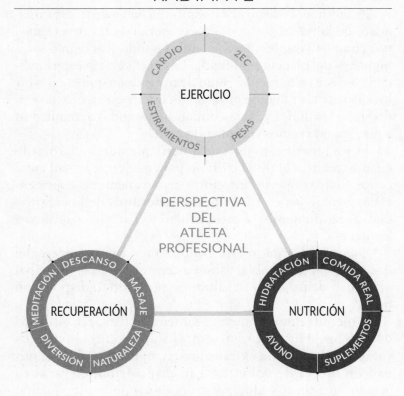

Como ves, el primer elemento de la Trinidad de la Vitalidad Radiante te anima a hacer ejercicio (preferiblemente cada mañana). Para dar lo mejor de ti te conviene ser un MMC: una Máquina en Movimiento Constante (excepto cuando es el momento de RRD: Renovar, Recuperar y Descansar). El hábito de hacer ejercicio libera dopamina neuroquímica, que producirá un fuerte aumento de la inspiración que perdurará el resto del día. ¿Cuánto vale este factor por sí solo en términos de influencia, beneficios, impacto y bienestar?

Sudar nada más levantarte en una cinta de correr, saltando a la comba o haciendo spinning en una bicicleta (son solo algunos ejemplos) liberará BDNF (factor neurotrópico derivado del cerebro), que promueve la neurogénesis (generación de nuevas células cerebrales) y repara las células cerebrales dañadas por el estrés del día anterior. El BDNF también aumentará la velocidad con la que tu cerebro procesa la información al aumentar las conexiones entre las vías neuronales, proporcionándote una ventaja enorme en el nuevo mundo en el que trabajamos.

El ejercicio matutino producirá más norepinefrina, que activa la máxima concentración en esta época de abrumadoras distracciones digitales, así como serotonina, que regula la ansiedad, maximiza la memoria y relaja. Hacer ejercicio también aumentará tu tasa metabólica, proporcionándote más energía. El simple ritual de moverse por la mañana de forma vigorosa potenciará la excelencia en tus días. Sudar en abundancia antes de que salga el sol es uno de mis hábitos más importantes. Espero que lo incorpores, ya que es totalmente revolucionario para todos los ámbitos de la vida.

También recomiendo realizar una rutina a última hora de la tarde o a primera de la noche que yo llamo «segundo entrenamiento de cardio» (2EC), que garantiza que al final de la jornada laboral programes una segunda ronda de ejercicio para generar todavía más beneficios de los que ofrece el ejercicio físico. Si de verdad coincides conmigo en que el ejercicio es un magnífico generador de cambios positivos cuando se trata de establecer una productividad sin igual, un rendimiento heroico y un optimismo automático, ¿por qué solo hacer ejercicio una vez al día?

Por ejemplo, después de escribir me gusta ir al bosque que hay cerca de nuestra casa y pasear durante una hora. Los japoneses son unos maestros del *shinrin-yoku*. *Shinrin* significa «bosque» en japonés y *yoku* significa «baño». Los baños de bosque dando un paseo a pie o en bicicleta de montaña tienen muchas ventajas, incluyendo la reducción del cortisol, la hormona del estrés, un significativo incremento de las células citolíticas naturales (los agentes del cuerpo que luchan contra las enfermedades), una función cognitiva mejorada y una mayor confianza. En mis paseos por el bosque durante mi 2EC suelo escuchar un audiolibro o un podcast para dedicar una o dos horas más al aprendizaje. La educación es una vacuna contra la irrelevancia, así que me tomo muy en serio el crecimiento diario.

Para mejorar la disposición física también es buena idea compaginar la actividad cardiovascular con el trabajo de pesas para aumentar tu fuerza, y estiramientos diarios para incrementar tu movilidad. No querrás dejar que un anciano agarrotado se apodere de tu cuerpo.

Como puedes ver por el modelo de aprendizaje principal de este capítulo, el segundo elemento de la Trinidad de la

Vitalidad Radiante es la nutrición. «Que la comida sea la medicina», aconsejaba el sanador griego Hipócrates. Tu plan nutricional es una parte primordial para estar tan sano como un atleta profesional y seguir siendo entusiasta, activo, supereficaz y alegre durante mucho tiempo.

En la medida de lo posible, come alimentos reales en vez de procesados, ya que estos últimos están cargados de productos químicos y toxinas que perjudicarán tu rendimiento y disminuirán tu longevidad. Yo hago todo lo posible por comer alimentos orgánicos y me esfuerzo por apoyar a los agricultores locales de mi comunidad. También estoy comprometido con refinar mis dotes culinarias para que mi familia y yo disfrutemos de comida sana y natural preparada en casa, a menudo mientras suena buena música de fondo y conversamos de manera fluida e interesante. (No sé muy bien cuántos libros escribiré, ya que una parte de mí tiene el romántico sueño de abrir un restaurante para once comensales en una ubicación difícil de encontrar, en el que prepararía con mucho amor cada plato con los ingredientes más frescos disponibles para aquellas intrépidas almas que me visitaran. Quizá cenemos juntos algún día. Me encantaría conocerte).

Otro elemento importante de una nutrición extraordinaria es la suplementación. En pocas palabras, gran parte de lo que tu cuerpo necesita para rendir al máximo no se puede obtener solo de los alimentos que ingerimos. De hecho, lo que comemos ahora es muy diferente y mucho menos nutritivo que los alimentos de hace incluso una década, dada la falta de respeto que como especie hemos mostrado por nuestro planeta. Así que tienes que incluir los suplementos necesarios para dar lo mejor de ti mismo.

Además, he de decir que analizar mi genoma me cambió la vida. Mi genetista analizó paso a paso cuáles de mis genes no eran óptimos para que, gracias al poder de la epigenética (*epi* significa «arriba», por lo que el estudio de la epigenética consiste en superar tu genética mediante la modificación de tus hábitos de vida), pudiera estimular los genes que serían más beneficiosos para mi salud. Tomar suplementos, incorporar rutinas diarias mejoradas y adoptar nuevas conductas que hagan que los genes latentes se activen y los genes menos idóneos no se manifiesten son ejemplos del uso del *biohacking* para reordenar de forma activa tu destino genético. Los genes que has heredado de tus padres en realidad no son tu destino. Tienes mucho más poder del que imaginas para cambiar la manera en que se manifiesta tu genoma.

De acuerdo.

Las dos últimas cosas que deseo mencionar sobre nutrición son el ayuno y la hidratación. Nada de lo que aquí ofrezco es un consejo médico, así que te ruego que consultes con tu médico cualquier nuevo régimen de salud. Sin embargo, voy a compartir mi experiencia personal con el ayuno porque esta práctica ha sido de gran utilidad para mi rendimiento, así como para mi salud.

Las temporadas de trabajo en las que estoy escribiendo un nuevo libro, haciendo giras de conferencias o grabando cursos para internet suelo ayunar la mayoría de los días de la semana. En esas épocas acostumbro a hacer la última comida del día alrededor de las nueve de la noche y, aparte de una taza de café solo (el café está repleto de antioxidantes y es un tremendo potenciador cognitivo), mucha agua y té de menta fresca (a veces con jengibre orgánico), no como nada hasta las cuatro o las cinco de la tarde del día siguiente.

La disciplina del ayuno me ha ayudado a mantenerme muy centrado, muy inspirado y lleno de energía, por lo que consigo hacer muchas cosas importantes. Algunas investigaciones han descubierto que el ayuno aumenta la producción de BDNF que, como ya he dicho, potencia la función cerebral. También reduce la degeneración neuronal y mejora la neuroplasticidad, lo que acelera la capacidad de aprendizaje, mejora la memoria y reduce el azúcar en sangre y los niveles de insulina. Un estudio demostró que la restricción calórica aumenta los niveles de la hormona del crecimiento humano en más de un 300 por ciento. Se ha comprobado que reducir la ingesta calórica, aunque sea pocas veces a la semana, activa los genes (¿recuerdas la epigenética?) que ordenan a las células que preserven los recursos y lleva tu sistema a un estado conocido como autofagia, en el que el cuerpo se acelera para eliminar material celular dañado y reparar células estropeadas por el estrés.

También utilizo el ritual del ayuno para progresar a nivel espiritual. Como escribió san Francisco de Sales:

> Aparte del efecto ordinario del ayuno, que es elevar el espíritu, refrenar la carne, practicar la virtud y alcanzar una mayor recompensa en el cielo, es un gran bien conservar el propio dominio sobre la glotonería y tener el instinto sexual y el cuerpo sujetos a la ley del espíritu, y aunque no sean muchos los ayunos, el enemigo nos teme más cuando conoce que sabemos ayunar.

Deja que te pregunte, con el debido respeto: ¿Cómo podemos pretender dominar los impulsos, producir una obra de arte, llevar vidas magníficas y materializar nuestros grandes objetivos si ni siquiera sabemos controlar lo que comemos? Para mí, el ayuno hace que esté más presente, que sea mucho más creativo, exponencialmente más fuerte y mucho más capaz de hacer cosas difíciles que están más cerca de mi verdadero yo espiritual.

Ah, también bebo mucha agua durante el día, ya que una hidratación adecuada mejora la función mitocondrial y es fundamental para multiplicar nuestra energía.

El tercer y último elemento de la Trinidad de la Vitalidad Radiante es la recuperación. Descansar es el arma secreta del productor de élite. La recuperación no es un lujo, es una necesidad y una prioridad de vital importancia para mantener un rendimiento de primer nivel no solo durante años, sino también durante décadas.

A pesar de las creencias dominantes de nuestra cultura, las horas que dediques a renovar los recursos agotados es tiempo bien invertido. Todos los atletas profesionales tienen una práctica en común: duermen mucho.

Cuando escribo sobre el gran valor de la recuperación para proteger tu forma física y tu cuerpo no me refiero solo a un buen ritual antes de dormir, a una buena higiene del sueño, a las siestas y a los masajes regulares. La recuperación también puede ser activa, siempre y cuando sea fuera del trabajo. La verdadera renovación requiere grandes cantidades de tiempo lejos de cualquier influencia que genere ansiedad. Las visitas a galerías de arte y mis periodos en la naturaleza, asegurándome de divertirme, también forman parte de mi recuperación, así como una rutina matinal que incluye meditación, visualización, autosugestión y oración.

Una de las formas más efectivas de ganar en los negocios es sobrevivir a tus compañeros. Así tendrás algunas décadas para dominar tu oficio y pulir tus poderes. Una de las formas más inteligentes de amasar tu fortuna es prolongar tus años productivos. De este modo tendrás más tiempo para permitir que el extraordinario fenómeno de la capitalización obre su magia. Y una de las formas más inteligentes de experimentar una vida de soberanía y auténtica felicidad es asegurarte de que tu vida sea muy larga. Poner en práctica la Trinidad de la Vitalidad Radiante de forma sistemática te garantizará este resultado. Así que cuida tu salud como un atleta profesional.

«La felicidad no es más que buena salud y mala memoria», aseguró el filántropo y erudito Albert Schweitzer.

Creo que tenía razón.

17

Mi noche de cuatro cruasanes de chocolate

Bueno, no quiero que pienses que nunca cometo errores solo porque hago ejercicio a diario, me alimento bien, ayuno de forma regular y practico la biología casera para aprovechar los beneficios de la epigenética. No creas que no me doy un capricho. Sí que lo hago. Porque no soy un gurú. Y sí muy humano.

Hace unos dos mil quinientos años, Aristóteles formuló la doctrina del término medio, que afirma que el comportamiento virtuoso requiere que uno encuentre el término medio entre el ascetismo y la indulgencia. Seguir el camino de la moderación entre el exceso y la privación. Evitar ser extremista en cualquier aspecto de la vida. He aquí una máxima que vale la pena recordar: «La restricción fomenta la adicción».

Lo que me lleva a hacer una confesión.

La otra noche, después de muchos meses trabajando en este libro, levantándome antes que el sol la mayoría de los días con el fin de prepararme para sesiones de trabajo muy productivas y ayunando durante largas horas para tener la mente despejada y que mi energía estuviera focalizada en este proyecto, decidí recompensarme por mi dedicación y darme un capricho que ansiaba con fuerza.

Así que hice un pedido a domicilio de pasta italiana recién hecha. Después la usé para elaborar uno de mis platos favoritos, *bucatini al limone*. Los ingredientes son: pasta, aceite de oliva virgen extra, queso pecorino, una pizca de pimienta negra, ralladura y zumo de limón y un poco de menta para darle un toque de dulzor (y una pincelada de color a la presentación). Este es el aspecto del plato:

Bucatini al limone hechos por mí con amor

¡Estaban deliciosos! Aplaqué mi estómago y sosegué mi alma. Cuando nadie miraba, incluso le canté una cancioncilla de amor. Sí, así de enamorado estaba de los *bucatini*.

Y en ese estado perfecto de felicidad por los carbohidratos, tuve que seguir adelante.

A continuación pedí pizza, con tres tipos de queso y de corteza gruesa (del tamaño del monte Kilimanjaro).

Y por último compré cuatro —sí, cuatro— espléndidos, divinos, fastuosos y etéreos, maravillosos y celestiales cruasanes italianos recién salidos del horno, rellenos de chocolate, llamados *saccottini al cioccolato* (no es que me entusiasmaran ni nada por el estilo).

Y tras comprobar que nadie me estaba mirando, me comí todos y cada uno de ellos. Con una sonrisa de oreja a oreja.

¿He mencionado que no soy un gurú? ¿Y que soy muy humano? Tengo un motivo para este exceso de información vulnerable.

«Todo con moderación, incluyendo la moderación, es una forma sensata de actuar». (Gracias por el consejo, Oscar Wilde; también se dice que afirmó: «Puedo resistirlo todo menos la tentación»).

Lo único que digo es que en una civilización que hace que nos sintamos culpables, dañados y menospreciados a menos que seamos perfectos, tengamos éxito y ejecutemos ochenta y tres ejercicios de alto rendimiento al día (con listas de comprobación para registrar nuestra ejecución de cada uno), quizá, solo quizá, deberíamos reconciliarnos con el equilibrio. Y estar de acuerdo con el término medio de Aristóteles, que es amar los placeres de este mundo especial cuando es el momento adecuado para hacerlo. La vida es demasiado corta para ser inflexibles y asemejarnos a máquinas, ¿no te parece?

Pienso en los corredores de maratón que han muerto de forma súbita por un ataque al corazón, y en las personas que se tomaban dos chupitos de aguardiente cada noche y vivieron más de cien años. A veces me pregunto si la neuroquímica positiva que se genera al hacer cosas que te hacen feliz (como una «comida trampa») es un objetivo mucho mejor que el rigor sobrehumano y la inflexibilidad de superpersona que sin duda produce más cortisol que corroe nuestra vitalidad junto con nuestra longevidad.

Me excedí porque me exigí demasiado. Un poco menos de restricción y un poco más de indulgencia en esos intensos meses con este proyecto me habría llevado a disfrutar de un pequeño plato de pasta, quizá de una o dos porciones de pizza y seguramente de tres cruasanes de chocolate menos aquella cálida noche de verano.

18

Una filosofía opuesta para dominar
los cambios inesperados

He paseado por el mismo bosque desde hace más de veinte años.

Durante los periodos positivos de mi viaje, se ha convertido en un lugar para regenerar mi creatividad, recargar energía y restaurar la tranquilidad.

En las etapas difíciles en las que he tenido que superar una tragedia o he vivido experiencias insustanciales, este bosque se convirtió en una especie de monasterio, un lugar de retiro para el crecimiento y mi transformación constante.

A lo largo de uno de sus senderos, junto a un pequeño estanque frecuentado por vivarachos patos, hay un cartel con unas palabras que me han ayudado mucho a sobrellevar la incertidumbre.

Esto es lo que dice la parte importante:

> Los bosques se renuevan mediante perturbaciones naturales como el viento, el fuego, los insectos y las enfermedades. Estas perturbaciones dan lugar a la creación de zonas de árboles muertos dentro de las que crecerá un nuevo bosque.

Le hice una foto para que puedas verlo:

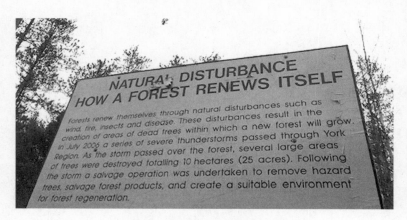

NATURAL DISTURBANCE
HOW A FOREST RENEWS ITSELF

Forests renew themselves through natural disturbances such as wind, fire, insects and disease. These disturbances result in the creation of areas of dead trees within which a new forest will grow. In July 2006 a series of severe thunderstorms passed through York Region. As the storm passed over the forest, several large areas of trees were destroyed totalling 10 hectares (25 acres). Following the storm a salvage operation was undertaken to remove hazard trees, salvage forest products, and create a suitable environment for forest regeneration.

El cartel de mi bosque monasterio

Verás, la naturaleza de la naturaleza es el cambio inflexible. Y, a veces, los cimientos en los que nos apoyamos deben caer para que otros más fuertes puedan reemplazarlos. Los avances requieren una crisis. No puede haber progreso sin agitación, y el alumbramiento de algo mejor siempre exige la muerte de algo familiar. Las incómodas perturbaciones son fundamentales no solo para tu evolución, sino también para tu propia supervivencia. Al igual que en mi bosque.

Para el ojo inexperto, las perturbaciones se consideran malas y se etiquetan como tal. Deseamos que las cosas vuelvan a ser como eran. Así nos sentiríamos más seguros. Sin embargo, siempre es preferible la incomodidad del crecimiento que la ilusión de seguridad. En serio. Quedarse inmóvil es un acto muy perjudicial para cualquiera que pretenda convertirse en un héroe cotidiano.

Tu progreso como líder y tu optimización como persona se basan en realizar cosas difíciles. Lo que es más fácil de hacer suele ser aquello que es menos útil. Una transformación duradera tiene lugar en nuestras épocas tormentosas, nunca en los días tranquilos.

Todos los grandes santos, sabios y genios espirituales eran

conscientes de que uno de los objetivos principales del camino hacia el despertar era soportar los problemas que depara la vida y permanecer contento, valiente, sereno y libre. Conservar la serenidad mientras todo parece desmoronarse. Construir un eje de poder interior tan fuerte, y a la vez tan flexible, que nada externo pueda sacudir sus raíces. Imagínate esto: forjar una vida interior que siga siendo plena, tranquila y llena de agradecimiento a pesar de lo que ocurra fuera de ti. Que tu fuerza no dependa de la estabilidad mundana, sino de tu heroísmo primigenio.

A medida que dejes de resistirte al cambio en tu vida personal, en tu carrera profesional o en tu entorno externo y aceptes las nuevas circunstancias que el destino te ha enviado, llegarás a considerar cualquier inestabilidad que surja como una gran bendición. Una nota necesaria en la elevada sinfonía que es el plan maestro del mundo. Y un trampolín elaborado con mucho cuidado hacia el crecimiento y la evolución que te convertirá en el líder, productor, guerrero y buen ciudadano que el auténtico triunfo implora que seas.

«Lo que la oruga llama fin del mundo, el maestro lo llama mariposa», escribió una vez el escritor y piloto de aviación Richard Bach.

O como el eminente filósofo Friedrich Nietzsche observó: «Es necesario que siga habiendo caos dentro de uno mismo para poder alumbrar una estrella danzarina».

19

Por supuesto que eres lo bastante bueno

Eleanor Roosevelt dijo: «La comparación es la ladrona de la felicidad».

Y es evidente que vivimos en la cultura de la comparación, ¿no crees?

Nos sentimos felices por una victoria en el trabajo hasta que alguien del equipo obtiene lo que consideramos un reconocimiento mayor que el que recibimos nosotros.

Estamos contentos con nuestra pareja hasta que vemos a alguien que parece más feliz del brazo de otra persona.

Nos sentimos seguros en el plano económico hasta que vemos la foto de alguien tomando el sol en su yate, volando en avión privado siempre que lo desea y oliendo las rosas de los coloridos jardines que rodean su opulenta mansión.

Nos gusta nuestro aspecto hasta que vemos una imagen de otra persona con un físico más esbelto y con unas facciones más modélicas.

Gran parte de mi propia sanación emocional se ha centrado en aprender a sentirme lo bastante bueno, a contentarme con quien soy, con mi forma de vida y con lo que tengo. Y a no comparar mi vida con la de los demás (que, según he descubierto, a menudo no son más que ilusiones bien elaboradas para vender una marca y promocionar un producto).

También he aprendido que no hay personas que sobren en este planeta.

Cada uno de nosotros es valioso. Todo el mundo importa. Y que el dinero en la cuenta bancaria de los demás o el tamaño de su casa no significa que sean mejores que tú. Ni más importantes para el mundo que tú.

¿Por qué nuestra sociedad, dañada a nivel espiritual, determina que un magnate vale más que un excavador de zanjas? ¿O un dirigente político se considera más valioso que un profesor? ¿O que un trabajador de los servicios de emergencias? ¿O que alguien que prepara sándwiches? De verdad que no lo entiendo. Y eso me molesta.

El dinero es solo una medida del éxito, una forma de riqueza. Hay muchas más, ¿sabes? Como ser una buena persona y realizar un trabajo que te satisfaga, tener una vida familiar satisfactoria y estar rodeado de amigos que te cubran de gratitud y esperanza. Muchos se obsesionan con la rentabilidad económica de las inversiones y, por desgracia, ignoran la rentabilidad de invertir en carácter, felicidad y espiritualidad.

Y he de decirte que, por mi experiencia como asesor de un montón de magnates de la industria, multimillonarios y titanes del entretenimiento, muchos de ellos tienen todos los recursos imaginables, pero también tienen problemas, numerosas preocupaciones y son infelices. Demasiado dinero puede convertirse en sinónimo de complejidad, dificultad y, a menudo, desdicha. Personalmente valoro mucho más la libertad interior que el rédito económico.

Considera la riqueza de una persona que...

Siempre llega a tiempo, tiene una educación maravillosa, piensa en las necesidades de los demás y se preocupa por el medio ambiente.

Se enorgullece de realizar su sencillo trabajo con entusiasmo, gran ética y una excelencia fuera de lo común.

Irradia optimismo incluso en las condiciones más duras, ve lo mejor en todo lo que le rodea y es un ejemplo de agradecimiento por todo lo que tiene.

¿Alguien así no es un héroe de nuestra sociedad? ¿Un ejemplo de virtuosismo? ¿Un representante de lo extraordinario?

Reconoce tu singularidad. Celebra tus virtudes. Valora tu bondad. Aplaude todo lo que has superado, así como los maravillosos dones que te depara el futuro.

No minimices tu esplendor.

Entiende de una vez por todas que no hay nadie que sea exactamente igual que tú en el planeta. Nadie.

Desde el principio del imperio de los humanos, solo se ha hecho uno como tú. ¿No es asombroso? Solo uno como tú, con tus huelas dactilares, tus capacidades, tus auténticas ambiciones, tu forma de hablar, de trabajar, de andar y de amar. ¡Por Dios, eres increíble!

Sí, las redes sociales que consumes pueden enviarte fotos de personas que tienen un abdomen más plano y vídeos de actores que conducen coches espectaculares. Pero eso no significa que tú no seas valioso. Porque lo eres. Eres único en tu clase. Y aunque creo que es muy importante seguir mejorando cada aspecto de tu vida todos los días, también debes saber y creer que eres lo bastante bueno siendo quien eres ahora.

Así que permíteme aconsejarte con toda humildad que te dediques tú mismo las palabras, los elogios y los ánimos que esperas que te den las fuerzas externas. Y que te conviertas en tu mejor animador, tu mejor apoyo y tu fan número uno.

20

La declaración de activación del principiante

He escrito una declaración para que la recites por la mañana temprano mientras tu barrio permanece en silencio, de ese modo podrás acceder a tu fuego más radiante y a tus capacidades más asombrosas en el momento más tranquilo del día. Mientras el resto del mundo duerme, tienes la ocasión de lograr un triunfo fundamental: asociarte con tu yo más puro, cultivar tu fuerza latente y recodar lo que tratas de defender durante las horas que tienes por delante.

Al amanecer, cuando todo está quieto, antes de que el ruido del día comience, puedes acceder a esa parte de ti que ha permanecido ilesa por los desalientos del pasado, que se niega a ser conquistada por la negatividad y la derrota, y que desea existir de una manera que marque la diferencia.

Leer esta declaración en voz alta al amanecer reprogramará con el tiempo tanto tu mente consciente como tu subconsciente para deshacerte de las falsas creencias que han hecho que te sientas pequeño y asustado.

Aquí tienes:

Este día es una bendición que voy a honrar, saborear y aprovechar al máximo.

El mañana es un concepto. El presente es real. Y por eso elijo vivirlo de forma elegante, paciente e intachable.

En los momentos venideros me mostraré como un líder,

no como una víctima. Seré un creador, no alguien que copia. Un visionario en vez de un seguidor.

Hoy elijo ser extraordinario en lugar de corriente. Y valiente en vez de cobarde. Un héroe a mi manera, en lugar de renunciar a mis potentes poderes por medio de la culpa, las quejas y las excusas.

La inseguridad, la mansedumbre y el miedo al rechazo no contaminarán mi rendimiento ni obstaculizarán mi capacidad de enriquecer, respetar y dar valor a otras personas.

En este día dedicaré tiempo a la reflexión y al pensamiento profundo, me resistiré a perder el tiempo, me mantendré presente y realizaré una labor que revele mi dominio mientras sigo fiel a mis más nobles ideales.

Hoy cumpliré todas las promesas que me hago a mí mismo, defenderé mi optimismo, practicaré mis mejores hábitos y realizaré las cosas que hacen cantar a mi corazón. Porque tengo mucha música dentro de mí y ya no pienso faltarme al respeto reprimiendo esa canción.

En las próximas horas seré muy disciplinado y me centraré al máximo, sin confundir el estar ocupado con realizar grandes hazañas.

Y si necesito descansar, no lo consideraré una pérdida de tiempo, pues entiendo que un rendimiento de primer nivel sin una buena recuperación conduce al envilecimiento de mi genio natural.

Hoy no abandonaré una gran idea sin tomar medidas para ponerla en práctica. Sé que concebir ideas sin ejecutarlas es cosa de tontos. Y que hacer realidad sueños increíbles es un enorme acto de amor.

Hoy seré más valiente que ayer, más optimista que la tarde de ayer y más amable que anoche. Comprendo que las grandes personas son las que hacen que los demás se sientan grandes. Y que en mi lecho de muerte lo que más importará serán los seres humanos a los que he inspirado, la empatía que he prodigado y la generosidad que he mostrado.

Y por eso...

Ante cualquier duda persistente, sacaré adelante mis proyectos más espectaculares y realizaré un trabajo sobresaliente que resista al paso del tiempo. Porque sé que la frustración es fruto del estancamiento. Y el progreso continuo es la prueba de mi talento.

Pese a los viejos desafíos, daré mi siguiente paso.

A pesar de las dudas, continuaré mi ascenso hacia las cumbres más ambiciosas.

Soy más de hechos que de palabras, de lograr más que de intentar, soy más un profesional que un aficionado.

Sé que los monumentos se levantan piedra a piedra. Y así empiezo. Y me mantengo concentrado, con los pies en la tierra y centrado. Durante muchas horas seguidas, sin distraerme con tonterías.

Y sin importar el resultado, al hacerlo he logrado una victoria crucial. Sobre mi yo más oscuro. Y sobre las debilidades que antes me limitaban.

Y mientras sigo haciendo mis pequeños progresos para alcanzar mis más altos ideales, mis pequeños triunfos me muestran la verdad y la fortaleza que hay dentro de mí. Y esta reconexión llena de energía la relación, antes dañada, con mi yo más glorioso.

21

El buen hombre con barba y una gorra de béisbol muy guay

Estoy en Roma mientras escribo este capítulo. Pronto me marcharé a Suecia para dar un discurso ante líderes empresariales.

Hace dos días realicé una presentación sobre liderazgo ante cuatrocientos altos cargos ejecutivos en Dubái. Sé que es posible que no lo parezca, pero he decidido participar en menos conferencias a partir de ahora. Me encuentro en una etapa de mi vida en la que deseo viajar menos, mejorar mis dotes culinarias y vivir más la vida de un escritor. Así que disfruto mucho del tiempo que paso en un escenario.

Ayer estaba en el enorme aeropuerto de Dubái y coincidí en un ascensor con un hombre que llevaba una gorra que me pareció genial. De niño participaba en carreras de motocross y el logotipo de su gorra era de una marca que molaba mucho.

Dudé si hacerle el cumplido porque me asustaba el rechazo. (¡Oh, la de cosas buenas que nos perdemos por miedo a que los demás no nos reciban bien! En un próximo capítulo te contaré una historia sobre mi roce con la realeza de Hollywood y la oportunidad que perdí).

Entonces me di cuenta de que esa podría ser la única ocasión que tendría de hacerle un cumplido a la gorra de béisbol de ese caballero. Así que hice lo que realmente quería hacer.

¿Y qué más da si parezco tonto? El mayor riesgo de la vida es no correr ningún riesgo, ¿no?

«Me encanta su gorra», dije, sin saber qué respuesta iba a recibir.

Por sorprendente que parezca, se quitó la gorra sin dudar y dijo: «Por favor, quédesela».

En el pasado habría rechazado el regalo por cortesía (y por cierta inseguridad en cuanto a merecer el gesto).

Esta vez acepté. De vez en cuando hago las cosas bien. Agradecí su extraordinaria amabilidad, aceptándola de forma sincera.

Él esbozó una amplia sonrisa que fue realmente muy agradable de ver.

Cuando salimos del ascensor le pedí que esperara un momento.

Abrí mi maleta de mano y saqué un ejemplar de *El Club de las 5 de la mañana*. Suelo llevar unas cuantas copias de ese libro, que tantas vidas ha transformado, para regalárselas a los auxiliares de vuelo que se dejan la piel, a los encargados del servicio de habitaciones que se preocupan de verdad y a los taxistas que te cuentan buenas historias. Es evidente que el libro estaba destinado a él.

Escribí su nombre, Muhammad, y una dedicatoria con mis mejores deseos para él y se lo di.

Él esbozó una amplia sonrisa. Espectacular.

He incluido la fotografía de la página siguiente solo para compartir la magia que se obró entre dos desconocidos esa tarde de domingo en un concurrido aeropuerto.

Sabes, hay mucha negatividad, toxicidad y tragedia en el mundo actual. Se me parte el corazón al ver la injusticia, la mezquindad, la grosería, la codicia y el odio presentes en el planeta.

Sin embargo, tengo muy claro que...

Jamás he visto tantas muestras de amabilidad por parte de tantísimos héroes cotidianos.

Con mi maravilloso nuevo amigo en el aeropuerto internacional de Dubái (sí, su querida gorra es la que adorna mi cabeza antes cubierta de pelo)

Siempre me conmueve mucho la bondad que demuestran tantos y tan diversos seres humanos de naciones distintas.

Me inspiran profundamente los actos nobles que he visto realizar a tantas personas sabias, incluso cuando no tienen mucho que ganar a cambio.

Este hombre demostró con claridad lo que significa ser benevolente. Mostrar benevolencia a un desconocido. Ser cordial, amable y generoso.

Étienne de Grellet, un misionero cuáquero, escribió lo siguiente sobre nuestro deber de ser considerados con los demás: «Pasaré solo una vez por esta vida. Por lo tanto, permite que haga ahora todo el bien que pueda hacer o muestre toda la bondad que pueda hacia otra criatura; permite que no lo postergue ni me descuide, pues no volveré a recorrer este camino».

Resulta muy fácil profesar las virtudes de la generosidad y la bondad. Pero lo que hace real el liderazgo sobre la propia vida es hacer lo que creemos que es correcto. Este es el acto más noble de heroísmo.

Todavía me pongo esa gorra de vez en cuando para que me recuerde el hombre que deseo ser. Y para recordar a mi amigo barbudo del aeropuerto de Dubái.

22

Entrena con los profesores más fuertes

Hago clases de spinning con una instructora que está muy en forma. Pedalea duro, se mueve rápido y nos empuja a todos a dar lo mejor de nosotros mismos.

Cuando empecé a asistir a sus clases matutinas, hace ya algunos años, era incapaz de seguirla.

Me preguntaba si ese era el deporte adecuado para mí (y tenía ganas de abandonar).

No podía mantener el ritmo pedaleando y era incapaz de seguir el compás. (Te sentirías avergonzado solo con ver mis torpes esfuerzos, créeme).

Me veía fuera de lugar en una clase llena de lo que parecían ser magníficos atletas y me tropezaba con los movimientos coreografiados que la educada aunque dura instructora nos pedía que realizáramos.

Sin embargo, todo lo que ahora parece fácil antes resultaba difícil, ¿no?

La constancia es la madre del virtuosismo, ¿no es así?

Y la perseverancia engendra la longevidad exigida para convertirte en legendario.

Por eso me tragué mi orgullo, me puse las zapatillas de ciclismo y seguí pedaleando, sudorosa sesión tras sudorosa sesión, a pesar de la profunda vergüenza, el inmenso cansancio y la evidente mediocridad.

Sin embargo, empezó a pasar algo inesperado y maravilloso, extraordinariamente inspirador y quizá hasta hermoso de verdad (al menos para mis cansados ojos).

Las clases con esta instructora tan fuerte empezaron a resultarme un poco más cómodas. El bajón de las cinco de la tarde los días que iba a spinning ya no era tan acusado. Me volví menos torpe en la bici, más ágil en clase y mucho más valiente en esa habitación oscura y llena de velas.

A medida que transcurrían las semanas y los meses, pedaleaba más rápido. Empecé a pedalear al ritmo. Y a divertirme. A divertirme de verdad.

Lo único que intento al compartir este episodio privado es explicarte que no mejoramos más cuando intentamos construir Roma en un día, sino cuando logramos pequeñas victorias de manera constante que nos llevan a recordar los poderes perdidos y a recuperar las fortalezas latentes.

Aquello que es pequeño, constante y regular vence siempre a toda la pasión y la bravuconería que se pone al principio de algo y termina con un enorme bajón al final.

También has de saber que el crecimiento que realices en un aspecto provoca un crecimiento en todas las demás facetas de tu vida. Porque la forma de hacer una cosa establece cómo lo harás todo.

Y recuerda también que los extraordinarios beneficios siempre les llegan a aquellos que demuestran una excepcional lealtad a las promesas que se hacen a sí mismos.

La historia mejora.

En la soleada mañana del sábado en que escribo este pasaje, mientras estoy aquí, en Tribeca, en la tranquilidad de una habitación de hotel donde he pasado trece días dedicados a escribir, alejado de las exigencias, complejidades y distracciones que a menudo invaden mi vida, fui a una clase de spinning en un gimnasio de la misma cadena que al que voy en casa.

No estaba demasiado seguro de poder seguir el ritmo del instructor, ágil, cincelado y en forma, con aspecto de estrella del pop, o de la gente de la sala, donde todos parecían campeones de fitness. Me sentía nervioso e inseguro. Como la primera vez que practiqué ese deporte.

Entonces la música empezó a sonar. El profesor comenzó a pedalear. Las velas titilaban. Y me puse en marcha.

A medida que avanzaba la clase pedaleé con ganas, me hice más fuerte conforme pasaban los minutos y me sentí más feliz con cada canción. Esta mañana he bailado sobre la bicicleta, he sentido que mi alma se elevaba y he hecho sudar a mi cuerpo como nunca. Gracias a todo el entrenamiento con la superfuerte instructora de mi ciudad, la clase resultó ser pan comido. Placentera, agradable y sin apenas esfuerzo, a decir verdad.

Los seres humanos somos criaturas asombrosas. Estamos hechos para adaptarnos, prosperar y avanzar.

Tú y yo, y todos nuestros hermanos y hermanas de este planeta, poseemos una capacidad natural para probar algo nuevo, seguir el ritmo del proceso, superar los retos y lograr dominarlos.

Este viaje es la forma en que obtenemos preciosos atisbos de lo que somos en realidad. Así es como jugamos con Los Dioses de Nuestro Crecimiento Progresivo y bailamos con Los Ángeles de Nuestro Ser más Elevado. Debemos caminar siempre hacia las actividades que nos asustan. Porque allí viven nuestras capacidades.

Permite que te pregunte una cosa: ¿Cuándo probaste algo nuevo por última vez?

Y si fue hace mucho tiempo, ¿a qué estás esperando?

Quien eras, incluso ayer, no tiene por qué limitar todo lo que puedes lograr hoy. Así que prueba algo nuevo. Que te empuje a crecer.

Con un gran instructor que te muestre el camino.

23

Una bandera roja es una bandera roja

Para el veinticinco cumpleaños de mi hijo planeamos un fin de semana en Los Ángeles, una ciudad que me encanta.

Íbamos a ver jugar a los Dodgers. (En realidad no me gusta el béisbol, pero a mi hijo sí, y yo quiero mucho a mi hijo).

Íbamos a comer buen sushi.

Íbamos a pasear por el muelle de Santa Mónica.

Nos leerían el futuro en la playa de Venice.

Llevaba unos cuantos días en Los Ángeles antes de que él llegara, ya que tenía programadas algunas apariciones en los medios de comunicación y varias reuniones de negocios.

Poco después de que se presentara en el hotel, nos dirigimos a un conocido y sencillo restaurante italiano. Buen ambiente. Gente agradable. Deliciosos espaguetis *cacio e pepe*.

Antes de que nos trajeran el plato principal, entraron en el restaurante dos hombres bien vestidos y se sentaron a nuestro lado.

Saludé y comenzamos a charlar de la actualidad, de nuestras ciudades favoritas y nuestras reflexiones sobre la marcha del mundo.

En un momento dado, cuando la conversación derivó hacia las relaciones, uno de nuestros nuevos amigos dijo algo muy perspicaz que creo que vale la pena compartir contigo: «Una bandera roja es una bandera roja».

Hum.

He tardado más de cincuenta años en aprender eso. Por las malas.

«Cuando alguien te muestra quién es, créele», dijo la célebre poeta Maya Angelou.

«Si me engañas una vez, la culpa es tuya. Si me engañas dos, la culpa es mía», asegura un sabio refrán.

Mira, tú y yo somos personas buenas, honradas, consideradas y de fiar. Y como somos personas buenas, honradas, consideradas y de fiar creemos que todas las personas con las que tratamos en los negocios y en nuestra vida personal actuarán de la misma manera. Pero eso no es cierto. Uno de los principales problemas de la percepción humana es pensar que todos ven el mundo como tú.

Y puedes meterte en un montón de problemas (de los que podrías tardar años en salir) si caes en la trampa de ver a alguien como quieres que sea en vez de ser brutalmente sincero contigo mismo y verle tal y como es.

El autoengaño puede costarte una fortuna. Mentirte a ti mismo porque quieres creer que has encontrado a las personas que siempre has querido como empleado, amigo o amante puede arrancarte el corazón, acabar con tu felicidad y destruir tu paz mental (el mayor coste de todos). Si no tienes cuidado, para siempre.

Yo soy el eterno optimista. Busco por naturaleza lo mejor de la gente. El poeta alemán Johann von Goethe escribió: «Trata a las personas como si fueran lo que tienen que ser y las ayudarás a convertirse en lo que son capaces de ser». He hecho todo lo posible para ser fiel a sus palabras durante muchos muchos años. Las personas tratan de cumplir con las expectativas que tienes de ellas. A menudo.

Pero no siempre.

Algunas tienen muchos problemas. Por lo general, sin que sea culpa suya, han quedado traumatizadas por sucesos duros, marcadas por tragedias terribles y sufren unas heridas muy profundas a causa de inesperadas traiciones.

Se merecen comprensión, empatía y nuestros mejores deseos.

Sin embargo, esto no significa que sea beneficioso para ti ni inteligente convertirlos en tus socios en los negocios, tus amigos o tu cónyuge. Porque las personas que sufren mucho suelen hacer sufrir a la gente. Y quienes sufren un dolor extremo puede provocar un dolor extremo.

Está garantizado casi por completo que este tipo de personas arruinarán tu creatividad, absorberán tu rendimiento y te drenarán la energía.

Porque no pueden dejar de ser quienes son. Desear que las banderas rojas fueran luces verdes no es más que una ilusión. Y una tontería.

Claro que puedes seguir viendo lo mejor en ellas y queriéndolas. Pero hazlo desde la distancia. Los seres humanos con éxito duradero comercian con la verdad. Incluso cuando les decepciona.

24

¿El capítulo más corto de la historia de la creatividad?

«¿Cuánto tiempo requiere una obra de arte?», preguntó el aprendiz a su maestro.

«El tiempo que haga falta —fue su sencilla respuesta—. Y no pares hasta que sea mágica. De lo contrario, más vale que ni siquiera la empieces».

Elaborar artesanalmente tu obra maestra dista mucho de ser fácil. Te exigirá que muestres una paciencia extrema con el proceso, que profundices, que saques tu grandeza y te enfrentes cara a cara a tus dragones.

Sin embargo, si continúas hasta que termines, te convertirás en una persona nueva. Y la confianza, la experiencia y la autoestima adquiridas al realizar el proyecto perdurarán toda la vida.

25

La hipótesis del infractor

Preocuparse demasiado por la metodología te mantiene estancado en la lógica, un lugar de grandes restricciones en vez del infinito de tu genio libre. Toda obra de arte se crea en un estado de absoluto abandono, no de fría razón. Céntrate en el qué, y el cómo se revelará por sí solo.

Obsesionarse con la perfección puede ser un gran enemigo de la creatividad. Y una vía para no ofrecer nunca a la humanidad ninguna obra de asombrosa calidad.

Preocuparse demasiado por lo que piense el resto de la gente de tu visionario proyecto, ese que te llena de energía, es una excelente forma de asegurarte de que jamás harás nada relevante.

Lo que en realidad te planteo es que el arte, el ingenio y tu talento requieren que accedas a tu naturaleza renegada, iniciando una rebelión contra tus lealtades intelectuales. Tu valor personal te pide que actives al excéntrico que hay en ti mientras izas tu bandera de extravagante en el barco pirata que estás destinado a capitanear por los océanos inexplorados de tu potencial.

Conviértete en un revolucionario. Lanza una campaña contra todo lo que es normal, aburrido y nada fascinante. Expande tu invasión hacia los desconocidos recovecos dentro de tus fisuras creativas que las presiones y las diversiones absurdas de la vida cotidiana han cerrado.

Rompe las reglas que las convenciones de tu oficio te enseñaron como único camino para lograr la eminencia. Rompe con la multitud. Aléjate del rebaño. Tu reputación como líder del cambio, tu destino como creador de movimientos y la alegría y el poder ético que buscas dependen de ello.

No seas corriente. Jamás. Cuando realices un trabajo que te alegre el corazón, harás que nuestro cansado mundo cobre un poco más de vida. Harás que sea más encantador y sensato a nivel espiritual.

Como es natural, cuando te muestres así serás incomprendido, menospreciado, criticado y puede que incluso vilipendiado por tu evidente despliegue de genuina brillantez. Cuando esto pase, acuérdate de estas palabras de Winston Churchill: «Nunca alcanzarás tu destino si te paras a tirar piedras a todo perro que ladre».

En uno de los talleres de Dalí

Cuando pienso en las superestrellas creativas me vienen a la cabeza los nombres de Copérnico, William Shakespeare, Coco Chanel, Walt Disney, Hedy Lamarr, Philippe Starck, Jean-Michelle Basquiat y Salvador Dalí.

Cuando pienso en las celebridades de increíble inventiva y en los innovadores de la industria, recuerdo...

Que Miles Davis copió a sus héroes, Charlie Parker y Duke Ellington, hasta que tuvo el talento (y, más importante si cabe, la confianza) para emprender su propia carrera y crear su propio estilo original como trompetista.

Que Alexander McQueen revolucionó la moda con aquel desfile en el que la supermodelo Shalom Harlow recorrió la pasarela hasta que, cuando llegó a la mitad, una serie de máquinas la rociaron de pintura y crearon un diseño hipnótico en su vestido. El público prorrumpió en un atronador aplauso. El vestido es ahora legendario.

Que Johannes Gutenberg, con la imprenta, transformó radicalmente el mundo al permitir la difusión de ideas a través de los libros. Antes de eso era imposible generar un gran número de ejemplares para que leyeran muchas personas.

Y también recuerdo *La imposibilidad física de la muerte en la mente de algo vivo*, esa inolvidable obra magna del artista inglés Damien Hirst, donde muestra un violento tiburón tigre al que mataron y luego sumergieron en un tanque de formol. La criatura fue capturada frente a las costas de Queensland, Australia, por un pescador al que pagaron por hacerlo. Sus únicas instrucciones eran capturar un tiburón «lo bastante grande como para que pudiera devorarte».

Todo virtuosismo verdadero —el trabajo inspirado que desafía suposiciones, plantea posibilidades y nos da a ti y a mí permiso para convertirnos en los forajidos que anhelamos ser— comienza con una percepción pionera de la realidad.

Yo creo firmemente en que la creatividad exponencial exige anormalidad. Y requiere que nos desviemos de las iniciativas corrientes. Para materializar tu talento primigenio es necesario que veas las posibilidades que existen al otro lado de los grilletes de la normalidad.

Para dominar tu virtuosismo y crear un trabajo que raye en lo incendiario, debes comprometerte de verdad a respetar tu rareza y desmantelar con firmeza las tradiciones que tus maestros te han inculcado que es necesario que sigas para ganar.

Para revelar tu nobleza imaginativa y actuar al límite de tu talento, es preciso que te conviertas en un activista contra el *statu quo*, que operes dentro de la esfera de la inventiva y rompas las reglas existentes antes de acceder al ámbito de tu desconcertante, misteriosa y milagrosa visión propia de un futuro muchísimo más interesante.

Esto me recuerda las palabras que leí después de visitar la extraña casa de Dalí en el pequeño pueblo costero de Cadaqués durante una gira por España: «No entiendo por qué, cuando pido langosta a la plancha en un restaurante, nunca me sirven un teléfono cocido».

¡En efecto!

Los pinceles del gran maestro

Ten la valentía de Swifty

Sin un alto grado de confianza en ti mismo, nunca tendrás la determinación necesaria para traducir tus fantasías silenciosas en una realidad cotidiana, ni el valor que hace falta para quedarte con tus pasiones más exaltadas cuando las cosas se pongan feas. Y, créeme, sucederá.

Eso me hace pensar en Irwin «Swifty» Lazar, el icónico superagente de Hollywood.

Un día, cuando empezaba en el negocio, estaba cenando con una estrella en ciernes a la que esperaba representar.

Se encontró al conocido cantante Frank Sinatra en el baño y, entusiasmado, le dijo que era un gran seguidor suyo. El *crooner* —por aquel entonces en la cúspide de su fama— intentó quitarse de encima a Swifty. Pero el joven tenía *chutzpah*, un término yidis que expresa un coraje supremo y audaz, e insistió en hablar con Sinatra para conectar de verdad con él.

Al final, Sinatra bajó la guardia y se mostró afable con el nuevo agente.

—¿Podría venir a nuestra mesa a saludar? —le preguntó Swifty educadamente.

—No puedo. Tengo que estar con mi gente —se excusó Sinatra.

—Se lo agradecería mucho —insistió Swifty—. Significaría mucho para mí, y le gustará conocer a mi acompañante.

Hubo una larga pausa hasta que Sinatra dijo:

—De acuerdo. Deme treinta minutos.

Y, en efecto, unos treinta minutos después, a la vista de todos, el ilustre Frank Sinatra pasó junto a las mesas, iluminadas con velas y ocupadas por celebridades, líderes políticos y magnates de los negocios, y fue directo hacia donde se encontraba Swifty Lazar.

Le dio una palmada en el hombro al agente al que acababa de conocer y, con una sonrisa de oreja a oreja, exclamó:

—¡Eh, Swifty!

El joven levantó la cabeza y respondió al instante:

—Ahora no, Frank.

Claramente impresionado, la joven estrella firmó con el agente aquella misma noche, y Swifty Lazar pasó a la historia por su valentía.

27

Un profesor llamado «trauma»

El sufrimiento es una escuela, y el trauma es un profesor.

El mensaje dominante que recibimos de quienes nos enseñan cómo funciona el mundo es que el trauma es territorio de los abatidos, los dañados y los derrotados.

Dicen que solo afecta a quienes han vivido en una zona de guerra o experimentado un acto de violencia, o a quienes han padecido abusos sexuales, han sido maltratados de niños o perdieron a un ser querido repentinamente.

No es cierto (y ningún ser humano está abatido; simplemente estamos todos heridos en distinta medida).

Parte de lo que necesito compartir contigo mientras escribo este importante capítulo es esto: todo el mundo experimenta traumas.

Que estés vivo significa que has acumulado traumas, porque es un resultado inevitable del viaje que todos emprendemos al avanzar desde el nacimiento hasta la muerte.

Sí, algunos reciben golpes más duros que otros y, por tanto, han experimentado los trágicos acontecimientos que enumeraba más arriba. Esa gente ha soportado lo que en mi metodología de enseñanza denomino un macrotrauma. Es serio. Cala hondo. Y es difícil librarse de ello.

Y a otras almas igual de buenas que viven entre nosotros les va un poco mejor y hacen frente a microtraumas, como que les grite un motorista enfadado, discutir con su pareja o perder un acuerdo de negocio ante un competidor que no lo merece.

Pero el caso es que nadie se salva (gracias, Jim Morrison).

De acuerdo. Profundicemos aún más.

«Trauma» no es una palabrota que más vale evitar en una fiesta elegante o en una conversación educada.

No. En absoluto.

El trauma ha sido mi mejor profesor. Me ha regalado la capacidad de enfrentarme con elegancia a la adversidad, me ayudó a acceder a una creatividad olvidada que ha impregnado mi profesión, me animó a ser más cercano y humilde y derribó el escudo que en su día protegía mi tierno corazón.

No sería el creador, padre, compañero, hermano e hijo que soy ahora sin el beneficio de las épocas difíciles que la fortuna ha tenido la consideración de poner en mi camino. Y te prometo que si explotas tus traumas acumulados para lograr avances artísticos, crecimiento emocional y libertad espiritual, serán tu mejor academia. El trauma siempre juega a tu favor, nunca en tu contra.

Aprender a llevar a cabo el trabajo de curación para descongelar sentimientos reprimidos y procesar el dolor almacenado en tus viejas heridas dará rienda suelta a tus poderes más especiales, tus mayores dones y tu yo más sabio. Esta práctica profunda para purificar tu disposición emocional también es un acto soberano de autoestima, porque te estás convirtiendo en un ser humano más sano, feliz y libre.

Desbloquear y desplazar traumas del pasado no es un pasatiempo para débiles. Desde luego, no es un acto extravagante o irrelevante ni una pérdida de tiempo. Es la labor de los guerreros sabios y los auténticos constructores del mundo. Emprender esa sanación es la mejor manera de asegurarte de que el resto de tu vida sea próspero, feliz y pacífico.

Enfrentarte a tu dolor enterrado y disolver tus emociones reprimidas es muy práctico y espectacularmente relevante para una vida de primer orden que despega, sirve y conoce su máxima fortaleza. Esta es la labor que magnificará tu prosperidad, maximizará tu rendimiento y amplificará tu optimismo. Aunque parezca que no será así, ocurrirá.

La práctica de la limpieza emocional profunda te hará mucho más creativo, ya que el trauma deforma el cerebro, y trabajar tus viejas heridas optimiza tu conocimiento. Interesante, ¿verdad? El estrés de unos momentos difíciles enterrados en tu subconsciente provoca grandes bloqueos perceptivos, atrofia la plena liberación de neurotransmisores (como la dopamina y la serotonina) que son esenciales para crear un arte insuperable y reduce la conexión ideal entre los hemisferios derecho e izquierdo del cerebro. Libera el dolor, la ira, la tristeza, el sentimiento de culpa, la vergüenza y el arrepentimiento pretéritos que has llevado igual que un albatros alrededor del cuello, y empezarás a despertar a la posibilidad que antes eras incapaz de ver.

Sanar tu corazón también permitirá que despliegues toda tu vitalidad. Aferrarse al trauma consume mucha energía e inspiración natural. Uno de los resultados de ignorar lo que yo denomino «cicatrices acumuladas» es que vives prácticamente en un estado de secuestro límbico, donde el cerebro superviviente del sistema límbico monopoliza tu pensamiento y te pone en modo «lucha, huye o paralízate». Pierdes la habilidad para gestionar de forma racional cualquier amenaza real o percibida, porque tu córtex prefrontal (el lugar donde se produce el pensamiento superior) se ve superado por la amígdala, la parte de tu cerebro menos evolucionada y más primitiva.

Se liberan hormonas del estrés, como la adrenalina y el cortisol, y se activan emociones como el miedo, la ansiedad y la ira. Hay que tener en cuenta que cuanto más grave es la herida del pasado, más intensa será la respuesta actual cuando se activa. Siempre puedes conocer la envergadura de tu trauma (o el de otra persona) por el alcance de su reacción. Si es histérica, es histórica.

El cónyuge que monta en cólera porque el otro ha derramado la leche está haciendo una regresión a una etapa anterior y viviendo el dolor ahogado del ayer. El jefe que insulta a sus empleados y sabotea a sus socios simplemente está revelando el peso de su propio bagaje. El conductor que detiene su coche y amenaza con liarse a puñetazos porque cree que le has bloqueado el paso se ve empujado por el Campo de Dolor que mencionaba antes, compuesto por todos los traumas acumulados e invisibles que anidaron en su esencia.

En una ocasión me senté junto a un alto directivo en un avión y me pidió que le cediera el asiento que me habían asignado porque le gustaba más. Cuando respondí que prefería quedarme donde estaba, empezó a propinarle patadas a mi maletín y prometió que se «ocuparía de mí» cuando aterrizáramos. Ese es el resultado de no trabajar y soltar las heridas emocionales. Sanar tu disposición emocional permitirá que ya no ataques verbalmente a gente que no te ha maltratado ni sangres encima de personas que no te han hecho un corte.

Trabajar los microtraumas y los macrotraumas también aumentará muchísimo la calidad de tu salud. Los traumas y la respuesta al estrés diario que ello inculca en tu organismo te hacen más propenso a una vida proclive a las crisis, y a su vez eso reduce tu inmunidad y aumenta las inflamaciones, lo cual te hace más susceptible a enfermedades de riesgo como la diabetes, los infartos, las apoplejías y el cáncer. Procesa tu dolor y reestructura la arquitectura de tu disposición emocional para producir menos toxicidad y más cantidad de la maravillosa neuroquímica que mejorará tu estado físico. Y prolonga tu longevidad.

Cuando optimices tu vida emocional verás una clara elevación de tu felicidad, agradecimiento y capacidad para sentir, en lugar de intelectualizar los milagros de la vida. El trauma hace que el ser humano se disocie de su cuerpo y se pase los días como una máquina intelectual. Antes de emprender yo mismo ese trabajo de sanación, pensaba en el espectáculo de un amanecer y razonaba sobre la belleza de una obra de arte en lugar de sentirlo y habitarlo. Te prometo que reactivar tu disposición emocional y tus sentimientos es una manera diferente de existir.

Empiezas a utilizar la mente para aquellas tareas que se te dan bien, abres el corazón y experimentas plenamente el placer de todos los demás aspectos de tu vida.

Lo que quiero decir es que los traumas congelados hacen que un ser humano suprima la intimidad con su vivacidad emocional y se repliegue en su propia mente. Esto sucede por protección. Huimos de nuestros sentimientos como una respuesta traumática porque no queremos revivir viejos dolores desencadenados por un hecho actual.

Por tanto, creamos una serie de escapadas y desvíos concebidos para eludir nuestras emociones, tales como el exceso de trabajo, las drogas o el alcohol, así como la adicción a internet y las distracciones de las redes sociales. Empezamos a vivir nuestra vida como gente que busca atención en lugar de como trabajadores mágicos, y nos preguntamos por qué nunca sentimos la intensa felicidad que, según hemos oído, forma parte de la senda humana.

Al toparse con dificultades o tragedias, mucha gente acaba con EPT (estrés postraumático). No obstante, si ejercitamos nuestra sabiduría y tomamos decisiones difíciles, todos tenemos la capacidad de aprovechar los reveses en beneficio de la transformación personal. En realidad, las dificultades pueden utilizarse para el CPT: crecimiento postraumático. Basta con observar a los hombres y mujeres más importantes del mundo. Los Nelson Mandela, las Madre Teresa, los Mahatma Gandhi y los Martin Luther King. Todas esas almas avanzadas tenían una cosa en común: sufrían mucho más de lo normal, pero en lugar de permitir que las penurias las despedazaran, las aprovecharon para rehacerse, para construirse, para recordar su elevada virtud moral y sus mayores méritos espirituales. Para convertir un dolor devastador en un poder inusual.

En un capítulo posterior explicaré tácticas y herramientas para soltar emociones atrapadas, liberar nuestra grandeza y activar la genialidad ilimitada del corazón.

Por ahora, tan solo recuerda que el trauma, utilizado con inteligencia, puede convertirse en la puerta hacia tu yo más auténtico, creativo y heroico. Por tanto, debes verlo como un profesor. Hazlo, por favor.

28

El mantra del constructor de personas

Esta es una historia real.

Había una vez una cafetería regentada por una encargada espléndida.

Cuidaba a sus clientes.

Saludaba a todo el mundo con alegría y educación.

Se cercioraba de que los productos que ofrecía fueran los mejores de la comunidad, a un precio razonable, y de que sus empleados fueran siempre amables.

La clienta favorita de la encargada era una mujer que había sido profesora. Era octogenaria y siempre aparecía en la cafetería con un atuendo impoluto y extremadamente elegante.

Cada mañana llegaba de la mano de un anciano, su marido, a quien parecía querer mucho.

Juntos cruzaban muy despacio el local y se dirigían al mostrador, donde siempre pedían lo mismo: dos cafés y una pasta pequeña con dos cubiertos para compartir.

Luego iban a su mesa habitual y conversaban.

Un inciso: no olvides que los negocios son una conversación. Si pierdes la charla con tus compañeros de equipo, clientes y proveedores, perderás tu negocio.

Una vida doméstica espléndida es una conversación. Si la descuidas porque siempre estás jugando con tus dispositivos, viendo demasiada televisión o trabajando todo el tiempo, probablemente perderás a tu familia.

Y ser un héroe cotidiano empieza por mantener una conversación contigo mismo sobre quién deseas ser y qué prometes hacer por el mundo. Si pierdes la conversación con la mejor versión de ti mismo, perderás la intimidad con tu autenticidad.

Así que volvamos a la cafetería.

Un día, la encargada se percató de que su clienta favorita ya no iba por allí. Se inquietó bastante, porque le importaba de verdad.

Semanas después se la encontró en el banco, pero ya no vestía de forma impecable ni parecía relajada.

No.

Ahora se la veía desaliñada, confusa y asustada.

—¿Qué le ocurre? —preguntó la encargada.

—Es mi marido. Hace unas semanas sufrió una apoplejía masiva y murió. No sé qué hacer. No sé adónde ir. No sé si saldré de esta.

La encargada hizo una pausa y a continuación le habló en voz baja.

—¿Por qué no vuelve a la cafetería y se toma una buena taza de café? Seguro que eso hará que se sienta mejor.

—Pero ¿con quién me la tomaré? —preguntó la mujer con voz temblorosa.

—Conmigo —respondió la encargada—. Será un placer.

Entonces los dos seres humanos —en un mundo con una notoria falta de humanidad— regresaron a la cafetería, donde la clienta pidió lo de siempre: dos tazas de café, una pasta y dos tenedores.

Y esas dos personas mantuvieron una conversación.

Una vez, Maya Angelou escribió estas sabias palabras: «Puede que la gente olvide lo que digas y lo que hagas, pero nadie olvidará jamás cómo le hacías sentir».

Por tanto, construye a la gente. Nunca la derribes.

Ayuda a quien lo necesite. Si no tienes algo bueno que decirle a alguien, no digas nada. Trata a todo el mundo con cortesía y amabilidad. Ya sé que suena anticuado, pero lo anticuado es bueno en muchos sentidos.

Dejar a todo aquel que conozcas mejor de lo que lo encontraste y sintiéndose más importante que cuando te conoció es una manera fantástica de vivir.

Y un buen mantra por el que guiarse.

Las 7 amenazas para la primera clase

Estoy a punto de exponerte las 7 principales vulnerabilidades que hacen que creadores, líderes, emprendedores, deportistas y fundadores de movimientos potencialmente legendarios no materialicen su promesa. Este es uno de los capítulos más valiosos de este libro.

El punto de partida es la siguiente máxima: «El verdadero propósito del desarrollo personal no es convertirse en alguien legendario, sino mantenerse como tal».

El principal objetivo de un auténtico héroe cotidiano no solo es generar las condiciones que lo lleven a sus aspiraciones más idealistas, sino mantener —y, por supuesto, mejorar— ese estado ideal a medida que se suceden los días.

Está muy bien que hagas lo necesario para llegar a la primera clase. Sin embargo, lo más importante debe ser permanecer allí. Lo que construye a un icono es la simetría entre desarrollo optimizado y longevidad invulnerable. Pocos elementos te harán más indestructible y serán de utilidad para muchos que permanecer en la cima de tu especialidad más tiempo que cualquiera de tus compañeros.

Entonces ¿cómo puedes proteger la preeminencia que generas para que dure? Sencillo: debes ser muy consciente de las 7 amenazas para la primera clase. Y con esta nueva conciencia de los obstáculos a los que te enfrentarás, puedes decidir activamente fortalecerte contra ellos.

Observa este marco de aprendizaje:

LAS 7 AMENAZAS PARA LA PRIMERA CLASE

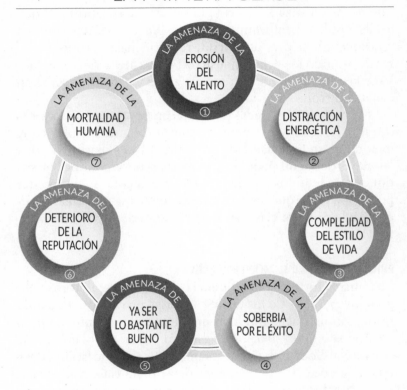

Basándome en los más de veinticinco años que he pasado ayudando a muchos de los empresarios, financieros, deportistas profesionales y estrellas de cine más importantes del mundo no solo a convertirse en los mejores en lo suyo, sino también a mantener su posición, he deconstruido los peligros a los que hay que hacer frente en el ascenso al dominio de tu especialidad en las 7 amenazas siguientes:

Amenaza n.º 1: La erosión del talento

Madre mía, esta es una auténtica destructora de la genialidad. Piensa en el gigante de la música que consigue un número uno mundial o en el actor que gana un Óscar. Es increíble que lo hayan logrado. Pero lo que sucede casi siempre —aunque hayan alcanzado esa cúspide— es que las aptitudes que los llevaron hasta allí empiezan a atrofiarse. La intensidad del rendimiento y la producción que requirió llegar a ser los mejores del mundo los deja exhaustos. Toda la atención, los aplausos y la adulación que reciben los agota y a menudo anhelan alejarse de todo.

Muchas superestrellas desaparecen por completo (a veces durante años) en su momento cumbre. Ya no les preocupa mejorar en su especialidad. Ya no practican a diario. Pierden las ganas de seguir jugando en los escarpados confines de sus dones más luminosos y de llevar su arte a cotas inexploradas por culpa de lo que les ha arrebatado ese viaje intenso y exigente a la primera clase, así como la experiencia del superestrellato.

Amenaza n.º 2: La distracción energética

La fama, la fortuna y la influencia masiva acarrean otros peligros inesperados de los cuales deberías protegerte. (Cuando trabajo individualmente con un cliente importante, o en mi programa online *Circle of Legends*, ofrezco una plantilla que permite al líder trabajar sus «amenazas y vulnerabilidades» cuando debe operar en un nivel de primera clase, y luego sus «ejes y protecciones». Te daré pleno acceso a esa hoja de trabajo al final del capítulo para que puedas realizar este poderoso ejercicio tú mismo).

Cuando atravieses la estratosfera de aire enrarecido te enfrentarás a ataques de detractores envidiosos y provocadores enfadados que se han activado al verte alcanzar semejante altura. Tu éxito desencadena su dolor al ver que ellos no han materializado su potencial, y excita su desprecio hacia sí mismos por no cumplir sus sueños. Si no te andas con cuidado, esa gente te robará la energía.

Además, cuando asciendas recibirás un número exponencial de invitaciones para aprovechar oportunidades increíbles (que no tienen nada que ver con tu punto óptimo). Atraerás nuevas amistades que solo quieren tu compañía porque queda bien dejarse ver contigo. Puede que te enfrentes a demandas de socios que quieren tu dinero y a problemas de pareja porque pasas tanto tiempo convirtiendo en realidad tus ambiciones hipnotizadoras que has dejado de lado otros aspectos de tu vida.

Es algo que les ha sucedido a muchos de mis clientes, así que te lo estoy contando tal cual. Con todo esto por delante, imagina qué sucede con la energía creativa, productiva y de rendimiento que permitió que surgiera la grandeza. Por favor, piensa en cómo gestionarás todo esto mucho antes de alcanzar las cimas de tus montes Everest.

Amenaza n.º 3: La complejidad del estilo de vida

Vinculados a la segunda amenaza están los estratos de complejidad que debe afrontar cualquier productor de primera clase en cuanto a su estilo de vida. Cuando una superestrella empieza como artista anónimo, a menudo existe una pureza de intención excepcional. El emprendedor se concentra solo en hacer crecer su negocio. El deportista profesional —aún no es un campeón— se pasa gran parte del día entrenando, comiendo, recibiendo consejos y durmiendo. El músico brillante —antes de que lleguen el virtuosismo y la adulación— vive en un apartamento espartano y come ramen, y trabaja en el estudio toda la noche para generar la magia que entretendrá a millones de personas.

Sin embargo, una vez que la empresa se convierte en un unicornio que cotiza en bolsa (y hace de su fundador un multimillonario), que las aptitudes del deportista lo convierten en un icono y que los dones del músico lo transforman en una sensación mundial, todo se complica. La abundancia económica a menudo se destina a comprar casas, coches, viajes en jets privados y contratar un séquito de mánagers, personal de seguridad y otros empleados (todos a sueldo, por supuesto), basándose en la falsa suposición de que el éxito que están viviendo durará muchos años.

Rara vez ocurre, y mucha gente que en su día nadaba en la abundancia acaba en la ruina.

Lo repito porque es de extrema importancia: una de las trampas más grandes del superestrellato es creer que «una vez próspero, siempre próspero». Hay muchos personajes de primera fila que llegan a la cima y creen que nunca podrán sacarlos de allí. Caen en la trampa de pensar que como ahora están ganando, siempre lo harán; como están vendiendo muchos discos, siempre los venderán; como están generando unos beneficios ingentes, siempre lo harán. Por tanto, dejan de mejorar, dejan de ahorrar, dejan de madrugar, dejan de hacer ejercicio y dejan de mantener la excelencia en su vida. Normalmente, esto conduce al desastre.

Amenaza n.º 4: La soberbia motivada por el éxito

Quizá el error más común en algunas de las estrellas con las que trabajo es que se vuelven arrogantes. Un ego desproporcionado es el mayor peligro ocupacional del líder de primera clase, con independencia de si trabaja en el mundo empresarial, los deportes, las artes y las ciencias o la política.

Tengo la sensación de que, entre la fortuna, los grandes logros y la gente repitiendo que caminas sobre las aguas, el ego se hincha hasta el punto de la soberbia. Soberbia se define como un exceso de orgullo y una confianza exagerada. El error que cometen las empresas más exitosas también es caer en la soberbia. Se olvidan de que sus clientes son sus verdaderos jefes e ignoran el hecho de que la competencia podría hacerlos irrelevantes en un instante: si dejan de innovar, ofrecer beneficios extremos y complacer a la gente para poder seguir en el negocio; o si les preocupa más tener un edificio de oficinas con el nombre de su empresa que enriquecer a sus clientes.

Lo mismo puede ocurrirles a los campeones del deporte. Se enamoran de sus victorias y creen que porque les han vertido champán sobre la cabeza la noche de su gran triunfo, ya llevan el anillo de campeones del año próximo en el meñique. Empiezan a faltar a los entrenamientos, son maleducados con sus seguidores, se pelean con sus compañeros, beben y comen demasiado, apuestan en exceso y no se concentran en potenciar la genialidad que les hizo ganar la corona. Pierden lo que en mi programa educativo denomino «la mentalidad del obrero», y la actitud del cinturón blanco que los convirtió en maestros (mientras escribo estas líneas, estoy pensando en el capitán de un equipo que ganó la NBA. En lugar de tomarse el verano libre, como ocurre siempre en ese deporte, al día siguiente del triunfo se presentó a entrenar a las cinco de la mañana e inició el proceso de ser aún mejor).

Amenaza n.º 5: Creerse lo bastante bueno

Así pues, para llegar a la cima básicamente tienes que hacer lo que nadie más está haciendo (recuerda mi tatuaje mental: para tener lo que solo tiene el 5 por ciento de la población debes estar dispuesto a hacer lo que el 95 por ciento restante no está dispuesto a hacer). Trabajar muy duro (una ética de trabajo impecable está siempre por encima del talento natural), un montón de sacrificios (que no parecen sacrificios porque te encanta lo que haces), imponerte unos hábitos excepcionales, tratar con detractores y tener que encontrar soluciones constantes a los problemas son las cuotas que debes pagar para poder entrar en los silenciosos (y casi vacíos) salones del dominio de tu especialidad.

Por supuesto, las recompensas hacen que merezca totalmente la pena. Y, sin duda, en lo que te conviertes como ser humano el viaje a la primera clase y vivir tus ideales heroicos es un tesoro más valioso que todas las joyas de una mina de diamantes. Pero otra gran amenaza a la que te enfrentarás cuando te aproximes a la cima del éxito es que empezarás a holgazanear. Experimentarás ese fenómeno, te lo garantizo. Has conseguido más que nadie. Has logrado más resultados impresionantes de los que pensabas. Eres prácticamente intocable en tu especialidad, tus ingresos, tu estilo de vida y tu impacto. Gran parte de ti se sentirá atraída por el simple goce de los frutos de tu trabajo. Querrás jugar más al golf, viajar casi todo el año o aceptar el nivel de rendimiento en el que te encuentras. Puede que incluso permitas que entre en tu órbita energética la mortífera idea de la jubilación (por favor, no lo hagas nunca. Te lo ruego. Te hará envejecer y apagará tu intensa luz).

Mira, si piensas y te sientes así en la cúspide de tu poder, me parece bien. Es tu vida y, en realidad, un camino no es mejor que otro. Pero aceptar que ya eres lo bastante bueno no te mantendrá en el aire enrarecido del gran maestro, lo cual significa que jamás serás legendario. Que lo sepas.

Amenaza n.º 6: El deterioro de la reputación

Cuando llegues al cénit de tu especialidad, la gente intentará derribarte. Los competidores envidiosos ven una diana en tu espalda, los detractores están enfadados porque has hecho lo que ellos no pudieron hacer e inventarán motivos para criticarte y surgirán atacantes de la nada. Debes estar preparado y saber que no es porque hayas hecho algo mal. Es señal de que lo has hecho todo bien. Solo debes ser consciente de que hay muchas posibilidades de que gente maliciosa con intenciones poco sanas intente degradar tu más que merecida reputación y acabar con el buen nombre que tanto te ha costado labrarte.

Te aconsejo que traces planes para esta amenaza de manera que puedas erigir unas protecciones excelentes. Porque si pierdes tu reputación, perderás uno de tus activos primordiales. El otro escenario a tener en cuenta es que, debido al éxito, el ego llegue a consumir tu buen criterio y cometas alguna estupidez. Eso destruye tu prestigio.

De nuevo, piensa en todo esto para evitar las trampas en las que he visto caer a muchos artistas supremos.

Amenaza n.º 7: La mortalidad humana

Todos moriremos. La clave es posponer tu partida el máximo tiempo posible. Imagínate aplicar los últimos avances científicos de prolongación de la vida y hábitos de eficacia demostrada como el ejercicio matinal, la meditación diaria, la exposición al frío, la terapia de sauna y luz, los baños de bosque, el ayuno intermitente, el masaje terapéutico, la acupuntura y los complementos nutricionales para proteger tu salud y —por medio del poder transformador de la epigenética— recalibrar tu longevidad, lo cual te otorgaría muchos más años para mejorar tu desarrollo personal, incrementar tu riqueza, servir a la sociedad y disfrutar de las recompensas personales que te has ganado en tu ascenso al éxito.

De acuerdo. Ahí tienes los principales daños que puede acusar un dominio continuado de tu especialidad. Te invito a que releas las 7 amenazas para la primera clase y después reconstruyas el contexto según te corresponda. En mis sesiones estratégicas, a menudo pienso en cómo me gustaría que fueran las cosas dentro de cincuenta años. Luego aplico la ingeniería inversa con meticuloso detalle en una pizarra hasta la fecha actual.

Aquí puedes acceder a la hoja de trabajo que a mis clientes les resulta tan valiosa: *TheEverydayHeroManifesto.com/7ThreatsWorksheet*.

Espero que esto te ayude a proteger y amplificar tu superestrellato para toda la vida.

30

Espera ingratitud

Por favor, no me consideres un cínico, pero me he condicionado mentalmente para esperar ingratitud.

Me refiero a lo siguiente.

En el clásico de Norman Vincent Peale sobre el pensamiento positivo titulado, como cabría esperar, *El poder del pensamiento positivo*, este predicador siempre optimista nos anima a «esperar ingratitud».

Según lo entiendo, su argumento es que la mayoría de la gente nunca apreciará de veras tu bondad y tu amabilidad. Sencillamente, la naturaleza humana no es así (en esta fase de la evolución de nuestra especie). Entonces ¿por qué perder tranquilidad y energía creativa valiosa esperando gratitud?

Lo expresaré de otro modo: evita convertirte en un recolector de injusticias. Esa manera de ver el mundo te desanima y te hace pedazos.

Acepta el hecho de que la mayoría de las personas se concentran en lo que no han conseguido en lugar de fijarse en todo lo que tú has dado, y recuerdan lo que no hiciste por ellas en lugar de la abundante generosidad que les procuraste.

No olvides que si alguien no muestra gratitud, buenos modales, elegancia, compasión o sentido de la justicia no tiene nada que ver contigo y todo que ver con ellos. La gente trata a los demás como se trata a sí misma. Entonces ¿por qué pensar que tiene algo que ver contigo?

Sé fiel a tus instintos morales. Haz gala de las virtudes de la positividad, la honestidad, la buena voluntad, la excelencia, la humildad, el perdón y el respeto hacia todos, pero siendo consciente de que muy pocos reconocerán tu integridad y tu carácter intachable.

Haz el bien de todos modos.

31

Aquella vez que me quedé solo
en lo alto de una montaña

No sería capaz de inventarme algunas cosas que me han ocurrido en la vida.

Es posible que te rías de mí cuando te cuente esto, pero me parece bien si mi historia te ayuda a ascender hasta tu máximo rendimiento.

Ahí va:

Cuando tenía algo más de cuarenta años se me ocurrió la idea de ser monitor de esquí profesional. Siempre me ha encantado la montaña, y la idea de un descenso esquiando con cierta habilidad me motivaba mucho.

Para insuflar un poco de vida a esa ambición, me apunté a clases semanales con un monitor maravilloso y trabajé una barbaridad para mejorar mis aptitudes. Los progresos eran lentos, pero fui mejorando poco a poco.

Después de dos años de clases, pasé una gélida semana en las pistas para obtener el certificado y conseguí el título de monitor profesional de esquí de nivel uno, lo cual me permitía enseñar a principiantes. Todavía recuerdo el día que fui a recoger mi uniforme: ¡aquella chaqueta azul y los pantalones negros! Entré con mis hijos en el edificio y al salir, con el uniforme en la mano, me puse a bailar. Sí, bailé.

Aunque todavía tenía una apretada agenda de conferencias internacionales, conseguí trabajo en la pista de esquí local con un salario mínimo. Y cada pocos días, cuando no estaba en un avión, me levantaba a las cuatro de la mañana, conducía durante dos horas (a menudo en mitad de una tormenta de nieve) y enseñaba a niños pequeños a esquiar. Fueron días maravillosos.

El día que recogí mi uniforme de monitor de esquí

En aquella época decidí viajar yo solo al extranjero para desarrollar la técnica del esquí en grandes montañas, así que cogí mi equipo, embarqué en un avión y fui a un lugar lejano con los picos más altos que había visto nunca.

Cada mañana montaba en un autocar con cadenas en las ruedas que se abría paso por pequeños pueblos y luego ascendía la angosta y traicionera carretera helada que conducía a los pies de una gran montaña. Por las tardes, después de una siesta, trabajaba tranquilamente en el libro que estaba escribiendo (*El líder que no tenía cargo*) y más tarde, en soledad, preparaba una cena sencilla con ingredientes frescos en mi austera cocina. Luego comía sentado en una desvencijada silla bajo las estrellas.

Al cabo de aproximadamente una semana, un hombre con el que trabé amistad me invitó a practicar heliesquí con él. Si no sabes qué es, significa lo que la propia palabra indica: te montas en un helicóptero y sobrevuelas unas cuantas cimas hasta llegar a una por la que descenderás. Es una actividad reservada a esquiadores expertos, porque si haces un movimiento equivocado podrías matarte.

El día en cuestión, el helicóptero despegó bajo un sol fantástico y unos increíbles cielos azules. Al dejar atrás una montaña tras otra, se me empezó a acelerar el corazón. Se me formaban gotas de sudor debajo del casco y se me empañaban las gafas. El helicóptero aterrizó en el punto más alto de un pico colosalmente elevado y cuatro esquiadores y yo saltamos a la nieve fresca.

Entonces el helicóptero se fue.

No te creerás lo que sucedió a continuación...

El resto de los esquiadores eran profesionales consumados, y dieron por hecho que yo también. Yo era demasiado orgulloso para manifestar mi temor y me daba vergüenza explicar mi relativa incapacidad. Gracias a los entrenamientos en la colina de mi zona (sí, era más una colina que una montaña), era bastante buen esquiador en nieve normal. Pero esquiar en la ondulante nieve polvo que encontramos en esas montañas gigantescas es algo totalmente distinto. Es comparable a la diferencia entre ser un buen nadador en la piscina de tu barrio y una intensa travesía en el océano. Además, yo nunca había esquiado en aquellas condiciones. Jamás.

El guía salió el primero para asegurarse de que era seguro y para protegernos de las avalanchas.

Le siguieron mi amigo y su mujer, ambos expertos en aquel deporte. Los oía gritar como niños entusiasmados mientras dejaban nuevos surcos en la nieve virgen.

Entonces le llegó el turno a un profesional joven pero experimentado. Tendría unos treinta años, y su manera de esquiar me hizo sentir como si yo tuviera noventa.

Me quedé totalmente solo en la cima de una montaña asombrosamente alta. Nunca había esquiado en nieve polvo. Recé por mi vida. Pensé en mis hijos. Y luego me sequé el abundante sudor de la frente.

Para que puedas hacerte una mínima idea de mi experiencia, esta es la foto tomada justo antes de que todos los demás bajaran antes que yo.

He descubierto que la vida a veces (siempre) te manda escenarios perfectamente diseñados para enseñarte las lecciones que más necesitas aprender para llegar al siguiente nivel de crecimiento. ¿Recuerdas cuando mencioné que las cosas nunca suceden para que fracases y que todo juega siempre a tu favor (aunque no lo parezca)?

También he aprendido que nos sentimos más vivos cuanto más cerca nos hallamos de nuestros miedos. Al enfrentarnos a la duda de si podemos superar una dificultad, nos vemos obligados a utilizar dones que ni siquiera sabíamos que teníamos. Y una vez que conocemos esos poderes especiales, tenemos la posibilidad de asociarnos con ellos para el resto de nuestros días y, de ese modo, acabar conociendo la plenitud de nuestra grandeza humana.

Así pues...

Me asomé a mi terror y me puse en marcha, con las piernas temblando como tazas de té durante un terremoto y la boca más seca que el Rub al-Jali de la península arábiga.

En serio, volví a hacer cuña, la primera postura del esquiador novato. Me hacía sentir más seguro.

Lo que sucedió a continuación fue un caos: un hombre de mediana edad descendiendo por una montaña inmensa, agachado sobre los esquís sin apenas mantener el equilibrio y llamando a su mamá a voz en cuello.

(Vale, la parte en que llamaba a mi mamá no es cierta, pero todo lo demás sí. Lo prometo).

Por supuesto, conseguí llegar sano y salvo.

Mis compañeros estaban horrorizados, pero no dijeron ni una palabra. Su empatía gritaba mucho más.

Durante el vuelo de regreso en helicóptero a la terminal pensé en aquella experiencia. Me alegraba de haber aceptado, porque el verdadero fracaso radica en no intentarlo siquiera. Y como seres humanos, nos hacemos mucho más fuertes cuando nos adentramos en las pistas para expertos en lugar de deslizarnos por las sencillas. Obviamente, los caminos fáciles parecen más seguros, pero acaban siendo mucho más peligrosos porque extinguen la osadía, la vivacidad y la grandeza que en realidad somos.

Me ofrecieron una oportunidad y lo di todo. Quedé como un tonto, pero crecí en sabiduría, dureza y perspicacia. Y luego volví a mi apartamento.

Justo a tiempo para cenar bajo las estrellas.

32

La Pirámide de estrategias de máxima productividad

Una advertencia: este capítulo es solo para pesos pesados o grandes maestros en ciernes. Si no te interesa serlo no te preocupes; pasa al siguiente capítulo. Pero si te interesa, bravo. Por favor, remángate, presta atención y asimila lo que estás a punto de aprender, porque es sumamente valioso.

El contexto de aprendizaje que voy a exponer a continuación te procurará excelentes beneficios tácticos, ya que te permitirá vigorizar la productividad y con ello dejarás tu huella en la historia.

En estos tiempos de apabullante adicción digital, interrupciones superficiales continuas y atracción por banales entretenimientos online, nunca ha sido más esencial comprender cómo protegen los titanes de la industria y los campeones artísticos su virtuosismo para convertirse en consistentes productores de obras maestras.

Bastante complicado es ya sustituir trabajos falsos por trabajos reales. Sabes lo importante que es no confundir estar ocupado con ser productivo. Es aún más complicado presentar trabajos de forma periódica y con una calidad del nivel de un genio y garantizar que eso siga ocurriendo década tras década (a esta práctica la denomino ser un «productor de múltiples obras maestras» y es un buen criterio que cumplir).

Antes de explicar el sistema, me gustaría ofrecerte un poco de contexto y mencionar la Tríada de Principios de Productividad.

Principio n.º 1: El ancho de banda cognitivo merece una fortaleza a su alrededor

«Ancho de banda cognitivo» es un término utilizado por Eldar Shafir, un psicólogo de Princeton, para describir la cantidad limitada de atención que el cerebro humano puede prestar cada día. Sus estudios han descubierto que la gente que vive en la pobreza, por ejemplo, experimenta la llamada «visión túnel», de modo que sus preocupaciones y el estrés consumen buena parte de su poder cognitivo y dejan poco margen a otras tareas. A su vez, esto reduce el acceso a su brillantez intelectual innata y hace que conecten con cantidades más bajas de su ingenio natural (para solucionar problemas, aprovechar oportunidades y materializar la totalidad de su productividad inherente, cosa que les supondría una mayor prosperidad). Las preocupaciones, las crisis y las tragedias, así como invertir nuestra concentración en el escapismo digital, agotan nuestra banda ancha cognitiva y nos restan concentración y genialidad para alcanzar cotas increíbles.

Principio n.º 2: El residuo de atención debe gestionarse para alcanzar la excelencia

La banda ancha cognitiva está estrechamente relacionada con el fenómeno del «residuo de atención», planteado por primera vez por Sophie Leroy, profesora de la escuela de negocios de la Universidad de Minnesota. Básicamente, el residuo de atención habla de las moléculas de tu concentración que dejas en una actividad cuando pasas a realizar otra. Cada movimiento que haces conlleva un coste creativo. Por ejemplo, la gente que está mirando constantemente sus dispositivos sufre en poco tiempo demencia digital, ya que cada vez que comprueba si tiene un mensaje o un me gusta, deja una fracción de su valiosa banda ancha cognitiva en dicha actividad. Si lo haces a diario (como les ocurre a muchos), instalarás un trastorno de atención fragmentada como manera de ser. Nunca harás nada sensacional.

Principio n.º 3: El agotamiento productivo requiere una renovación planificada

El «agotamiento productivo» es una expresión de mi programa de coaching que explica lo que sucede cuando un productor avanzado trabaja con gran intensidad durante largos periodos de tiempo. Concretamente, cuando eleves tu productividad y la experiencia que aportas a tu campo, experimentarás ciclos periódicos de vigorosa fatiga intelectual, emocional, física y espiritual. Ese cansancio no es un indicador de que algo va mal, sino una señal de que estás haciéndolo todo bien. Cuando actúes con una pasión incendiaria y un compromiso feroz para producir nada menos que una obra maestra, a menudo quedarás exhausto, porque estás utilizando todas tus capacidades, dones y activos primarios. Esto te provocará un agotamiento productivo. ¿Cuál es la solución? Ciclos de descanso y reabastecimiento periódicos. «Una habilidad especial supone un gran consumo de energía en una dirección en particular, con el consiguiente cansancio ocasionado por otro aspecto de la vida», escribió el famoso psicólogo Carl Jung.

Dicho esto, estudiemos juntos la Pirámide de estrategias de máxima productividad.

PIRÁMIDE DE ESTRATEGIAS DE MÁXIMA PRODUCTIVIDAD

LOS 5 GRANDES DE LA VIDA — 01

02 — LOS 5 VALORES PROFUNDOS

LOS 6 PESOS PESADOS — 03

04 — EL GRUPO DE APOYO EXPERTO

LA ESTRUCTURA VITAL DE LA EOF — 05

06 — EL CONCEPTO DE BHCT

LA PROMESA DE LAS 5 HORAS ESPLÉNDIDAS — 07

LOS CIMIENTOS DEL AEAPPC

EL DÍA SABÁTICO SEMANAL — 08

09

Estrategia n.º 1: Los 5 grandes de la vida

Hace muchos años, en uno de los primeros viajes que hice a mi querida Sudáfrica, el cliente me organizó un safari. El guía que pasó el día con nosotros habló de «los 5 grandes», los animales más poderosos de la naturaleza africana: el león, el leopardo, el búfalo, el rinoceronte y el elefante.

Aquella noche, tras un día inolvidable en la sabana, saqué el diario para plasmar y deconstruir el día que había tenido la suerte de vivir. Entonces me hice la siguiente pregunta transformadora: ¿Cuáles son mis 5 grandes? En otras palabras, ¿cuáles son las cinco máximas prioridades que debo perseguir el resto de mis días?

He vivido bajo esos cinco faros primordiales desde aquella noche, y la idea de los 5 grandes de la vida ha mejorado mi productividad desde entonces. La claridad genera excelencia, ¿no es así? Nunca conseguirás objetivos de gran valor que ni siquiera conoces. Documentar los cinco propósitos fundamentales a los que dedicarás el resto de tu vida aportará una extrema pureza de intención a tus horas, días, semanas, meses y años, protegerá tu banda ancha cognitiva y fomentará un excepcional ahorro de energía.

Los cimientos de la excepcionalidad son concentrar tu genialidad en unas pocas cosas para ser extremadamente bueno en ellas. Siempre me ha encantado el siguiente consejo del extraordinario inventor Thomas Edison:

> Haces algo todo el día, ¿verdad? Todo el mundo lo hace. Si te levantas a las siete y te acuestas a las once, has invertido dieciséis horas, y es cierto que la mayoría de la gente habrá estado haciendo algo todo el tiempo. Han caminado, leído, escrito o pensado. El único problema es que ellos lo hacen con muchas cosas y yo con una. Si aprovecharan ese tiempo y lo aplicaran en una sola dirección, en un objeto, triunfarían.

Estrategia n.º 2: Los 5 valores profundos

Sé que parece obvio, pero tus valores más apreciados definen lo que más valoras, y conocerlos de manera íntima es absolutamente esencial para una existencia de autenticidad máxima y una productividad de élite. Traicionar lo que tu espíritu quiere que defiendas genera lo que yo llamo una brecha de integridad, porque la manera de funcionar de tu mundo terrenal no coincide con cómo desea tu parte heroica que te comportes. Esta importante desalineación absorbe grandes cantidades de energía y creatividad que podrían utilizarse para conseguir resultados de primera clase. Porque tu sabiduría ve que no estás honrando a tu verdadero yo.

La clave es ser extremadamente consciente de tus 5 valores profundos para mantenerte fiel a ellos. No querrás vivir nunca la vida de otro y, al llegar a tu último día, darte cuenta de que consagraste tus mejores momentos a actividades que no significaban nada para ti.

Con el deseo de que esto te ayude, expondré que mis 5 valores profundos son la excelencia personal, la dedicación a la familia, una destreza absoluta en mi campo, la experiencia de una belleza continua y un humilde servicio a la sociedad.

Estrategia n.º 3: Los 6 pesos pesados

Buena parte del aumento exponencial de la productividad y los ingresos, el estilo de vida y el crecimiento espiritual de mis clientes nace de la práctica casi religiosa de varios hábitos que los he animado a implantar. A esos seis regímenes los denomino los «PE de la PCA»: los Procedimientos Estándar de la Primera Clase Absoluta. Si los practicas hasta alcanzar el automatismo (cuando es más fácil hacerlos que no), obtendrás lo que yo llamo una VCC: Ventaja Competitiva Colosal, que muy pocos podrán igualar. En realidad, es fácil conseguir un rendimiento extraordinario, ya que casi nadie hace lo que en realidad exige ese rendimiento extraordinario. No hay demasiada competencia en el aire enrarecido del virtuosismo. Sí, la superficie está abarrotada, pero no hay muchos humanos habitando la estratosfera de su máxima genialidad, porque muy pocos saben qué hacer —y cómo ejecutar con una precisión casi perfecta lo que hay que hacer— para llegar hasta allí.

Estas son las 6 rutinas diarias que han brindado a las celebridades a las que oriento los máximos resultados productivos:

1. Unirte al Club de las 5 de la mañana y pasar una Hora de la victoria mejorando tu disposición mental, purificando tu estado emocional, optimizando tu condición física y aumentando tu capacidad espiritual. El modo de empezar el día tiene un impacto enorme en las horas restantes. Comienza con sesenta minutos de fortalecimiento personal y experimentarás días siempre positivos, prolíficos y hermosos. Y como solían decir los guerreros espartanos: «Suda más en los entrenamientos y sangrarás menos en la guerra».

2. Escribir al menos diez minutos cada día en un diario de gratitud para desterrar el sesgo de negatividad del cerebro humano y convertir el agradecimiento desorbitado en tu estado automático. Una de las intervenciones más poderosas que, según confirma la ciencia, no solo nos hará más eficaces, sino también más felices, es el ejercicio diario de Tres Cosas Buenas, en el que simplemente debes anotar tres pequeñas victorias o experiencias inspiradoras cada noche. Como escribía Martin Seligman, el padre de la psicología positiva, en su libro *La vida que florece*:

> Por claras razones evolutivas, a la mayoría de nosotros no se nos da tan bien obcecarnos con los acontecimientos positivos como analizar acontecimientos negativos. Aquellos antepasados que pasaban mucho tiempo deleitándose bajo el sol de los acontecimientos positivos cuando deberían haber estado preparándose para el desastre no sobrevivieron a la Edad de Hielo. Por tanto, para superar la tendencia catastrófica natural de nuestro cerebro, debemos seguir trabajando y practicar la aptitud de pensar en lo que salió bien.

3. Llevar a cabo el protocolo Segundo entrenamiento de cardio (2EC), a poder ser, un paseo por la naturaleza, como mencionaba en el capítulo «Protege tu salud como un atleta profesional». Estoy convencido de que mi vida es mucho mejor cuando me entreno para estar más en forma. Realizar dos sesiones de gimnasia al día te aportará ese beneficio.

4. Seguir el Régimen de 60 minutos de estudio, que significa que no te irás a dormir a menos que hayas pasado como mínimo una hora al día inmerso en el estudio. Sirve leer un libro que fomente tu crecimiento como líder, escuchar un audiolibro sobre construcción de relaciones o imperios, o seguir un curso online que enriquezca tus conocimientos profesionales para producir abundantes oleadas de recompensas para los clientes a los que sirves.

5. La Regla 90/90/1 es un hábito que creé originalmente para ayudar a mis geniales participantes a bloquear las incesantes distracciones a las que hacían frente cada mañana. Consiste básicamente en que, durante los próximos noventa días, crees un ritual blindado e ininterrumpido; por ejemplo, que los primeros noventa minutos de tu mañana laboral se centren de forma obsesiva en la mejor oportunidad para liderar tu especialidad. No debes dedicar tus horas más valiosas a las actividades menos valiosas.

6. El Sistema de diseño semanal es una metodología que desarrollé para asegurarme de que mis clientes de coaching no solo generan unas mejoras extremas de su productividad, sino que también mantienen una vida increíblemente equilibrada. El equilibro vital no es un mito. Mostraré todo el sistema en un capítulo posterior, y puedo confirmar que el proceso será un punto de inflexión total para ti. Por ahora, debes saber que las tareas que programes son las que se llevan a cabo, y que programar sistemáticamente unas semanas de nivel prodigioso es una poderosa entrada al superestrellato permanente, además de una vida de salud excelente, amor generoso y alegría sin límite. Si quieres ver un vídeo en el que enseño todo el proceso, visita *TheEverydayHeroManifesto .com/WeeklyDesignSystem*.

Estrategia n.º 4: El grupo de apoyo experto

Otra de las prácticas iniciales cuando empiezo una colaboración con un consejero delegado o un peso pesado empresarial es formar un grupo de asesores expertos para cerciorarme de que trascienden victorias pasadas y ejecutan con rapidez la misión que me han pedido que les ayude a conseguir. Esta estrategia es similar al equipo que se ficha para apoyar a un campeón mundial del deporte. Uno solo no puede alcanzar el desarrollo personal.

La mayoría de los grandes deportistas invierten en un

coach mental para que su cerebro esté en plena forma, en un fisioterapeuta para evitar lesiones, en un nutricionista para calibrar su dieta y el plan de suplementos y en un estratega que los ayude a mejorar en su actividad.

Como mínimo recomiendo que, si el presupuesto lo permite, busques el mejor entrenador personal posible para que te ayude a estar más fuerte que nunca. Sí, te costará dinero, pero aprendí de Warren Buffett que mientras que los productores mediocres se empecinan en el precio de algo, los superproductores se centran en la rentabilidad de la inversión que propiciará el gasto. Optar por lo más barato te saldrá muy caro. O, como dijo sabiamente Aldo Gucci: «La calidad se recuerda mucho después de que se haya olvidado el precio».

Contratar a un entrenador personal excelente que te anime a estar supersano transformará por completo tu creatividad, tu arte y tu impacto, además de aumentar drásticamente tus ingresos, porque serás más enérgico, resistente e inspirado. Nunca entrenarás tan duro solo como con un entrenador, que te hará contraer responsabilidades. Trabajar con un entrenador bien preparado me ha permitido experimentar la energía y la buena salud necesarias para escribir mis libros, viajar por todo el mundo durante décadas sin padecer enfermedades y hacer todo lo que me gusta con mi familia (a la vez que dispongo de tiempo para mí).

También indico a mis clientes que busquen un buen masajista para que puedan llevar a cabo el Protocolo de los 2 masajes, consistente en recibir dos masajes de noventa minutos cada semana (que mejoran su positividad, les permiten levantarse a las cinco de la mañana con más facilidad y aumentan considerablemente su esperanza de vida). Además de todo esto, les pedimos cita con un psicoterapeuta de primera para que el bagaje emocional reprimido que mencionaba en la sección sobre los traumas ya no drene silenciosamente su productividad, y recomendamos a los clientes que acudan a una clínica de medicina funcional para que frenen el envejecimiento y disuelvan el deterioro cognitivo por medio de la biología sintética. Para terminar, garantizamos a los clientes un trabajo mensual con un consejero espiritual para que accedan a su yo más elevado. Repito: no puedes ser el Mejor del Mundo tú solo. Forma lo antes posible tu grupo de apoyo con ultraexpertos.

Estrategia n.º 5: La estructura vital de la Estrategia de optimización forzada (EOF)

Otro régimen de vida vanguardista que acelerará rápidamente la productividad, los ingresos y tu impacto es la Estrategia de optimización forzada. Uno de los auténticos motivos por los que no ponemos en práctica nuestras intenciones, compromisos y metas es que es demasiado fácil no hacerlo, ¿verdad? Si no te levantas a las cinco de la mañana para salir a correr, solo tendrás que enfrentarte a tu mala conciencia. Si no asistes a una sesión que tenías programada para analizar tus finanzas o mejorar tu rendimiento profesional, o si no vas a darte el masaje que repondrá tus menguadas reservas, prácticamente no habrá consecuencias. De este modo nos volvemos descuidados con nuestras disciplinas y encontramos excusas endebles para justificar que no hemos cumplido nuestras promesas (por supuesto, a mí también me ocurre de vez en cuando).

   ¿Cuál es el antídoto para esa debilidad? Fuerza la optimización de la rutina que quieres integrar en tu estilo de vida. Pon en práctica la EOF. Por ejemplo, digamos que aspiras a gozar del mejor estado físico que has tenido en tu vida dentro de noventa días. Es posible. Por supuesto. Y digamos que quieres conseguir ese resultado levantándote al amanecer entre semana e instaurando el hábito de un entrenamiento matinal intenso para disfrutar siempre de unos días maravillosos. La mayoría de la gente lo dejará al cabo de una semana, o puede que dos. Sin embargo, si contratas a un entrenador personal que vaya a tu casa o a tu gimnasio (aunque solo sean dos días por semana) durante tres meses, forzarás la optimi-

LA PIRÁMIDE DE ESTRATEGIAS DE MÁXIMA PRODUCTIVIDAD   153

zación de la nueva rutina, porque ahora entra en juego la inversión de un dinero que te ha costado mucho ganar, y porque ese ser humano se presentará en la puerta de tu casa o en el gimnasio a la hora convenida, tal como habíais programado.

O digamos que te has decantado por el Protocolo de 2 masajes. En ese caso, busca el mejor masajista y paga dos sesiones semanales durante el próximo trimestre. Ahora tendrás que ir, porque has reservado hora y abonado sus honorarios. Has forzado la optimización de ese hábito en tu vida.

Aplica la estructura vital de la EOF en varios ámbitos de tu mundo y cambiarás de forma permanente tus buenas intenciones actuales para llevar una vida extraordinaria por resultados diarios que convertirán la gloria en una realidad.

Estrategia n.º 6: El concepto de Burbuja hermética de concentración total (BHCT)

Esta es otra creación mental muy valiosa para prepararte de cara a una productividad sin igual. Este método organizará tus días laborales de modo que ganes la guerra contra las distracciones, las interrupciones y las actividades triviales. Los artistas célebres, los multimillonarios poderosos, los deportistas sobresalientes y los científicos de primera clase disponen de veinticuatro horas al día igual que tú y que yo. Sin embargo, su manera de interactuar con esas horas es diametralmente distinta a como gestiona su tiempo la mayoría.

El concepto BHCT te anima a levantar un muro metafórico en torno a lo que yo denomino en mi trabajo Los 5 activos del genio, que son: la concentración, la energía física, la fuerza de voluntad, el tiempo diario y los dones primarios.

Al utilizar el concepto BHCT diseñas toda tu vida profesional para trabajar en una burbuja hermética de concentración extrema con una barrera porosa que solo permite que entren influencias que protejan tu positividad, alimenten tu oficio, nutran tu talento y eleven tu servicio público. Estímulos negativos como los influencers superficiales de las redes sociales, los vídeos de gente haciendo trucos absurdos o bailes torpes, los informativos generalistas, la gente tóxica que intenta verter agua fría sobre tu brillante llama, los mensajes digitales no deseados, las notificaciones incesantes que mayoritariamente tratan sobre nada y cualquier actividad que no te permita realizar progresos astronómicos en tus 5 grandes de la vida no atraviesan la barrera. Una llave gigantesca de la productividad exponencial es blindar tu concentración. Esta poderosa estrategia te ayuda a conseguirlo.

Te concentrarás fanática y prodigiosamente en las pocas prioridades importantes que te permitirán hacer realidad los susurros de tu corazón, los anhelos de tu sabiduría y las llamadas de tu heroísmo cotidiano antes de que esa oportunidad se esfume (y lo hará). Una vez que te halles dentro de esta burbuja de trabajo figurada, tu BHCT permitirá que las cosas que no importan ahora no lo hagan nunca.

Este es el verdadero objetivo de integrar conocimientos sentidos en lugar de meras ideas intelectuales: uno de los secretos de los genios inmortales es el aislamiento y la disciplina de apartarse del mundo, sometiéndose a una especie de confinamiento en solitario para poder obrar su magia. Todos los grandes creadores de la historia tenían ese hábito en común. Creaban espacios de trabajo totalmente libres de distracciones para distanciarse de la sociedad durante largos periodos de tiempo, a diario.

Pensemos en el laboratorio de Thomas Edison en Menlo Park. O en Telegraph Cottage, la pequeña casa de campo que utilizaba el general Dwight D. Eisenhower como refugio durante la Segunda Guerra Mundial (sus empleados cuidaban de que nada en la casa le recordara a la guerra para que pudiera aliviar la presión a la que estaba sometido y pensar con claridad en su estrategia y en la campaña).

Tu madriguera creativa puede ser metafórica: puedes adoptar este sistema bloqueando distracciones y guardando tus dispositivos para crear tu obra magna en unos cuantos bloques de tiempo ininterrumpidos cada día laborable. O puedes crear un espacio artístico en el que perderte para que nada ni nadie pueda consumir tu banda ancha cognitiva y tu productividad. Hacer esto diariamente es una manera extraordinaria de institucionalizar un estado de flujo para que tu brillantez empiece a visitarte a demanda.

También puedes trabajar en una biblioteca o en una habitación desocupada. Cuando tengo que finalizar un proyecto importante, a menudo me quedo varias semanas en una bonita habitación de hotel en una de mis ciudades favoritas. A veces reservo una suite en mi ciudad para huir de mis responsabilidades habituales y de la burocracia administrativa, que nunca me sirven para generar mis mejores resultados. De hecho, estoy corrigiendo este párrafo en una habitación de hotel situada a una hora de mi casa; tengo música inspiradora, el cartel de «No molestar» en la puerta, el teléfono en modo avión y ninguna reunión programada, ni presencial ni online. Lo único que necesito hacer es trabajar (trabajo real), comer (servicio de habitaciones) y dormir (una buena cama). Sí, me cuesta un dinero que no tendría que gastar si esta semana trabajara en casa, pero perderme las ideas y la creatividad que están fluyendo me costaría mil veces más.

Esta es una foto del escenario en este momento:

La zona de trabajo en la habitación de hotel donde estoy escribiendo este capítulo

Estrategia n.º 7: La promesa de las 5 horas espléndidas

El viejo estilo de trabajo se deriva de una época ancestral en la que la gente trabajaba en cadenas de montaje y eran sobre todo operarios manuales. Al trabajar durante más tiempo se producían más artículos (hasta que el trabajador se agotaba o entraba el siguiente turno).

La época actual es muy distinta. A muchos nos pagan por pensar, inventar y buscar soluciones espléndidas para los problemas más graves del planeta. Muchos somos trabajadores cognitivos en lugar de obreros físicos. Por tanto, trabajar más tiempo no es mejor para nosotros, ya que hacerlo muchas horas merma la creatividad y degrada el desarrollo. Por eso no me identifico en absoluto con la cultura del ajetreo y la rutina. La gente más productiva del planeta no cae en el ajetreo y la rutina veinticuatro horas al día, siete días a la semana. Por el contrario, cuando trabajan, lo hacen con la máxima intensidad. No se distraen con diversiones digitales ni parlotean sobre programas de televisión cuando tienen intención de mejorar en su especialidad. Son personas serias. Son profesionales, no aficionados ocasionales. Son especialistas, no generalistas. Cuando trabajan, profundizan en lugar de ensanchar. Cuando se sientan a producir, ponen toda su genialidad humana sobre la mesa y la invierten en su ocupación.

Entonces, cuando ha finalizado la sesión de trabajo, se renuevan. Duermen una siesta. Juegan. Gozan de los frutos de su industria y de las alegrías de su esfuerzo. Esa manera de trabajar por ciclos es uno de los mejores secretos para una productividad sin igual y una vida preciosa.

Soy un gran seguidor del pintor indio M. F. Husain, a menudo conocido como el Picasso de la India. Cuando un periodista de *The Guardian* preguntó a la leyenda artística cómo se organizaba los días, respondió: «Trabajo desde muy temprano. Me levanto a las cinco o las seis. Siempre tengo la sensación de que es mi primer día. No me aburro cuando sale el sol, y luego trabajo con ahínco tres o cuatro horas».

El entrevistador preguntó qué hacía el resto del día. «Ah, creo que es muy importante holgazanear el resto del tiempo». Holgazanear. ¡Me encanta!

Así pues, yo recomiendo a mis clientes que solo trabajen cinco horas al día (para mí, cinco horas de trabajo ininterrumpido, vigoroso y exquisito es lo ideal) en los días reservados para el trabajo. Más tiempo es del todo innecesario y, en realidad, reduce los beneficios, porque estás muy cansado (si no vas a producir nada relevante, ¿para qué perder el tiempo?). Tan solo cinco horas de logros gloriosos, majestuosos y monumentales en tus días laborables. Luego recupérate. Regenérate. Reabastécete. Y saborea el resto del día.

Al principio, las personas a las que asesoro casi siempre se resisten a la Promesa de las 5 horas espléndidas, ya que es muy poco ortodoxa (de hecho, es una herejía). Pero cuando ven que en una semana están haciendo más trabajo de primera clase del que habían conseguido en muchos meses —trabajando menos—, me dan las gracias y aprovechan las enormes cantidades de tiempo que han liberado para estar con su familia, leer libros de su biblioteca, visitar galerías de arte, entrar en comunión con la naturaleza o practicar sus pasiones deportivas.

Estrategia n.º 8: Los cimientos del asistente ejecutivo + ayudante personal de primera clase (AEAPPC)

De acuerdo. Ya casi hemos terminado con este capítulo. Sé que ha sido intenso, pero resultará impagable una vez que lo pongas en práctica.

Los titanes de la industria me han dicho que esta estrategia que estoy a punto de exponerte ha multiplicado su fortuna, activado unas mejoras explosivas de su rendimiento y revolucionado su vida personal, a la vez que les aporta mucha más felicidad, equilibrio y paz espiritual.

Siempre me asombra que muchos directivos de la superélite, multimillonarios reverenciados y empresarios de éxito sigan haciendo muchas de las cosas que hacían cuando empezaron, como organizar sus viajes, hacer reservas en restaurantes, supervisar obras en casa e ir a la tienda a comprar sus suministros diarios. ¿Por qué hacen eso estando en el nivel que están? Es la fuerza de la costumbre. Lo han hecho tantas veces que es totalmente inconsciente. Sin embargo, ese comportamiento —que les resultó beneficioso cuando empezaban— ahora consume muchas horas del día que podrían aprovechar para mejorar sus 5 grandes de la vida, crear su obra maestra, perfeccionar sus aptitudes, acelerar sus imperios, acrecentar sus movimientos y cambiar la vida de muchos otros seres humanos.

Contratar a una persona con talento y de confianza —un asistente ejecutivo + ayudante personal de primera clase— para que organice y orqueste tu vida profesional, a la vez que gestiona con discreción tu vida personal, liberará un ancho de banda inmenso, además de energía y tiempo para ti. Tu AEAPPC puede encargarse de la agenda, de responder a todas las llamadas, gestionar cualquier complejidad y, en resumen, ocuparse de las actividades que a ti te disgustan.

Imagina cuánto mejorarían tu productividad, tu felicidad y tu serenidad si te concentraras únicamente en las cosas que es más inteligente que hagas, en las que eres excelente, en las que te encanta hacer. Este método es una manera perfecta de crear una vida que adores.

Estrategia n.º 9: El día sabático semanal

Durante una época más simple de la historia, un día a la semana —conocido como el *Sabbat*— estaba reservado a una especie de vacaciones. Las familias se reunían, dejaban los arados, leían libros y compartían comidas.

El último proceso estándar de la Pirámide de estrategias de máxima productividad es ser excepcionalmente buenos a la hora de tomarnos días libres. Al menos un día a la semana (y, espero, una semana libre al mes y, a la postre, al menos dos meses fuera del trabajo cada año). Deja de ser un humano que hace para convertirte en un humano que es, y relájate mucho más. Las mejores ideas nos llegan cuando no estamos trabajando, y nunca liderarás tu especialidad si estás agotado. Como ya he mencionado, la longevidad es uno de los principales ingredientes para ser legendario, y tomándote una cantidad infrecuente de días libres a la semana, al mes y al año para estar con tu familia, hacer viajes fantásticos, leer libros magníficos, desarrollar grandes amistades y sencillamente descansar, te asegurarás de que eres creativo, inspirado, habilidoso y ultrafuerte durante muchas más décadas.

Perfecto. Eso es todo. Estas son muchas de mis mejores estrategias para una productividad máxima ofrecidas con un entusiasmo sincero para que puedas explorar tus catedrales de posibilidad y habitar tus templos de promesa. Rezo para que todo ello te ayude a acelerar la marcha de forma exponencial.

P. D.: Para descargar una hoja de trabajo táctica que te ayudará a poner en práctica de manera rápida y eficaz la Pirámide de estrategias de máxima productividad, visita *TheEverydayHeroManifesto.com/Productivity*.

33
Únete a la Brigada de la Esperanza

Me gustaría compartir contigo otra poesía que he compuesto. Así, mientras la canción «Excuse Me Mr.», de Ben Harper, hace temblar el suelo de mi despacho, te ofrezco humildemente estas palabras:

Allá donde hay oscuridad y ruina
y la gente se siente derrotada,
debes saber que la duda es el gran estafador.
Y únete a la Brigada de la Esperanza.

Cuando te castiguen por tu sinceridad,
allá donde te malinterpreten por tu genialidad,
rebélate contra semejante cobardía.
Y únete a la Brigada de la Esperanza.

En épocas de infortunio, cuando pienses en abandonar,
cuando el miedo hipnotice a tu yo falsificado,
allá donde la desesperación desate su violencia, silencia
    a los enemigos interiores.
Recuerda tu capacidad para obrar actos de magia.
Y únete a la Brigada de la Esperanza.

El rebaño te llamará para que seas como ellos.
Para que vivas ruidosamente y anheles más allá de la
    abundancia.
Para que desoigas tu naturaleza y deshonres tu poder.
Para reprimir tu instinto de simplicidad
y permitir que las atracciones de lo ordinario invadan tus
    horas.
Rechaza esa petición de la mayoría
conociendo la furia de tu soberanía.
Y únete a la Brigada de la Esperanza.

Cuando te preguntes si eres importante,
mientras recuerdas que eres mortal
en las mañanas de tu deliciosa angustia,
piensa en la serenidad
que es la base de tu valentía,
actúa con decisión ante cualquier incertidumbre.
Y únete a la Brigada de la Esperanza.

¿El amor te ha roto el corazón?
¿La vida te parece demasiado dura?
¿Te sientes solo?
¿La adversidad es más común que el triunfo?
¿La preocupación te ha visitado más que la alegría?

Se acerca un nuevo amanecer.
Los frutos de tu bondad pronto aflorarán.
Ten fe en la justicia de la Fortuna.
Y únete a la Brigada de la Esperanza.

34

40 cosas que me habría gustado saber a los 40

1. Que la familia, las flores y los paseos por el bosque me reportarían más felicidad que los coches, los relojes y las casas.

2. Que ponerme en forma multiplicaría considerablemente mi creatividad, mi productividad y mi prosperidad.

3. Que la pareja sentimental que elegimos es uno de los principales motivos de nuestro éxito (o fracaso), nuestra felicidad (o tristeza) y nuestra tranquilidad (o preocupación).

4. Que haría mi mejor trabajo en habitaciones de hotel y en aviones que encadenado a un escritorio de oficina.

5. Que las buenas amistades son tesoros que no tienen precio y que los viejos amigos son los más valiosos.

6. Que el cielo ayuda a quienes se ayudan a sí mismos, así que hay que hacerlo lo mejor posible y dejar que nuestro poder superior haga el resto.

7. Que las críticas de la gente indican que el éxito es mayor.

8. Que las prioridades de mi juventud en realidad son las actividades que menos me interesan a medida que maduro.

9. Que el silencio, la quietud y la soledad son la dulce canción que más atrae a las musas.

10. Que las pequeñas victorias cotidianas, cosechadas con disciplinada consistencia durante largos periodos de tiempo, conducen a resultados revolucionarios.

11. Que cuando no conseguía lo que quería era porque el universo tenía algo mucho mejor en mente.

12. Que tener miedo significa que estás creciendo, y que una incomodidad frecuente es el precio del progreso acelerado.

13. Que si lo arriesgas todo por amor y no funciona, no es un fracaso porque, en realidad, todas las historias de amor son historias heroicas. Y ningún crecimiento del corazón es un desperdicio. Jamás.

14. Que trabajar diligentemente y sin preocuparse de las recompensas es la conducta que trae esas recompensas.

15. Que el hecho de que alguien esté envejeciendo no significa que esté creciendo.

16. Que la vida posee un fabuloso sistema de evaluación que me muestra lo que estoy haciendo bien mediante mis triunfos (y lo que debo mejorar mediante mis frustraciones).

17. Que es normal que pasen veinte años de trabajo anónimo hasta que se adquiere la sabiduría y la experiencia necesarias para saber qué dejar fuera de una obra para que sea extraordinaria.

18. Que cuanto más humilde es la persona, más fuerte es el carácter.

19. Que mis ingresos nunca superarán mi identidad, y que mi impacto nunca será más grande que mi historia personal.

20. Que conseguimos aquello con lo que nos conformamos (así que dejemos de conformarnos con lo que no queremos).

21. Que a veces el silencio es la respuesta más sonora que podemos ofrecer.

22. Que la manera en que me hace sentir la gente cuando interactuamos es todo lo que necesito saber de ella.

23. Que tomarme mucho tiempo libre me haría doblemente productivo.

24. Que alimentar a los provocadores es una pérdida de tiempo. La mayoría de mis detractores me envidian porque he hecho lo que ellos no pudieron hacer. Lo mejor es ignorarlos y dejar que el desarrollo sea mi respuesta.

25. Que los matones se vuelven cobardes cuando les plantas cara.

26. Que escribir un diario es rezar sobre el papel, y cada oración es escuchada.

27. Que una vida auténticamente rica cuesta mucho menos de lo que creía.

28. Que alguna gente del sector me dirá que hará cosas increíbles por mí pero, una vez firmado el acuerdo, acabará no haciendo nada.

29. Que las actividades y los lugares que me colman de alegría son las actividades y los lugares en los que desea estar mi sabiduría.

30. Que la mejor manera de utilizar el dinero es crear experiencias y recuerdos, no conseguir objetos y posesiones.

31. Que la fuerza de voluntad se construye haciendo cosas difíciles. Por tanto, más cosas difíciles (a diario).

32. Que es mucho mejor leer unos pocos libros en profundidad que consumir muchos a la ligera.

33. Que la adversidad es el lugar de origen del heroísmo. Honremos nuestras cicatrices, ya que han hecho de nosotros quienes somos.

34. Que la mayoría de los seres humanos tienen un corazón maravilloso y me lo mostrarán si los hago sentirse seguros.

35. Que los ancianos tienen las mejores historias y merecen el máximo respeto.

36. Que cualquier vida tiene un valor enorme. Nunca piso una araña.

37. Que cuanto más solo me siento, más cerca de mí está el poder superior.

38. Que no todas las horas del día y no todos los días de la semana deben utilizarse «productivamente» y ser «agotadores». Dormir una siesta, mirar las estrellas y, a veces, no hacer nada son actividades absolutamente necesarias para una vida de belleza ilimitada.

39. Que respetarme a mí mismo es mucho más importante que gustar a los demás.

40. Que la vida es demasiado corta como para no apuntar alto.

35

La técnica de Misty Copeland
para generar confianza

Misty Copeland, una heroína para millones de seres humanos, es una de las mejores bailarinas que ha dado nuestra civilización.

Fue la primera afroamericana que alcanzó el puesto de bailarina principal del prestigioso American Ballet Theatre, y ha hipnotizado al público en cada una de sus actuaciones en la Metropolitan Opera House de Nueva York, el Teatro Bolshói de Moscú y el Bunka Kaikan de Tokio.

Misty Copeland también es un ejemplo deslumbrante de cómo convertir la experiencia de una infancia terrible, con un padre alcohólico, un desarraigo continuo y una adversidad implacable, en combustible para conseguir lo que parecía imposible.

Cuando era una joven bailarina, se levantaba antes de que amaneciera para entrenar; ya entonces sabía que trabajar más que los que te rodean es la forma en que los soñadores transmutan el potencial en poder.

Poseía un talento natural y una dedicación excepcional (una alquimia formidable), y era capaz de bailar en punta (apoyándose en las puntas de los dedos de los pies con unas zapatillas de ballet especiales para realizar movimientos concretos) solo unos meses después de la primera clase, cuando lo normal es que para dominar esa técnica se precisen muchos años de práctica.

Cuando nadie tenía fe en la capacidad de Copeland para obtener unos resultados increíbles como intérprete, su primera profesora intuyó su prodigiosidad y animó a su inusual alumna a seguir, a pesar de que ella quería abandonar.

«La bailarina perfecta tiene la cabeza y los hombros pequeños, piernas largas y una caja torácica estrecha», le dijo la instructora, haciéndose eco de la respetada afirmación del célebre coreógrafo George Balanchine sobre los atributos de una superestrella del ballet.

«Esa eres tú», le susurró un día la profesora en clase. «Eres perfecta».

A medida que transcurrían los días y se acentuaba la dedicación de Copeland, la manera que tenía de verla su mentora fue reordenando la manera en que ella se veía a sí misma.

Al mismo tiempo que la joven ganaba aptitudes, perfeccionaba su destreza y mejoraba sus dotes interpretativas, su identidad iba en aumento.

Empezó a aceptar que era especial y que tenía talento, tal vez un don.

La primera clase es un juego de confianza, y convertirte en una sensación en tu especialidad empieza por fortalecer la confianza que tienes en ti mismo. La técnica más rápida —y sostenible— para construir esa imbatibilidad psicológica y esa resistencia emocional es comportarte como la persona que aspiras a ser.

Como afirman los psicólogos, es más fácil actuar para desarrollar una nueva manera de pensar, que pensar para desarrollar una nueva manera de actuar.

(Por favor, lee esa máxima dos veces).

Generarás confianza en ti mismo por medio de una práctica incansable en lugar de la simple esperanza.

Las acciones más pequeñas siempre son mejores que las intenciones más nobles.

Idear sin ejecutar es la puerta hacia el engaño.

Y una visión cautivadora que no esté respaldada por una ejecución diaria prístina es el principal error de una promesa ignorada.

36

El hábito de los 40 ejemplares de un solo libro

Nuestra casa está llena de libros.

No conozco ninguna inversión que proporcione tanto rendimiento como un libro. Por una pequeña cantidad de dinero, obtienes acceso a las ideas más valiosas del mundo y a las mentes más brillantes del planeta. En las residencias de los pesos pesados de los negocios suelo ver muy pocos televisores y casi siempre una biblioteca enorme. Solo hace falta un libro —el correcto— para cambiar tu vida entera.

A menudo compro muchos ejemplares de un mismo libro.

En las estanterías de mi casa hay seis ejemplares del clásico *Como un hombre piensa, así es su vida*, de James Allen; en una mesa de mi despacho hay ocho ejemplares de *El árbol generoso* de Shel Silverstein; en mi oficina hay once ejemplares de *El alquimista* de Paulo Coelho, para regalárselos a quien nos visite. He comprado cuarenta copias de *Meditaciones*, del emperador romano Marco Aurelio.

Te preguntarás por qué.

Porque, como escribió en una ocasión el filósofo y estadista Francis Bacon: «Algunos libros hay que saborearlos, otros tragarlos, y otros masticarlos y digerirlos. Esto es, algunos libros solo hay que leerlos en parte; otros hay que leerlos, pero no con curiosidad; y unos pocos hay que leerlos en su totalidad, con diligencia y atención».

Contaré una historia con la que espero aumentar tu amor por los libros (yo compro más de los que sé que leeré en toda mi vida, y supongo que tú tienes la misma adicción. Pero una adicción solo es insalubre si es una adicción insalubre, ¿verdad? Dejarles mi biblioteca a mis hijos sería un gran legado).

Cada vez que aterrizo en el aeropuerto de Fiumicino, en mi amada Roma, voy al apartamento en el que me hospedo, dejo las maletas, me doy una ducha rápida y me dirijo a una pequeña y entrañable librería situada junto a la escalinata de la Plaza de España; los polvorientos libros están amontonados en el suelo, los textos a la venta se anuncian con un cartel que parece de la época del Imperio romano y la sala tiene un alma que no has sentido desde que visitaste el Vaticano por última vez.

Voy directamente a la sección de filosofía, que conozco como la palma de mi mano, busco mi edición favorita de *Meditaciones* y hablo con el siempre sonriente encargado en mi italiano primitivo, que seguro que le suena más a mandarín que a su meliflua lengua materna.

Luego vuelvo a mi apartamento y me pongo a leer.

Después duermo un poco y vuelvo a leer. Luego tomo el sol. Y leo. Después me relajo con mis amigos, saboreando unos platos caseros con salsa *amatriciana* o carbonara. Luego leo un poco más mientras la puesta de sol tiñe de azul el cielo, cubierto de tenues nubes, sobre la Trinità dei Monti, la mágica iglesia situada en el centro de Roma.

Invierto siempre en el mismo libro porque he aprendido que la sabiduría sale a tu encuentro allá donde estés. No entenderás nada que esté por encima de tu presente nivel de comprensión. Y tú y yo no podemos apreciar ninguna obra que esté más allá de nuestra comprensión inmediata.

Lo que quiero decir es que cuando leí por primera vez *El alquimista*, no entendí a qué venía tanto revuelo. Ahora lo leo y percibo la genialidad espiritual que contiene. El libro no ha cambiado pero, con el tiempo, yo crecí. Y con más conocimiento y experiencia pude ver y adoptar el conocimiento y la experiencia con las que escribía Paulo Coelho.

Cuando leí por primera vez *Juan Salvador Gaviota* me pareció un libro que simplemente trataba sobre un pájaro.

Ahora lo veo como una obra maestra que habla sobre mantener la máxima expresión y sobre la importancia de ser fiel a uno mismo cueste lo que cueste.

Y cuando hace unos quince años hojeé por primera vez *Meditaciones*, después de oír que lo tienen en la mesita de noche muchos presidentes y primeros ministros, maestros y gurús, mujeres de Estado y filántropos de los más grandes del mundo, me pareció denso, confuso y nada interesante. Lo dejé al momento.

Pero al leerlo más a menudo y al haber vivido más tiempo y crecido como ser humano, mi capacidad para entender el significado de lo que escribía el benevolente emperador en su diario privado (mientras Europa sufría una de las peores plagas de su historia) ha crecido conmigo.

De nuevo, esos libros no cambiaron. Lo hice yo.

Y lo que es más importante: tú también puedes.

El significado de «desgracia»

Una de mis frases favoritas de *Meditaciones,* de Marco Aurelio, es esta: «Desgraciado: que el alma se rinda cuando el cuerpo aún es fuerte».

Lo que propongo es que te conviertas en un poeta-guerrero.

Vive con discreción y bondad. Muestra ternura hacia todo el mundo. Valora los gestos sencillos, sé consciente de cuándo se te ha agotado la paciencia y disfruta de los encantos hipnotizadores de un estilo de vida espartano, minimalista y creativo, igual que haría un poeta sincero.

Pero cuando llegue la hora de adoptar medidas difíciles para materializar tu imponente misión y demostrar una dedicación feroz para cumplir tus sueños, no te rindas nunca.

Vive según el credo de un guerrero y mantente siempre fiel a tu visión, a tu cruzada y a las promesas que te has hecho a ti mismo, a la vez que recuerdas que los pequeños triunfos cosechados con regularidad sincera suman transformaciones heroicas si se llevan a cabo con consistencia a lo largo de toda una vida. Con decisión y paciencia llegarás a donde aspires estar.

Porque la holgazanería, la apatía y la rendición son los padres del arrepentimiento.

Tirar la toalla es el territorio de los derrotados. Y abandonar la búsqueda de tus objetivos, deseos e ideales es una bofetada despiadada para tu genialidad primordial. Te mereces mucho más que una relación con la experiencia de abandonar y, por tanto, encajar.

A lo largo del viaje pasarás miedo, por supuesto. A mí también me ocurre. Pero el miedo es más dañino que las cosas reales que nos infunden miedo en el corazón, ¿no es así?

Perdona por sacar el tema de la mortalidad, pero te aseguré que siempre sería sincero contigo.

Por tanto, debo recordarte que la muerte nos aguarda a todos. Cualquiera de nosotros podría morir en cualquier momento.

Teniendo en cuenta esta verdad, ¿no es mejor que hagamos los cambios que debemos hacer y sigamos la senda que sabemos que debemos seguir para conocer nuestra eminencia y evitar la desgracia?

38

Un lema básico para una prosperidad asombrosa

Este es un lema poderoso que debes tener muy presente en tu mente y en el centro de tu corazón: el hecho de que no veas una solución no significa que no exista.

Cuando nos invade el estrés, nuestra percepción se contrae y el ingenio se cierra. Perdemos la capacidad de ver oportunidades. Es como si el miedo nos pusiera unas gafas para que no percibamos las posibilidades. Empezamos a ver a través de unas «gafas de timidez», no sé si me entiendes.

Uno de mis mejores amigos acababa de concluir los doce meses más provechosos de su carrera. Le pregunté cómo lo había hecho.

Me respondió mientras disfrutaba de un expreso: «Fácil. Mi equipo y yo nos centramos en buscar soluciones para cualquier problema que surgiera. Nos negamos a que nos frenaran los problemas. Hablábamos de lo que a veces hablamos tú y yo: de cómo crece una flor de loto en la ciénaga. Así que fuimos positivos, resistentes y ágiles ocurriera lo que ocurriera. Fue así como ganamos».

Por eso es uno de mis mejores amigos y por eso también es superrico.

39

Abraza al monstruo

Había una vez un viejo maestro espiritual que visitó un monasterio místico. Los curiosos y quienes deseaban aprender los secretos de sus poderes sensacionales lo seguían por el sendero de montaña.

Antes de entrar en el monasterio, el grupo tuvo que atravesar un gran patio decorado con banderas de colores y elaboradas esculturas de piedra.

Nada más franquear las puertas de entrada vieron que tres perros agresivos se habían zafado de sus gruesas cadenas de hierro y corrían hacia ellos.

Todos se quedaron boquiabiertos e inmóviles, y entonces echaron a correr en la dirección opuesta.

Todos excepto el viejo maestro.

En lugar de eso, esbozó una sonrisa y bostezó. A continuación hizo algo que quizá parezca extraordinario: corrió hacia los perros.

Estos aceleraron el paso, avanzando con más rapidez por el patio. El maestro bostezó una vez más, y luego él también aceleró.

Los perros corrieron aún más rápido, y el maestro hizo lo mismo. Ahora cantaba mientras corría y alzó un puño, un gesto que parecía testimonio de su fe inquebrantable en la victoria.

Los curiosos estaban fascinados.

En cuanto a los perros, se asustaron del maestro, que era más fuerte que ellos. No tardaron en darse la vuelta y regresar a su rincón.

He descubierto que el miedo funciona así.

Si huyes de él, se acercará a ti aún con más fuerza.

Si vas directo hacia él, dará media vuelta, igual que un invitado no bienvenido que se percata de que no debería haber aparecido por allí.

Con sumo respeto por tu elevado heroísmo, te animo a que abraces a tus monstruos lo más a menudo posible.

Si los encierras en el sótano, te lavarán el cerebro (y el corazón) para que pienses (y sientas) que son verdaderamente despiadados. Pero si bajas las escaleras, enciendes las luces y los miras a los ojos, casi te parecerán personajes de dibujos animados, seres inofensivos.

Cuando iba a la universidad me daba pavor hablar en público. La idea de una presentación, aunque fuera solo ante diez personas, me provocaba palpitaciones y hacía que me temblara la voz. Si tenía que hablar en clase, se me aceleraban la mente y el pulso. En aquella época era un completo desastre.

Pero entonces me di cuenta de que cualquier logro importante es, en esencia, un triunfo sobre el miedo.

Abrigaba grandes sueños y ambiciones, y me negaba a que se vieran dominados por mis inseguridades. Quería construir una vida mejor para mí y llevar a tanta gente como fuera posible conmigo.

Así pues, tomé la decisión de no seguir comportándome como una víctima. En un momento había tomado una decisión que me cambiaría la vida.

Fui a la biblioteca y me llevé unos cuantos libros sobre cómo superar el miedo a hablar en público. Todavía recuerdo que pasé muchas semanas en mi habitación leyendo esos libros línea por línea. Encerrado.

No salía con mis amigos. No veía la televisión. No jugaba ni perdía el tiempo. Solo estudiaba estrategias para mejorar mi confianza ante el público y para mostrar seguridad al hacer una presentación delante de la gente.

Después me inscribí en un curso de oratoria pública en Dale Carnegie. Cada lunes por la noche pronunciaba breves discursos en una sala de reuniones abarrotada de un tranquilo hotel. Aún está fresco en mi memoria. Sé que parece obvio, pero ocurrió lo siguiente:

Cuantas más charlas daba, más fácil era.

Cuanto más corría hacia los perros, más huían de mí.

Con tiempo, una práctica profunda y una paciencia inalterable, hablar en público empezó a resultar divertido. Muy divertido.

Ahora puedo subirme a un escenario delante de diez mil, veinte mil, treinta mil o incluso cuarenta mil personas y tengo la sensación de estar en el salón de mi casa.

Ese es el poder que entraña mantener tu programa para convertir el miedo en combustible y tu campaña para transformar la debilidad en valor.

En una conferencia de liderazgo en São Paulo, Brasil, ante cuarenta mil personas

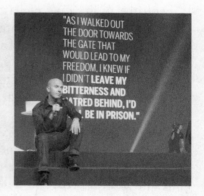

En el escenario de un estadio ante decenas de miles de grandes líderes empresariales

Adoro esta cita de Frank Herbert en *Dune*, que lo expresa con gran elocuencia:

> No conoceré el miedo. El miedo mata la mente. El miedo es el pequeño mal que conduce a la destrucción total. Afrontaré mi miedo. Permitiré que pase sobre mí y a través de mí. Y cuando haya pasado, giraré mi ojo interior para escrutar su camino. Allí por donde mi miedo haya pasado ya no quedará nada. Solo estaré yo.

Cuando te sientas cohibido, recuerda la historia del viejo sabio y cerciórate de que cada día, durante el resto de tu larga y afortunada vida, persigues a los perros malvados y abrazas a tus mayores monstruos.

Para que huyan todos.

40

La regla del postre de 4 cifras

El Hôtel du Cap, en la Riviera Francesa, es uno de los lugares del mundo preferidos por alta sociedad.

La propiedad es hermosa, la localización magnífica y el servicio del hotel, célebre.

Una mañana, un huésped pidió una *tarte tropézienne*, que es un brioche relleno de nata. Lo bautizó así Brigitte Bardot cuando estaba en Saint-Tropez rodando la película *Y Dios creó a la mujer*.

Informaron educadamente al cliente de que la tarta no figuraba en la carta, ya que era una especialidad de la región de Saint-Tropez, situada a unos cien kilómetros de allí.

Pero el huésped insistió y exigió rotundo que debía tener lo que quería.

Eso fue lo que pasó: el portero alquiló un helicóptero y pidió a un miembro de su equipo que fuera a la mejor pastelería de Saint-Tropez y comprara una *tarte tropézienne* recién hecha.

Justo a tiempo para saborearlo con el café, el postre fue depositado sobre la mesa del huésped. Junto con la factura.

¿A cuánto ascendía? A dos mil cinco euros. La tarta costaba cinco; el resto era por el helicóptero.

El huésped estaba encantado, así que el Hôtel du Cap se anotó otra victoria como parte de su dedicación a seguir siendo legendario.

En unos tiempos en que la mayoría de las empresas ni siquiera cumplen las promesas que publicitan, distingue a tu organización haciendo que su procedimiento estándar sea dejar boquiabiertos a los clientes y superar por completo sus expectativas.

En un hotel en el que me hospedé una vez en Praga, pregunté a la recepcionista si era posible que me lavaran una camisa con urgencia. Su respuesta fue inolvidable: «Todo es posible».

En otro hotel, esta vez en el paraíso tropical de Mauricio, el personal está entrenado para ceñirse a un sencillo mantra: «La respuesta es sí. Ahora, hágame la pregunta». Exquisito, ¿verdad?

Por tanto, la próxima vez que te enfrentes a un cliente complicado, piensa que cualquier cliente descontento puede convertirse en un fanático seguidor si le ofreces un poco de atención, comprensión, ingenuidad y aprecio, y que los movimientos se construyen relación a relación.

Lo único que se necesita para hacer feliz a otro ser humano es una dosis de ingenio, una cantidad impresionante de entusiasmo por la protección de la marca y el amor puro de tu corazón.

Igual que el portero que encontró la tarta de dos mil cinco euros.

No seas un perezoso

Esta es una confesión real: mi mejor amigo adoptó un perezoso.

El perezoso (un animal extraño que a mí me parece un cruce entre un mapache y un orangután, por si no sabes lo que es) no vive con él.

Porque no sería agradable. Yo creo que probablemente sería un caos.

No.

Por medio de una organización para la protección de la flora y la fauna encontró una manera de ayudar a un perezoso que necesitaba una vida mucho mejor, y enviaba al pequeño un poco de dinero cada mes.

Para mí, su compromiso es motivo de un sinfín de bromas cuando disfrutamos de nuestras habituales cenas. Le gasto una tras otra; por alguna razón inexplicable, su decisión de apoyar al perezoso me resulta tremendamente divertida.

Él pone cara de desdén, justifica la decisión esgrimiendo su afecto hacia la criatura y normalmente acaba riéndose conmigo y tomando otra copa de vino.

(Por favor, no me envíes una queja diciendo que debería mostrar más respeto hacia los perezosos; adoro a todas las criaturas vivas excepto a los perezosos, así que no leeré tu mensaje rogándome que me una a Amigos de los Perezosos. No me interesa).

Bromas aparte, ¿sabías que los perezosos son los mamíferos más lentos?

Es cierto.

¿Cuál es mi objetivo con este pequeño capítulo sobre los perezosos? Simple: no lo seas.

El instalador de las 13 virtudes de Ben Franklin

Unos hábitos diarios extraordinarios te llevarán mucho más lejos que un talento natural excepcional. Después de tanto tiempo como has pasado conmigo en estas páginas, sabes que es verdad.

He visto a muchos humanos geniales no hacer nada con su potencial.

Y, sin embargo, mucha gente con unas capacidades corrientes asciende hasta alcanzar un desarrollo personal fascinante.

Sí, coincido en que cumplir siempre las promesas que te haces a ti mismo, invertir muchas horas diarias en practicar y mejorar y comportarte con gran disciplina puede ser difícil. Sin embargo, te aseguro que elegir hitos complicados en lugar de actos sin esfuerzo es la manera más fácil de vivir.

Te preguntarás por qué.

Porque hacer cosas difíciles con regularidad —como levantarte al amanecer, practicar ejercicio en lugar de tumbarte en el sofá, ahorrar en lugar de gastar demasiado, optimizar tu talento y tratar con consideración a todas las personas que te encuentres— te garantizará creatividad, productividad, buena salud, abundancia económica, eminencia profesional y elogios de muchas personas (además de una conciencia tranquila), lo cual hará que tu vida sea exponencialmente más fácil.

También me gustaría recordarte otro principio esencial de la instauración de hábitos de un peso pesado: es mucho más fácil mantener un hábito excelente que empezar de nuevo después de haberlo dejado.

Uno de los libros que más me influyeron de joven fue *Autobiografía*, de Benjamin Franklin. Lo que aún destaca a día de hoy es su método para instaurar las 13 virtudes que él consideraba más importantes para una vida de éxito, bienestar e influencia duradera.

A modo de contexto, me gustaría compartir un pasaje del libro:

> Fue por esta época cuando concebí el osado y arduo proyecto de llegar a la perfección moral. Quería vivir sin cometer errores en ningún momento. Como sabía qué estaba bien y qué estaba mal, no veía que no siempre podía hacer lo uno y evitar lo otro. Pero pronto descubrí que había emprendido una tarea más difícil de lo que imaginaba.

Aunque Franklin sabía lo que tenía que hacer para convertirse en un hombre de moralidad intachable, a menudo se descubría errando. La solución fue elaborar un sistema para romper hábitos débiles instaurando meticulosamente otros más fuertes.

Las principales virtudes de este hombre de Estado para una vida espléndida son:

1. **Mesura**. Cuidado con la comida y la bebida.
2. **Silencio**. Evita conversaciones triviales y emplear palabras dañinas.
3. **Orden**. Practica la austeridad en los espacios físicos y lleva a cabo cada actividad con precisión.
4. **Resolución**. Haz lo que te has prometido que harás, sin errores.
5. **Frugalidad**. Modera los gastos y evita derrochar.

6. **Diligencia**. Gestiona bien tu tiempo y elude actividades innecesarias.

7. **Sinceridad**. Nunca engañes a nadie y sé tú mismo en cualquier circunstancia.

8. **Justicia**. Trata a todo el mundo por igual y no hagas nada malo.

9. **Moderación**. Evita los extremos de la pereza y el ascetismo.

10. **Limpieza**. Mantén tu cuerpo, tu casa y tu entorno inmaculados.

11. **Tranquilidad**. Conserva la paz interior y no te obceques con asuntos menores.

12. **Castidad**. No participes en actividades sexuales sin sentido.

13. **Humildad**. Imita a los grandes santos, sabios y visionarios.

Franklin creó la tabla de la página siguiente para cada una de las 13 virtudes, que incluyó en las páginas de un diario que llamaba su «pequeño libro». Como puedes observar, en la columna izquierda aparecen las iniciales de cada virtud, y arriba los días de la semana.

Cada noche, antes de acostarse, comparaba su comportamiento durante el día con su compromiso de personificar el hábito que quería integrar reflexionando sobre cómo había actuado.

Franklin se concentraba en una virtud cada semana, y de esa manera podría «finalizar el programa completo en trece semanas y realizar cuatro cursos al año».

Cabe destacar que Franklin creía que las 13 virtudes son progresivas. Pasarte una semana trabajando en la moderación te aportará más fuerza de voluntad para ser firme a la hora de guardar silencio. Al cabo de una semana concentrándote en la virtud del silencio, tendrás más autocontrol para maximizar el orden en tu vida, y así sucesivamente.

LAS 13 VIRTUDES
PARA LA GRANDEZA HUMANA

	L	M	X	J	V	S	D
M.							
S.							
O.							
R.							
F.							
D.							
S.							
J.							
M.							
L.							
T.							
C.							
H.							

Este método es un ejemplo excelente del poder transformador que entraña el trabajar a diario en la conciencia de uno mismo y la Fórmula del éxito en 3 pasos que descubrirás en un capítulo posterior.

Por ahora, pasa algún tiempo durante las próximas horas pensando en las virtudes esenciales de Benjamin Franklin y en cómo mejorarían tu rendimiento, prosperidad, serenidad y espiritualidad aplicando de manera habitual este sistema fascinante.

Mi edición favorita de *Autobiografía*, de Benjamin Franklin

P. D.: Para acceder a la hoja de trabajo de las 13 virtudes que ofrezco a los miembros del programa de enseñanza online *The Circle of Legends* y empezar a integrarlas en tus semanas, visita *TheEverydayHeroManifesto.com/13Virtues*.

43

La queja del pavo real

Me encanta leer fábulas de Esopo. Las parábolas me guían en mi camino, me recuerdan qué es importante y me ayudan a vivir con más conocimiento, convicción y claridad.

Esta mañana he leído la fábula titulada *El pavo real y la diosa Juno*.

Un día, un precioso pavo real remitió una queja a la diosa Juno.

Decía que la voz del ruiseñor era mucho más melódica que la suya, y que eso era totalmente injusto.

Juno respondió que la bendición del pavo real era la belleza, y que todas las criaturas vivas recibían un talento único.

El águila era poderosa; el loro podía imitar a la gente; la paloma era excepcionalmente pacífica.

Y el pavo real era llamativo, fascinante.

«Todos se contentan con ser ellos mismos y, a menos que quieras estar triste todo el tiempo, será mejor que aprendas a hacerlo», le aconsejó la diosa.

El pavo real entendió la lección y pronto se enamoró de su atractivo, mostrando con orgullo su plumaje.

Para que todo el mundo lo viera.

44

El conflicto más costoso

He visto a gente enzarzarse en peleas que consumen los años más valiosos de su vida.

Conozco a un caballero que se enfrentó a una gran organización porque consideraba que había sido tratado injustamente y sabía que tenía razón.

Podría haberlo resuelto con una negociación astuta y una conversación inteligente, y tal vez cediendo un poco.

Pero necesitaba reivindicarse por completo, así que se pasó veinte años librando su guerra. Sí, veinte años.

Y adivina. Ganó.

Y adivina. Sufrió una embolia, perdió gran parte de su fortuna y acabó en una silla de ruedas.

Cuando terminó la batalla apenas podía hablar, pero consiguió murmurarme: «Les he dado una lección, ¿verdad?».

Por supuesto, creo visceralmente que uno debe luchar por lo que es correcto. Martin Luther King Jr. dijo una vez: «Nuestra vida empieza a terminarse el día que guardamos silencio ante las cosas importantes».

Defender tus principios, ser fiel a tus valores y proteger lo que es importante para ti es lo que fortalece tu carácter, alimenta tu heroísmo cotidiano y mejora tu autoestima.

Eso lo entiendo. En eso estamos de acuerdo.

Y, sin embargo, gracias a mis tribulaciones también he

aprendido que ninguna pelea merece que pierdas la creatividad, la productividad, la felicidad y la tranquilidad.

Si pierdes esos tesoros, lo habrás perdido todo.

Aun así, es un equilibrio delicado, ¿verdad?

Elige tus batallas con mucho cuidado. A veces debes defender tu honor y atacar. Y a veces debes ver la panorámica general, optar por proteger tu preciada felicidad en lugar de reivindicar que tienes razón, ser más inteligente y avanzar evitando el conflicto y confiando en que marcharte con dignidad a la larga te será más beneficioso.

45

Acaba con tus favoritos

Sí, recuerdo lo que mencionaba antes sobre utilizar palabras que animen e inspiren.

Pero necesitaba usar este título para explicar cómo funciono como escritor.

He tardado doce meses largos, arduos y agotadores en llegar a esta fase del libro, unos meses que también han sido estimulantes, exuberantes y eufóricos.

Esta es una fotografía de la obsesión por el detalle que me consume durante mi proceso creativo:

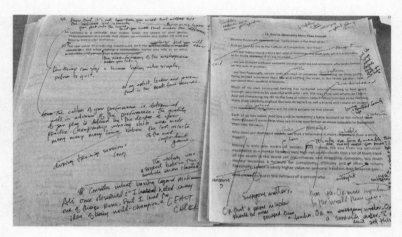

Una muestra de cómo trabajo en un libro

Tal vez te preguntes por qué trabajo tanto en un proyecto (*El Club de las 5 de la mañana* me llevó cuatro años) y por qué paso tanto tiempo esforzándome en que cada línea sea correcta.

El icono de la publicidad David Ogilvie escribió: «Soy un pésimo redactor, pero un buen editor, así que edito mi propio borrador. Después de cuatro o cinco correcciones, es lo bastante bueno para enseñárselo al cliente».

Mi respuesta a la pregunta de por qué me concentro tanto, pongo tanta dedicación y soy tan fanáticamente fiel a los criterios más exigentes cuando escribo contendría algunas de mis normas artísticas más apreciadas:

1. Respeto profundamente a mis lectores y debo darles lo mejor que pueda crear, porque es lo que se merecen.

2. Porque, en un trabajo nuevo, llevar mi arte más allá de lo que he producido en el pasado, hasta los escarpados confines de sus límites, amplía dichos límites y mejora mis aptitudes.

3. Nunca debo dormirme en los laureles, porque ese sería el principio del fin. Repetir lo que funcionó en mi último best seller sin adentrarme en el peligro y la gloria de mi siguiente nivel de rendimiento sería una fórmula para la irrelevancia.

4. Mi apellido figura en la portada, así que no debo lanzar nada al mundo que no sea consecuencia de darlo todo.

5. El karma es real, y nuestro poder superior observa todo lo que hacemos. Guiándome por el amor a mis lectores y un espíritu de sincera disposición para mejorar su vida, mis sueños se harán realidad y a mis seres queridos les ocurrirán grandes cosas.

6. Nuestra civilización necesita más verdad y belleza; si poseo la capacidad de aportar más a este mundo, mi deber es hacerlo.

Lo cual me acerca más al título de este capítulo.

Esta es una foto de la sesión de trabajo de ayer en la pequeña casa junto al mar en la que estoy puliendo el manuscrito:

Observa atentamente, por favor. Hay una nota apoyada en el candelabro, cerca del manuscrito, para poder verla mientras escribo. La nota dice: «Acaba con tus favoritos». En ocasiones, ese sentimiento se expresa como «Mata a tus favoritos», y a menudo se atribuye al premio Nobel de Literatura William Faulkner.

Es una norma verdaderamente valiosa para cualquier productor creativo serio o líder artístico de peso (y, con independencia de si estás puliendo una obra teatral, promoviendo una nueva empresa, dirigiendo un equipo o lanzando un movimiento, eres un productor creativo).

Para mí, la nota significa que el desarrollo exige que eliminemos lo que consideramos bueno, o incluso magnífico, pero no absolutamente necesario para la magia de un proyecto por el bien de dicha labor.

El cartel era un recordatorio de que, a menudo, menos es más y que, aunque había capítulos del manuscrito que me encantaban, tenía que estar dispuesto a suprimirlos para que el libro fuera mejor.

En muchos sentidos, crear tu obra maestra guarda mucha más relación con lo que tienes valor para eliminar que con lo que permites que permanezca. Con frecuencia, lograr que algo parezca sencillo te lleva una eternidad. Un indicador de auténtica experiencia es eliminarlo todo excepto lo importante, porque se necesitan una perspicacia, un conocimiento, un valor y una habilidad tremendos para incluir solo lo esencial.

«Acaba con tus favoritos, acaba con tus favoritos aunque te rompa ese corazón de escritorzuelo egocéntrico», aconsejaba la leyenda de la literatura Stephen King, unas palabras que he grabado en la parte más disponible de mi espíritu.

Rezo con entusiasmo para que tú hagas lo mismo.

P. D.: He recopilado varios capítulos que decidí no incluir en este libro y puedes consultarlos en *TheEverydayHeroMa nifesto.com/LostChapters*.

Evita la tercera recompensa

Hacer un regalo y esperar algo a cambio no es un regalo en absoluto. Es un intercambio.

Lo que convierte el hecho de dar en un acto tan maravilloso y rayano en lo místico es la intención con la que lo haces.

Y si quieres algo a cambio, corroes el esplendor del regalo que estás ofreciendo.

Antes de escribir para ti este apartado en particular, leí —una vez más— un pasaje escrito por el emperador romano Marco Aurelio. Ahora ya sabes que este filósofo-guerrero es un gran héroe para mí.

Marco Aurelio utilizaba el término «benevolente», que finalmente caló en mí como yo esperaba. Lo entendí. Tardé muchos años en llegar al punto en el que el significado que se oculta tras la palabra se convirtió en un conocimiento sentido en lugar de una comprensión intelectualizada.

Ser una persona (o un líder, o un creador) benevolente es hacer lo que haces con pureza, por las razones adecuadas, con una integridad absoluta. Casi siempre por el bien de otras personas.

No digo que hacer algo bueno por ti mismo sea malo. El amor hacia uno mismo es una maniobra maravillosa, y los actos en los que todos salen ganando son magníficos.

Y sin embargo ascenderás a cotas más elevadas de tu naturaleza triunfalmente feliz, entrarás en el Edén de tu nobleza más gloriosa y experimentarás el Nirvana de tu éxito más sagrado cuando des por el simple hecho de dar, no de recibir.

El sabio y valeroso gobernador (volvemos a Marco Aurelio), que se preocupaba mucho por el bienestar de Roma (en aquel momento el imperio más poderoso del planeta) y el estado de sus ciudadanos, también escribió en el pasaje que leí: «Cuando has hecho una buena obra y a otro le ha ido bien gracias a ti, ¿por qué buscar una tercera recompensa como hacen los memos, ya sea la reputación por haber hecho una buena obra u obtener algo a cambio?».

La filantropía para que le pongan tu nombre a un ala del hospital no es verdadera filantropía, ¿no? Es vanidad.

Colaborar con una buena causa y luego publicitar tu donación allá donde vayas para construir tu marca no es ayudar de verdad. Es autopromoción.

(No sé tú, pero yo estoy cansado de las empresas que hacen cosas falsamente para demostrar «conciencia social» y que cuando están lejos de los focos les importa muy poco).

Hacer algo bueno por un ser querido, un vecino o un compañero de equipo y esperar siquiera que te den las gracias destruye la magnificencia del maravilloso acto que tuviste la sabiduría de obrar.

Dales la recompensa y renuncia al anhelo de ser recompensado. El servicio que has ofrecido es tu deslumbrante recompensa.

Ofrece beneficios sin condición alguna, sin pedir respuesta. No son necesarios los aplausos. Solo entonces será inocente tu generosidad y, por tanto, honorable.

Y cada vez que actúes así, crecerás como gobernante de tus deseos más urgentes, las exigencias incesantes de tu ego y cualquier deslealtad a los poderes inherentes que tu heroísmo pide que sigas expresando.

¿No sería ese el mejor regalo que puedes recibir a cambio?

47

Sanar un corazón que estuvo abierto
de par en par te convierte en un gran maestro

Nuestra sociedad dice que abrir tu corazón y mostrar tus emociones es una manifestación de sumisión.

En realidad, hay que ser un auténtico guerrero para llevar a cabo el trabajo ético y peligrosamente valeroso que es necesario para derribar la fortaleza erigida en torno a un corazón en su día abierto y reencontrarse con la intimidad emocional que permite a un ser humano sentir empatía por la humanidad, maravillarse ante la belleza de la vida y entusiasmarse por la magia de sus sueños más profundos.

Cuando éramos niños, estábamos emocionalmente desnudos. Sosteníamos nuestra vulnerabilidad en la palma de la mano para que la viera todo el mundo. Sí, éramos así de fuertes. Hablábamos con honestidad de nuestros miedos, derramábamos lágrimas inocentes, nos arriesgábamos a correr riesgos, éramos fieles a nosotros mismos y nos sentíamos seguros revelando nuestra brillantez a quien le interesara verla.

Y puesto que sentíamos el dolor de forma natural, como personas que participan en la experiencia humana, también gozábamos de un acceso completo a la felicidad que todos debemos conocer.

El poeta Kahlil Gibran lo expresaba de manera magistral en su obra maestra *El profeta* (uno de mis libros preferidos):

Tu felicidad es tu tristeza desenmascarada. Y el pozo mismo del cual brota tu risa a menudo estaba lleno de lágrimas tuyas. Cuanto más ahonda esa tristeza en tu ser, más alegría puedes contener. ¿No es el cántaro que contiene tu vino el mismo que se coció en el horno del alfarero?

Entonces, a medida que avanzábamos en la vida —y nos topábamos con decepciones, dificultades y desalientos—, recogíamos los residuos emocionales de nuestros encuentros complicados. Para protegernos, sin darnos cuenta empezamos a construir una armadura sobre nuestro tierno, sabio y poderoso corazón para escapar del dolor, para evitar el sufrimiento, para olvidar el trauma.

Sin embargo, al negar nuestro dolor también nos disociamos de nuestra luz.

Al huir de nuestra tristeza, también traicionamos nuestra esperanza.

Al escapar de lo que tememos, atrofiamos nuestra capacidad para abrazar a los monstruos y destruir a los demonios.

Y al resistirnos a la hermosa amistad con todo lo que verdaderamente somos, ahogamos sin querer la sabiduría, la excelencia y el asombro de nuestro yo soberano, que permanece encerrado en un armario, en lo más profundo de nuestras partes menos visitadas.

Uno de los principios primordiales de mi filosofía de la disposición emocional es la siguiente: Para sanar una herida, debes sentir la emoción reprimida que hay debajo.

Un segundo principio que debo recalcar (para que interactúes con él a un nivel inolvidable aún más profundo) es este: Si es histérico, es histórico. En otras palabras: la envergadura de cualquier reacción excesiva a una situación en particular y en tiempo real indica la profundidad de una herida emocional muy anterior.

Un tercer principio de la disposición emocional que merece la máxima consideración es: Los sentimientos que no se sienten forman un Campo de Dolor subconsciente que degrada tu genialidad, engaña a tu compromiso y bloquea tu grandeza.

El psicólogo Carl Jung escribió acerca de la ceguera voluntaria que demuestran la mayoría de los seres humanos hacia lo que él denominaba nuestra «sombra», esa parte falsificada de nosotros mismos que insertamos en el inconsciente para no tener que enfrentarnos a ella, de la siguiente manera:

> Por desgracia, no cabe duda de que el hombre es, en general, menos bueno de lo que imagina o quiere ser. Todo el mundo carga con una sombra y, cuanto menos incorporada a la vida consciente del individuo, más negra y densa es. De un modo u otro, se materializa como un obstáculo inconsciente que frustra nuestras mejores intenciones.

Y añadía:

> Uno no se ilumina imaginando figuras de luz, sino haciendo consciente la oscuridad. Este último proceso, no obstante, es desagradable y, por ende, impopular.

Sigmund Freud escribía al respecto de manera muy directa: «Las emociones no expresadas nunca morirán. Están enterradas en vida y aparecerán más tarde de maneras más horribles».

Tachar de estúpido el trabajo de la disposición emocional y concentrarse en mejorar la disposición mental, a la vez que dejas de sanar viejas heridas y no procesas el dolor almacenado en tu interior, es ignorar la puerta abierta a tu supremacía y crear un estado de autosabotaje que te mantendrá pegado al lugar en el que te encuentras en este momento.

Todo ese microtrauma —y posiblemente macrotrauma— reprimido, del que probablemente no seas consciente porque está alojado en el interior de tu subconsciente, es la verdadera razón por la que no has despertado a tus dones, no has intimado con tus talentos y no estás plenamente vivo en tu potencial para rociar polvo de estrellas en el mundo.

Ese Campo de Dolor atrapado dentro de tu psique es el principal motivo por el que te demoras en producir tu obra magna, por el que te resistes a instaurar hábitos de virtuoso, por el que saboteas relaciones sanas (o te sientes atraído por relaciones tóxicas, ya que la gente traumatizada no sabe lo que es lo sano y, aunque parezca mentira, un estilo de vida lleno de dramatismo les parece más seguro que uno tranquilo, porque les resulta mucho más familiar), por el que aumentas adicciones como pasar demasiado tiempo en las redes sociales o de compras, beber o quejarte, y hace que te pierdas las oportunidades que tienes delante de tus narices para concretar tu gigantesca promesa, llevar una vida fenomenal y servir a mucha gente al hacerlo.

Todo el dolor reprimido de tu pasado también explica por qué la mayoría de la gente se repliega en su cabeza y olvida una verdad: que el instinto siempre es mucho más astuto que el intelecto y el corazón siempre es más sabio que la razón.

Y puesto que muchos de nosotros ahora vivimos en nuestra mente y estamos anclados en nuestro pensamiento en lugar de disfrutar de la capacidad natural para estar presentes en lo que sentimos, hemos olvidado cómo sentir (y disfrutar de) todo lo que es vida a nuestro alrededor.

A su vez, esto significa:

Que somos incapaces de sentir remordimiento al herir a otro humano.

Que empezamos guerras que matan a nuestros hermanos y hermanas (porque no nos sentimos conectados con ellos).

Que faltamos al respeto a un vecino por el color de su piel, su género o su religión porque no podemos sentir el terror de tan violenta conducta.

Que contaminamos un planeta antaño prístino con productos químicos, basura y otras toxinas que destruyen los océanos, degradan los bosques y aniquilan a nuestros amigos los animales porque nos hemos blindado a las sensaciones corporales de la tristeza que sentiría cualquier humano totalmente despierto al matar cualquier cosa viva.

Ese es el comportamiento de una civilización que ya no se asocia con sus emociones, que es insensible a sus sensaciones corporales. Esa es la manera de actuar de gente encerrada en la razón robótica, una intelectualización maquinal que prefiere fabricar más información que crecer en sabiduría.

Ese es el resultado cuando el egoísmo mundano se impone al heroísmo humano.

Necesito terminar este capítulo (que estoy escribiendo en una cabaña de troncos, en una isla escarpada y poco poblada del océano Atlántico mientras aúlla el viento, rompen las olas y tiemblan las ventanas).

Te dejaré con una técnica específica que ha transformado la creatividad, la productividad, la prosperidad y el impacto de los clientes a los que oriento.

Se llama la herramienta CSLA.

La C corresponde a conciencia. La S, a siente. La L, a libera. Y la A, a asciende. Observemos el contexto de aprendizaje relacionado con ella:

HERRAMIENTA CSLA PARA LA PURIFICACIÓN DE LA DISPOSICIÓN EMOCIONAL

1

CONCIENCIA
ENCUENTRA EL SENTIMIENTO

2

SIENTE
QUÉDATE CON LA SENSACIÓN

3

LIBERA
DEJA IR EL DOLOR

4

ASCIENDE
ELÉVATE MÁS

La próxima vez que tu yo más débil sea activado negativamente por una persona o situación, en lugar de hacerte la víctima y culpar a otra persona o condición externa, empieza a aprovechar las circunstancias para entrenarte en purificar tu corazón trabajando con la herida emocional reprimida y los viejos traumas que el escenario ha sacado de los rincones ocultos de su vida subconsciente para que les prestes atención consciente. Sabrás que la emoción bloqueada del Campo de Dolor ha salido a la superficie, donde ahora puedes gestionarla, por el hecho de que te está inquietando, lo cual confirma que ha abandonado tu reino inconsciente y ha entrado en tu mundo consciente. «Todo lo que nos irrita sobre los demás puede ayudarnos a entendernos a nosotros mismos», dijo Carl Jung.

Si no tuvieras una ira preexistente en tu interior, nada podría hacerte enfadar, ¿verdad? Por tanto, esa pareja sentimental frustrante, ese compañero de trabajo difícil o ese conductor agresivo que te enfurece es en realidad un amigo espiritual enviado desde el cielo para brindarte crecimiento y ayudarte a ser el dueño de tu supremacía. Han activado una herida ancestral y la han hecho consciente para que puedas mirarla y, si así lo decides, sanar el dolor para que ya no sabotee tu creatividad, tu productividad, tu prosperidad y tu alegría. Si no tuvieras tristeza, vergüenza, resentimiento, envidia, decepción o arrepentimiento no tratados y provenientes de hechos anteriores, hoy nadie ni nada podría apartarte de tu genialidad, ¿no es cierto?

Cuando emplees más la herramienta CSLA, no solo estarás sacando provecho de las denominadas «dificultades», utilizando cada situación complicada para tu crecimiento y desarrollo personal y convirtiendo todos los obstáculos en trampolines, sino que también transformarás las heridas en sabiduría y cualquier problema en un poder que podrás llevar contigo el resto de tu vida.

De acuerdo. Permíteme que te explique cómo aplicar la herramienta.

La próxima vez que sientas una reacción fuerte a algo que está ocurriendo, empieza a entrenarte, por medio de un condicionamiento constante, a pensar en el acrónimo CSLA. Subrayo «fuerte» porque, insisto, solo sabes que han tocado una herida preexistente cuando tu reacción emocional al hecho es excesiva. Por supuesto, que afloren diversas emociones humanas en una respuesta proporcionada a las circunstancias en nuestros días es normal, saludable y no denota la activación de una vieja herida, como enfadarse durante una conversación enconada con un familiar, sentir tristeza cuando un cliente no aprecia tu esfuerzo, asustarse cuando se presenta una oportunidad profesional exigente o sentirse despreciado por cómo te habla un amigo cuando parece que a alguien le va mejor que a ti por sus imágenes en las redes sociales. Ahora, lleva a cabo este proceso en cuatro pasos para sanar:

Paso n.º 1: Conciencia

Empieza a generar conciencia en torno a la herida interna localizando el sentimiento en tu cuerpo. El dolor original está atrapado allí porque te enseñaron a no sentirlo por completo (de niños, a la mayoría nos dijeron que los sentimientos son malos o para débiles). No nos sentíamos seguros para reconocer la herida emocional, así que la negamos, lo cual hizo que se congelara dentro de nosotros y bloqueara nuestro poder más verdadero para ser increíbles y conseguir lo sublime.

Al principio puede que no seas capaz de localizar la sensación relacionada con la emoción, ya que la desenvoltura emocional te resulta ajena. Pero recuerda: estás iniciando una nueva habilidad. La excelencia requiere práctica y paciencia. Sigue buscando la respuesta física que ha ocasionado la persona o situación difícil. Quizá sea una tensión en el pecho, una pesadez en la garganta, un dolor en el estómago o un latido en la cabeza. Debes verte como una especie de detective emocional que investiga el universo que hay dentro de tu corazón y conoce mejor esa parte esencial de ti. Fija toda tu atención en el sentimiento que alberga tu cuerpo. Eso te traerá automáticamente al presente y te apartará de preocupaciones e intelectualizaciones. Haz todo lo que puedas por salir de tu cabeza y permanecer en la sensación real que ha estado alojada en tu cuerpo. Nota su textura y color. Sé uno con ella.

Paso n.º 2: Siente

El hecho de que ahora estés sintiendo la vieja emoción antes reprimida que ha activado el escenario actual no es malo en absoluto, todo lo contrario. Sí, la sociedad dice que si no somos felices todo el tiempo, algo pasa. ¡Qué absurdo!

Ser una persona plenamente viva es experimentar toda una serie de emociones. Volveré a recalcarlo: el hecho de que sientas una emoción desagradable significa que ha aflorado de tu inconsciente y ahora se encuentra en tu parte consciente. ¡Fantástico! Ya no se adueña secretamente de ti, dirigiendo y casi arruinando tu creatividad, tu productividad y tu felicidad. Así pues, en este paso, el objetivo es quedarse con la sensación. No huyas de ella. No escapes distrayéndote con un dispositivo, porque para curar una herida necesitas sentir la condición reprimida que hay debajo. Y el hecho de que el sentimiento ahora esté despierto, convirtiéndose en una sensación real en tu cuerpo, significa que está en el camino de salida y ya no se encuentra atrapado en tu Campo de Dolor, donde puede sembrar el caos en tu vida sin que tú ni siquiera lo sepas. Simplemente respira con él, siéntate con él y acéptalo en lugar de considerarlo malo. Créeme, la manera más rápida de salir de ese dolor es entrar directamente en él.

Paso n.º 3: Libera

Sé que esto suena difuso, pero en este momento de la aplicación de la herramienta CSLA lo único que debes hacer es tener la intención de soltar la vieja herida. Al sentir plenamente la emoción enterrada y luego desear liberarla de tu organismo, sacas el dolor congelado, que empezará a abandonar tu cuerpo y te hará más libre. A veces, la liberación te llevará unos minutos o un par de horas. A veces, el bagaje emocional atorado es más grande y se tarda más tiempo en trabajarlo. Confía en este proceso y sé consciente de que, cuando desaparecen los dolores del pasado, estás experimentando una importante sanación. Este ejercicio te hará ser más íntimo con tus dones, más afable con tus virtudes, más conectado con tu coraje y más despierto a tu vivacidad. Te permitirá confiar más en tus instintos y te acercará mucho más a tu naturaleza afectuosa. Para siempre.

Paso n.º 4: Asciende

Cada vez que llevas a cabo este protocolo de purificación del corazón, hay una recompensa que te hace avanzar más alto y sano. Cada vez que utilizas la herramienta CSLA y liberas alguna toxicidad que antes ignorabas (no todo responde a heridas pasadas, por cierto; en parte también es la culpa, la vergüenza y el arrepentimiento que sentimos por cómo hemos tratado a otras personas) y que entorpecía tu rendimiento y cerraba tu corazón a la posibilidad de amar a un nivel fuera de toda lógica, el Campo de Dolor se vuelve menos denso. Te sentirás más ligero. Te acercarás más a la felicidad sin límite, a la excelencia desencadenada y a la libertad espiritual que es tu naturaleza esencial. Experimentarás más energía y confianza. Sigue practicando este método a diario en respuesta a cualquier problema que la vida te plantee y pronto empezarás a ver que esta nunca te pone trabas. Todo lo que sucede te ayuda a crecer y reclamar tu genialidad primaria.

Si sigues realizando este trabajo con el corazón —por duro y caótico que pueda resultar a veces—, la gran reserva de desprecio por uno mismo (formada por todos los sentimientos de baja energía almacenados que hemos negado) que ocupa el sistema emocional de tantos habitantes del planeta irá desapareciendo poco a poco.

Automáticamente, las emociones más elevadas de esperanza, gratitud, felicidad, empatía, compasión, valentía, inspiración y asombro empiezan a colmarte y te reúnen con el poder superior y la grandeza cotidiana que son tu naturaleza esencial. Y con la mejor versión de ti mismo.

Sí, sanar un corazón antes abierto de par en par te convertirá en un gran maestro. Esa práctica es una ruta directa para aumentar el amor propio que te empuja a respetar tus ambiciones éticas, materializar tus dones, tratarte a ti mismo con respeto y hacer de nuestro mundo un lugar mejor. Y todo gracias a tu luz resplandeciente.

Cada situación que la voz del miedo (conocida como tu ego) afirma que es mala, en realidad es una bendición que te ayudará a convertirte en la fuerza artística, en el gigante productivo y en el héroe sirviente que la llamada de tu vida está pidiendo que seas. Y cuando vayas liberando todas las impurezas emocionales, aprovechando sabiamente todo lo que te suceda como parte de tu proceso de transformación en un guerrero-sabio, volverás a despertar al asombro, la majestuosidad y la capacidad para ver posibilidades que conocías cuando eras niño, antes de que el mundo te hiciera cerrarte.

E ignorar tu magia.

48

Lo que aprendí de los cuadernos privados de Leonardo

Una tarde, mientras paseaba por las calles de Roma en primavera —como tanto me gusta hacer—, entré en un museo poco visible situado en un lado de la Piazza del Popolo. Delante había un sencillo cartel que anunciaba una exposición de las obras de Leonardo da Vinci.

Leonardo, un maestro de la versatilidad, generó obras en los ámbitos de la arquitectura, la pintura, la anatomía, la escultura, la ingeniería y la aeronáutica.

La productividad de esta alma inusualmente creativa sin duda era especial. Tal como escribió Giorgio Vasari, su biógrafo más famoso: «A veces, de manera sobrenatural, una persona es maravillosamente dotada por el cielo de belleza, elegancia y talento en tal abundancia que cada uno de sus actos es divino y todo cuanto hace proviene de Dios en lugar del arte humano».

Y, sin embargo, al recorrer el museo contemplando los instrumentos que había desarrollado, así como los esquemas del interior de varias criaturas, y estudiando —durante varias horas— los grabados, signos y palabras de sus meticulosas libretas, una cosa me quedó clara: su supuesta «genialidad» no era tanto una bendición genética como el resultado del autoaprendizaje y las mejoras diarias continuadas, además de un enorme grado de disciplina, devoción y formación.

Los artistas, arquitectos, inventores y líderes supremos no nacen poseyendo sus aptitudes. Su excelencia es de cosecha propia (como he repetido una y otra vez a lo largo de este libro para que se convierta en una creencia tuya por defecto una vez que termines de leerlo).

Este genio se pasaba un día tras otro estudiando obsesiva y apasionadamente los temas en apariencia más nimios que contribuirían a la avanzada percepción y optimización de habilidades que más tarde elevarían a nuestra civilización.

Aprendió cómo funciona la mandíbula de un cocodrilo, la naturaleza de la placenta de un ternero, la anatomía de la lengua de un pájaro carpintero y cómo se irradia la luz de la luna en un cielo invernal despejado.

Entendía que un liderazgo creativo preeminente requiere una gran concentración, un esfuerzo titánico y una tenacidad inusual, no unos buenos genes, una escuela famosa o los contactos sociales adecuados.

En uno de sus cuadernos, Leonardo escribió setecientas treinta de sus elaboradas ideas sobre la física del caudal del agua. Otra página desvelaba ciento sesenta y nueve versiones precisas para intentar cuadrar un círculo. Una anotación mostraba su caótica lista de sesenta y siete palabras que había descubierto para describir el agua corriente.

Cuando trabajaba, Leonardo lo hacía de manera incansable. También perdía mucho tiempo, igual que hacen todos los creativos (esto no es un mal uso del recurso, sino incubar tu siguiente nivel de ideas). Los verdaderos profesionales confían en sus ritmos naturales de productividad y alternan una intensidad asombrosa con una profunda recuperación para que su destreza se expanda a lo largo de toda una vida en lugar de experimentar un apagón reluciente y rápido.

Cuanto más pensaba en la obra de este gran maestro, más inspirado me sentía. Cuanto más observaba la prodigiosa producción de este gran hombre, más claro me quedaba que todos poseemos talentos increíbles, unas habilidades que, al ser desarrolladas y perfeccionadas incesantemente, también nos permitirían ofrecer obras que unos ojos poco experimentados calificarían de don divino.

Echemos un vistazo a seis de los hábitos diarios que hicieron de Leonardo un virtuoso:

Hábito n.º 1: Anotaba cosas

Lo que anotas se amplifica en tu claridad mental, y la claridad de pensamiento genera excelencia en la producción. Llevar varios diarios sobre los temas en los que buscas la máxima calidad es una manera perfecta de mejorar tus ideas, plasmar tu inspiración, imaginar sobre el papel y documentar tu creciente conocimiento.

Hábito n.º 2: Explotaba su curiosidad natural

Jamás olvidaré el día que mi extraordinaria hija y yo volvíamos a casa después de visitar a mi hermano. Ella tenía cinco años e iba sentada en el asiento trasero, observando el vasto cielo azul mientras yo conducía por la autopista. Al ver una formación de nubes, dijo entusiasmada: «¡Mira, papá! ¡Hay un león en el cielo!». De niños, manteníamos una relación íntima con nuestro arte. Por desgracia, al dejar atrás nuestros años de juegos, muchos perdemos ese acceso natural, porque nos volvemos serios. Y adultos. «Tardé cuatro años en pintar como Rafael, pero toda una vida en pintar como un niño», comentaba Pablo Picasso.

Hábito n.º 3: Era increíblemente paciente

La paciencia es una de las características de todos los artistas de talla mundial.

Cuando Leonardo estaba creando *La última cena*, su ritual era sentarse delante de la pared durante largos periodos de tiempo y limitarse a mirar, estudiando la pieza en su conjunto y los complejos detalles. Luego se levantaba, aplicaba un único trazo y se iba, a veces durante semanas. El artista sudafricano

Lionel Smit, uno de los creadores vivos más extraordinarios, hace lo mismo (si puedes conseguir uno de sus cuadros, hazlo).

Hábito n.º 4: Mezclaba múltiples disciplinas

Leonardo aunó su amor por la aeronáutica con su pasión por el arte y su inmersión en la ingeniería con su dedicación a la escultura. Sus supuestos dones en realidad respondían sobre todo a una concentración intensa y a una innovación radical en muchos ámbitos de interés. Dedicarte a numerosas disciplinas te permitirá atar cabos que pocos pueden ver.

Hábito n.º 5: Se tomaba ratos libres

«Los hombres de una genialidad idealista a veces consiguen más cuando trabajan menos», escribió Leonardo. Darse tiempo para soñar, jugar y vivir la vida era parte de la fórmula de su prodigiosa productividad. Las reflexiones revolucionarias que hacen historia rara vez se producen cuando estás en un cubículo, así que viaja, explora, diviértete y descansa.

Hábito n.º 6: Adoraba la belleza natural

Muchos de los mejores creadores de imágenes de nuestra generación pasaban mucho tiempo en la naturaleza. Largos paseos por el bosque. Muchas horas en una casa junto al mar. Noches tranquilas observando las estrellas. En un documental que vi sobre Aristóteles Onassis, el magnate griego de la industria naviera, descubrí que después de que los elegantes invitados a los que recibía en su yate se acostaran, él se quedaba en cubierta, bebiendo coñac y contemplando el cielo para resolver problemas y recibir la inspiración que hiciera crecer su imperio.

Estar cerca de la naturaleza es una manera tradicional de relajar la mente para que fluya tu mayor ingenuidad.

Al aproximarme a la salida del museo mientras el sol se proyectaba sobre el empedrado de la calle, descubrí una nueva cita de Leonardo da Vinci que me gustaría compartir contigo:

Me gusta la gente que puede sonreír cuando tiene problemas, que puede sacar fuerzas de la inquietud y valentía de la reflexión. Es cosa de mentes pequeñas el encogerse, pero aquellos cuyo corazón es firme y cuya conciencia aprueba su conducta llevarán sus principios hasta la muerte.

Bonito, ¿verdad?

49

La actitud de «no ganarás si ni siquiera lo intentas»

Qué reflexión más sencilla y no por eso menos cierta: No ganarás si ni siquiera lo intentas.

Con mucha frecuencia se nos ocurre una gran idea que lanzará nuestra carrera a una nueva órbita, que llevará nuestra vida a la siguiente liga, que nos hará sentirnos plenamente despiertos (e intimar con nuestro asombro). Pero adivina qué ocurre después. La voz de la razón toma las riendas, y debajo de ella suele habitar una emoción llamada miedo.

Empezamos a pensar en todas las cosas que podrían ocurrir y que garantizarán nuestro fracaso.

Nos preocupamos por si tenemos lo necesario para cumplir el sueño y materializar la aspiración y el logro.

Seducimos a nuestro fantástico entusiasmo para que crea que ya no merece nuestra atención.

Al final, esa idea maravillosa y audaz que hacía rugir nuestro corazón y despegar nuestro espíritu nos parece ridícula, así que no actuamos. De hecho, ni siquiera lo intentamos.

Imagínate a un deportista que desea ganar pero que ni siquiera participa en el torneo. Imagínate a una directiva de una empresa que quiere conducir a su equipo hacia el aire enrarecido de la primera clase absoluta pero ni siquiera se presenta a la primera reunión estratégica. Imagínate a un inventor brillante que quiere poner patas arriba su sector pero ni siquiera empieza a trastear en su taller.

No ocurre nada hasta que te mueves. Nunca serás una estrella si esperas. El destino recompensa a quienes empiezan cosas. La fortuna premia a los motivados. Y nunca conocerás la victoria si dejas que te paralice la apatía.

En los momentos de mi vida en que me descubro resistiéndome a iniciar algo, releo estas palabras del sabio indio Patanjali:

> Cuando te sientes inspirado por un gran propósito, por un proyecto extraordinario, todos tus pensamientos rompen sus ataduras. Tu mente trasciende las limitaciones, tu conciencia se expande en todas direcciones y te hallas en un mundo nuevo, espléndido y maravilloso. Fuerzas, facultades y talentos dormidos cobran vida y descubres que eres una persona mejor de lo que jamás soñaste.

Por tanto, te animo encarecidamente a que:

Nunca abandones una gran idea sin emprender alguna acción para convertirla en realidad.

Recuerda siempre que no hay nada malo en preguntar (lo peor que te puede ocurrir es que oigas un sonido llamado «no», que es tan solo un «quizá» en ciernes).

No pierdas el valor cuando aparezcan la idea y la sensación de derrota.

Confía en que el rechazo es la enseñanza que necesitan los héroes cotidianos para seguir siendo honestos con sus dones y su grandeza, y que si esperas a estar lo bastante cualificado y seguro de ti mismo para perseguir lo que quieres, puede que esperes mucho mucho tiempo. Las condiciones perfectas no existen, y a menudo esperarlas es una excusa porque tienes mucho miedo de empezar.

Podrías decirme:

—Pero, Robin, ¿y si lo intento y fracaso?

Yo te respondería con amabilidad:

—¿Y si no lo intentas y te pasas el resto de tu vida arrepentido, resentido por todo lo que podría o debería haber sido y sin poder atisbar quién eres realmente?

«Solo nos conocemos en la medida en que hemos sido puestos a prueba», escribió la premio Nobel Wisława Szymborska.

Los Dioses del Logro Avanzado adoran a quienes emprenden su aventura visionaria y solo recompensan a los que saltan al ring.

No puedes perder cuando te asomas a los deseos y sueños luminosos de tu corazón. Si consigues lo que quieres, ganas. Y si lo que deseas no ocurre, creces.

50

El buen trabajador que nunca mejoró

Esta mañana he ido al gimnasio y he asistido a una clase de gimnasia antes de volver a la habitación del hotel en el que me hospedo para escribir esta sección del libro para ti (sí, necesito estar en muchos sitios diferentes para mantener un alto grado de creatividad, energía e inspiración; a la Musa le encanta la variedad).

Poco después del amanecer he ido al gimnasio para asistir a una clase en la que hemos levantado pesas, hemos realizado varias series de flexiones y posturas en tabla y hemos sudado cualquier residuo del día anterior.

Ha sido fantástico y maravilloso. Para mí.

En ese entrenamiento en grupo había que realizar los movimientos siguiendo el ritmo de la música. La idea era hacer los ejercicios coreografiados para que todo el mundo se moviese al unísono, siendo todos uno.

Al principio de la clase, la instructora homenajeó a un participante. «Esta es la clase número mil de Joel», anunció con alegría.

Joel esbozó una sonrisa de oreja a oreja, aumentó el ritmo y levantó las pesas como si le fuera la vida en ello.

Y sin embargo...

Durante toda la clase y en cada uno de los ejercicios, el homenajeado fue totalmente desacompasado y no era muy atlético.

Había demostrado compromiso, voluntad y persistencia para asistir a mil clases. Un hito increíble. Asombroso, qué duda cabe. ¡Buen trabajo en ese sentido, Joel!

Pero me pareció fascinante que después de todas aquellas sesiones aún no mostrara el menor atisbo de la excelencia de la que hacía gala la instructora.

¿Cuál es la lección para nosotros? No confundamos trayectoria con excelencia, ni tiempo invertido con aptitud optimizada.

¿Cuál es el verdadero principio? Un entrenamiento que no esté programado intencionadamente para que mejores no te hará mejorar.

Anders Ericsson fue uno de los pioneros de la investigación sobre el rendimiento excepcional. Leí por primera vez sobre él y su regla de las diez mil horas hace más de veinticinco años, mucho antes de que el concepto fuera popularizado por otros autores. La regla de las diez mil horas, extraída de los estudios de Ericsson sobre deportistas de élite, prodigios del ajedrez, músicos y otros genios creativos, es que uno necesita invertir unas diez mil horas de acondicionamiento antes de que empiecen a aflorar los primeros indicios de un rendimiento de primera clase.

Ericsson también ideó el término «práctica deliberada». Su trabajo ha confirmado —y esto es muy importante— que un simple entrenamiento con una aptitud en particular durante un largo periodo de tiempo no necesariamente conduce a la maestría. Lo que hace destacar a los Grandes es que se comprometen con un tipo concreto de práctica.

Cuando los productores avanzados deciden aprovechar su talento, la sesión está diseñada para mejorar sus habilidades. Entrenan con la clara intención de ser cada vez mejores, y cada entrenamiento importa, ya que es un trampolín hacia el prístino ideal de ser legendarios en lo que hacen. Cada pequeño avance en cada periodo de acondicionamiento constituye una revolución de la experiencia cuando se hace de manera sistemática durante mucho tiempo. Los triunfos pequeños y deliberados acaban convirtiéndose en grandes transformaciones de conducta, y los días invertidos en optimizar tu ámbito de interés acaban siendo décadas de dominio de tu especialidad. El proceso es intencionado y deliberado en lugar de aleatorio y accidental.

Los deportistas que solo se presentaban al entrenamiento, hacían los ejercicios y repasaban las jugadas sin el compromiso consciente de mejorar su poder no avanzaron al siguiente nivel.

Los pintores que se limitaban a ir al estudio y pintaban como lo habían hecho siempre no perfeccionaron su arte ni aceleraron su habilidad.

Los neurocirujanos que simplemente practicaron más operaciones durante toda su carrera profesional nunca se convirtieron en superestrellas. Tan solo siguieron siendo neurocirujanos corrientes.

Así que la práctica que no sea calibrada con sumo cuidado y ejecutada con pasión para mejorar y magnificar tu maestría, en realidad no es práctica.

Es hacer por hacer.

Como el hombre sudoroso de mi clase matinal, al que aplaudo sinceramente por haber asistido mil veces.

51

El lado oscuro de tus aspectos positivos

Todo regalo conlleva una especie de maldición. Todo personaje heroico de las tragedias de Shakespeare poseía un talento especial que lo hacía excepcional y un infausto defecto que lo llevaba a la perdición.

Las bendiciones que nos convierten en personas increíbles son las mismas cualidades que pueden entristecernos. Cada una de tus virtudes contiene también una flaqueza asociada. Los seres humanos son expertos en dualidades.

He aquí unos ejemplos:

El ojo crítico que permite a una persona crear su obra magna y hacer brillar su luz es el mismo que la hace criticar los defectos de los demás y estar increíblemente atento a cada imperfección del entorno, cosa que la lleva a protestar y a pasar mucho tiempo frustrada.

La motivación incendiaria para hacer grandes cosas y ofrecer una producción impresionante, en una época en la que muy pocos pueden zafarse de las cadenas de hierro de las distracciones y las interrupciones, a menudo trae consigo el trágico defecto de ser muy impacientes con otros y brutalmente duros con nosotros mismos.

La integridad artística que hace que tu trabajo sea honesto, excelente y poderoso también puede convertirte en un fanático a la hora de perfeccionar su calidad, lo que hará que los demás te tachen de persona difícil.

La obsesión por ponerte el listón al nivel de un virtuoso, trabajar con excelencia y mejorar siempre en tu especialidad es una manera de proceder que también te hace pensar que nunca es suficiente.

La confianza suprema que lleva a un individuo a creer en su esfuerzo entusiasta y en sus espléndidas capacidades también es un rasgo que puede degenerar en arrogancia y en la falsa fe en que no puede hacer nada mal.

Ser ultracompetitivo puede conducirte a la cima. Pero en caso de descontrolarse, también puede destruir buenas relaciones, crear ansiedad en el ambiente y erosionar tu serenidad, porque todo se convierte en una competición, y perder aniquila tu sensación de identidad.

Prepararte por medio de una práctica infinita para ser un trabajador inusualmente esforzado generará una gran productividad, pero esa virtud puede impedir que disfrutes de los pequeños placeres de la vida o que disfrutes en silencio de tu merecida felicidad, porque te has vuelto adicto a hacer y has olvidado estar quieto.

La disciplina que requiere cosechar un éxito asombroso también puede precipitar una conducta rígida y robótica que disgusta a la auténtica emotividad.

Entonces, ¿significa todo esto que debes evitar tu eminencia, obstaculizar tu brillantez o ser violento con tu obra maestra obviando tus dones, además de ralentizar la búsqueda de tu magia?

Por supuesto que no.

El hecho de que tu genialidad inherente venga acompañada de saboteadores y aspectos negativos solo significa que cada uno de nosotros —como creadores, personas productivas y líderes— debe permitir que la luz diurna de nuestra conciencia mejore nuestra claridad en relación con los actos que no nos benefician a nosotros ni a quienes nos rodean y gestionar esos comportamientos poco idóneos de manera inteligente, responsable y precisa.

Ilumina tus talentos humanos y aplícalos para lograr resultados supremos. Sé siempre una persona de una capacidad inusual y un verdadero trabajador mágico para el mundo (sí, trabajas para el mundo). Pero permíteme sugerirte humildemente que no dejes nunca que los aspectos oscuros de tus máximas capacidades derroten a la positividad, la autoridad moral y la espiritualidad avanzada.

Porque tu mejor yo merece prosperar.

52

La Fórmula del éxito en 3 pasos
(y mi régimen de consumo de brócoli)

Si llevas un tiempo siguiendo mi trabajo, conoces bien la máxima de la Disposición emocional 2x3x.

En pocas palabras, este principio recomienda lo siguiente: «Para duplicar tus ingresos e impacto, debes triplicar tu inversión en dos ámbitos cruciales: el desarrollo personal y la capacidad profesional».

En realidad, la educación es una vacuna contra las alteraciones, y el líder que aprende es el que más gana.

Porque cuanto más sepas, mejor podrás hacerlo. El conocimiento, cuando se aplica con competencia, genera un poder exquisito. No tienes que poseer el mayor talento para liderar tu especialidad y labrarte una vida en medio del aire enrarecido; tan solo debes ser el mejor estudiante.

«La educación es prender una llama, no llenar una vasija», afirmó Sócrates.

«La sabiduría no es producto de la educación, sino de un intento perpetuo por adquirirla», aseguraba Einstein.

En cuanto al crecimiento trascendental, en *El Club de las 5 de la mañana* enseño un modelo que ha resultado muy útil a lectores de todo el mundo para mejorar su liderazgo, productividad y positividad. Así pues, me gustaría compartir contigo la Fórmula del éxito en 3 pasos:

LA MECÁNICA DEL HEROÍSMO DE CADA DÍA:
LA FÓRMULA DEL ÉXITO EN 3 PASOS

La principal tesis que hay detrás de ese contexto es que, con una conciencia diaria más adecuada, te hallarás en posición de tomar mejores decisiones cotidianas. Y, por supuesto, cuando empieces a tomar mejores decisiones cotidianas, automáticamente empezarás a disfrutar de mejores resultados diarios. Por decirlo de una manera sencilla, la Fórmula del éxito en 3 pasos es esto: una mejor conciencia da pie a mejores decisiones que brindan mejores resultados.

Cuanto más aprendas y, por tanto, más incrementes tu conciencia, mayor sabiduría tendrás para convertirte en la clase de persona que toma decisiones más inteligentes. Y una mejor toma de decisiones garantiza resultados más excepcionales.

Algunos ejemplos:

Averigua lo que come la gente más longeva del mundo y obtendrás una nueva conciencia para tomar mejores decisiones diarias que generarán mejores resultados cotidianos en tu energía, tu vitalidad y tu longevidad.

Estudia las mejores rutinas de artistas legendarios y surgirán reflexiones que, al materializarlas de forma obsesiva, magnificarán hasta lo exuberante la belleza de tus resultados imaginados.

Lee acerca de la psicología, la emocionalidad, los regímenes y los rituales de los ultrarricos y te aprovisionarás de una conciencia inusual que puedes aplicar para generar mejores consecuencias económicas.

Explora los métodos que han utilizado los creadores de imperios para fundar grandes empresas y poseerás una inteligencia que, al practicarla con excelencia, dará lugar con el tiempo a una empresa de talla mundial.

Descubre cómo alcanzaron sus logros los grandes maestros espirituales y, por medio de decisiones entregadas para poner en práctica ese aprendizaje, obtendrás acceso a los mismos estados que habitaban ellos.

Sí, la educación, cuando se utiliza con exquisitez, genera una fuerza creativa inmensa (y, por el contrario, las ideas sin ejecución llevan a delirios peligrosos).

La flecha que va de Superficialidad a Detallismo en el eje vertical del modelo visual también es importante. Estudia cualquier trabajo de élite y aprenderás que no había ninguna superficialidad en su acercamiento a su ámbito de experiencia. Saben mucho sobre muy pocas cosas y, a medida que avanzan en el viaje de su maestría, su planteamiento se vuelve cada vez más detallista.

El científico Charles Darwin estudió a los percebes durante ocho largos años. Solo a los percebes. Pero esa obsesión fue crucial para su viaje como naturalista y para la trascendental teoría de la evolución a la que llegó más tarde.

El director de Eleven Madison Park, que recibió el título de Mejor Restaurante del Mundo, pidió a toda la plantilla que colocara el emblema del establecimiento con una orientación concreta en el servicio de mesa, aunque los comensales no pudieran verlo porque estaba en la parte inferior del plato. Pensaban que este nivel de detallismo ponía al camarero en el estado correcto para que el servicio posterior fuera igual de preciso.

Los equipos de Fórmula 1 aspiran el suelo de los boxes para que no pueda entrar ni una molécula de suciedad en el motor del coche de carreras y provocar una catástrofe.

Este es un ejemplo un poco extraño de mi vida (que el instinto me dijo que debía compartir) sobre el valor del aprendizaje permanente para obtener mejores resultados diarios.

Últimamente me he aficionado al brócoli. Mucho, en realidad.

Después de oír un podcast, me sentí fascinado por los maravillosos beneficios de un compuesto que contiene algo denominado sulforafano. Se supone que neutraliza las toxinas corporales, reduce los radicales libres, baja los niveles de inflamación y mejora la función cerebral.

Los productos frescos de la sección de verduras me parecen demasiado grandes y difíciles de comer. Es como si estuviera metiéndome un ladrillo en la boca. A mi familia le ocurre lo mismo. Recibo puntuaciones de una sola estrella cada vez que los preparo. En serio.

Así que seguí experimentando y buscando incansable una solución que nos brindara las recompensas de la verdura sin las desventajas de su versión fresca. Al final, compré una bolsa de brócoli congelado.

Lo hice porque, en la imagen de la bolsa, los trozos parecían más pequeños. Las cabezas no eran del tamaño de la mía. Los tallos no parecían la Torre Eiffel. Pensé que sería adecuado para nosotros. En mi futuro visualicé valoraciones de al menos tres estrellas.

Lo llevé a casa, lo descongelé y lo cociné en un wok con aceite de aguacate, ajo fresco, un poco de cúrcuma y trozos de cebolla. Luego espolvoreé un poco de sal del Himalaya y pimienta negra. Era un acompañamiento delicioso para la cena que preparé aquella noche. A mi familia le encantó.

Entonces pensé: ¿el brócoli congelado contiene la misma cantidad de sulforafano que los productos frescos?

Investigando un poco descubrí que congelar el brócoli elimina el sulforafano de la verdura. O, para ser más exactos, bloquea su liberación.

Pero tras una lectura intensa descubrí algo hermoso: descongelando el brócoli y esparciendo semillas de mostaza por encima, o mezclándolo con mostaza de Dijon, se produce la enzima de la mirosinasa, lo que provoca una reacción química que incrementa la biodisponibilidad del sulforafano. Mola, ¿verdad?

Me encantó aprender esto y me hizo muy feliz descubrir ese truco. Este es el poder del aprendizaje y el valor de la Fórmula del éxito en 3 pasos. (Ser bueno como investigador es otra VCC —Ventaja Competitiva Colosal— en este mundo de superficialidad y de gente poco dispuesta a invertir la concentración, la pasión y el tiempo necesarios para estudiar algo de forma rigurosa).

La información avanzada y más detallada desarrolló una mejor conciencia que me ha permitido tomar mejores decisiones cotidianas para mí y para mi familia en lo relativo a nuestra salud, lo cual ha ofrecido mejores resultados diarios.

Quizá sea un ejemplo extraño.

Pero espero que la Fórmula del éxito en 3 pasos ahora tenga más sentido para ti, porque cuando se trata de mejorar en una aptitud, un hábito u otro aspecto importante de tu vida, funciona muy muy bien.

53

En qué pienso cuando pienso en dificultades

Antes era corredor, pero me lesioné, así que ya no lo soy (excepto en una cinta; supongo que, bien mirado, sigo siendo corredor).

En fin. Hay un libro que me encanta de Haruki Murakami, el famoso novelista, maratoniano y expropietario de un bar de jazz llamado Peter Cat. Se titula *De qué hablo cuando hablo de correr*. Este capítulo he querido titularlo utilizando su fórmula: «En qué pienso cuando pienso en dificultades». Te expondré nueve de las principales creencias que he ensayado psicológica y emocionalmente —hasta el punto del automatismo— para que me ayuden a encontrar la victoria e imponerme a la adversidad. La naturaleza misma de una vida vivida poderosamente y sin dar pasos atrás significa que a menudo te enfrentarás a turbulencias y, en ocasiones, a grandes sufrimientos, así que tiene mucho sentido desarrollar tu experiencia para aprender a capear los temporales.

Genial. Vamos allá.

Creencia n.º 1: Esto también quedará atrás

Hace muchos años, cuando me hallaba inmerso en un doloroso proceso de divorcio, un respetado mentor me ofreció este sabio consejo para reconfortarme durante la crisis. No parecía que esas cuatro palabras pudieran cambiar algo, pero lo hicieron (y sigo sumamente agradecido por ellas). Para mí fueron como un bálsamo en una lesión delicada y sirvieron para recordarme la posibilidad de un futuro más brillante, y también la realidad de que las experiencias difíciles nunca resisten, pero la gente paciente y resuelta siempre lo hará.

Creencia n.º 2: Todas las situaciones en apariencia terribles inevitablemente acaban bien

El filósofo Arthur Schopenhauer escribió sobre este principio cuando afirmó que hay que vivir la vida con previsión, pero solo puede comprenderse al volver la vista atrás.

Solo al hacerlo podemos atar cabos y ver que todo lo que sucedió fue por nuestro bien y por nuestro crecimiento, que lo que veíamos como una carga —en el fragor de las dificultades—, con el paso del tiempo resulta una bendición. Eso hace que nuestra vida sea mucho mejor. Por favor, no olvides nunca esta idea. A mí me ha servido de mucho.

Creencia n.º 3: Si te ayuda a crecer no es un problema, sino una recompensa

Para mí, el principal objetivo de una vida vivida plenamente es sanar nuestras heridas ancestrales, adentrarnos en nuestro talento nato y ascender en todo lo que estábamos destinados a ser a la vez que somos lo más útiles posible al máximo número de almas humanas. Es una frase larga, pero expresa algo que considero cierto.

Uno de los principales propósitos de estar en la escuela de la Tierra es aprovechar todas las condiciones que experimentas para convertir debilidad en sabiduría, miedo en fe y el dolor que todavía llevas dentro en un poder inconquistable. Y sí, el proceso de reclamar el heroísmo perdido al convertirte en una persona más fuerte, valiente y noble está salpicado de momentos caóticos, incómodos y difíciles.

Sin embargo, he crecido más cuando peor me iba la vida.

Gracias a mis problemas he conocido mis virtudes. La tristeza es el fuego que forjó el coraje y la persistencia, la paciencia y la gentileza, el optimismo para perdonar y la devoción para trabajar para el mundo. Esos beneficios inestimables no se desarrollaron en los días fáciles, sino en las temporadas de mi más profundo sufrimiento. Han sido recompensas que me ha enviado la Fortuna por estar presente en las dificultades y por convertir la adversidad en sanación, purificación y ascenso espiritual. Todo lo que el ego afirma que es «negativo» y «un problema», está en tu vida por una razón sumamente positiva y útil, pero aún no puedes ver las recompensas, porque se supone que no debes hacerlo. Debes experimentar plenamente lo que estás padeciendo. Entonces, las bendiciones sin límites fluirán en tus días.

Ya lo escribió Nietzsche: «Lo que no nos mata, nos hace más fuertes». Mi experiencia en la vida me dice que tenía razón.

Creencia n.º 4: La adversidad aflora para poner a prueba cuánto deseamos nuestros sueños

«Cuando la vida parezca difícil y te preguntes por qué, recuerda que el profesor siempre guarda silencio durante un examen», dice el proverbio.

La vida plantea a gente esperanzada, excepcional y posibilista como tú y como yo experiencias decepcionantes e incómodas para calibrar nuestro compromiso con nuestros más hermosos objetivos y nuestros ideales más eufóricos.

Cuando el destino me lanza una bola con efecto, gracias a mis años de rezos, meditación, visualización, autosugestión, escritura de diarios, trabajo de respiración y crecimiento con asesores espirituales, ahora soy mucho más capaz de recordar que un problema solo lo es cuando lo vemos como tal. Por tanto, hago una inspiración larga, me remango y le demuestro a la situación que he venido a jugar.

Creencia n.º 5: El caos entraña oportunidades

Cuando tenía poco más de treinta años leí el clásico *Piense y hágase rico*, de Napoleon Hill. Ese libro me cambió la vida (por cierto, no es tanto un libro sobre cómo ganar mucho dinero sino más bien sobre cómo labrarse una vida rica).

Una de las frases de Hill se me quedó grabada: «Cada adversidad, incluso cada fracaso y cada angustia, lleva consigo la semilla de un beneficio igual o mayor».

Cuando las cosas se pongan superdifíciles, te animo a que seas por defecto un buscador de oportunidades. Pregúntate cómo puedes aprovechar ese revés para desvelar la cúspide de tu poder, convertir una calamidad en una victoria y transformar el aparente fracaso en una vida aún mejor de la que disfrutabas antes. Así actúan los guerreros y los pesos pesados.

Creencia n.º 6: Los héroes nacen en épocas duras

Los héroes no se gestan en periodos de estabilidad, sino en los días difíciles.

Mandela se convirtió en Mandela en la isla Robben.

Rosa Parks se convirtió en una leyenda porque se enfrentó al maltrato.

Martin Luther King se convirtió en Martin Luther King mientras luchaba contra la brutalidad del racismo.

Y Gandhi se convirtió en Gandhi cuando batalló contra un imperio.

Lo que intenta hundirte también te ofrece la trascendental posibilidad de conocer tus virtudes invisibles a la vez que creas nuevas aptitudes que te servirán para el resto de tu vida. La novelista Jennifer DeLucy exponía perfectamente esta reflexión:

> Pero aceptar el caos traía consigo un regalo especial, aunque maldijera durante casi todo el camino. Estoy convencida de que, cuando todo queda borrado, es la manera que tiene la vida de obligarte a conocer quién eres ahora, en quién puedes convertirte, cuál es la culminación de tu alma.

Creencia n.º 7: Vivir sin aventuras es no vivir en absoluto

Una gran historia de Hollywood necesita tragedia y triunfo, pérdida y amor, y un villano siniestro que al final pierde ante el vencedor imperfecto.

Hasta el momento, esa es la historia de mi vida y es muy probable que también sea tu historia heroica.

Cuanto más alto apuntas, más fuerte caes. A más riesgos, más tropiezos. A más influencia e impacto, más lanzamiento de piedras y flechas. Así funciona el deporte, ¿no?

Y sin embargo prefiero ser valiente y aspirar a esas ambiciones —y fracasar— que llegar a mi último día lleno de arrepentimiento e ira, consciente de que he visto el juego desde las gradas en lugar de participar en un campeonato.

La verdadera derrota es decidir no ir a por todas y acobardarse ante los regalos que te ha hecho el universo. Mancharse de sangre solo es parte de la victoria, así que luce tus heridas como medallas al valor.

Creencia n.º 8: La vida siempre te cubre las espaldas

Incluso cuando sientas que tu poder superior no te protege y tus ángeles guardianes no te están vigilando, lo hacen. De hecho, estarás más cerca del cielo de tu yo más fuerte en el momento en que más solo te sientas (recuerda también que el ego grita más alto cuando más cerca está su muerte).

He descubierto que las noches oscuras del alma en realidad son experiencias de fe. En otras palabras, aparecen en el momento perfecto para ayudarte a confiar en una fuerza que es más grande que tú. Cuando mi vida parecía estar desmoronándose por completo, ella (y yo) se rearmó de maneras que, según descubrí más tarde, eran sumamente maravillosas (e inteligentes).

Para que confiara más en que lo que tuviera que suceder era por mi bien.

Para que mi ego ejerciera menos autoridad y mi lado heroico tuviera una voz más clara.

Para que el miedo se convirtiera en confianza, el dolor conociera la paz y el egoísmo aprendiera el arte de dar.

Y para dejar de controlar todo lo que sucede y aprender a permitir que la sabiduría de una fuente más soberana que yo me guiara allá donde fuera mejor.

Creo que la vida se desarrolla como una orquestación mágica de acontecimientos aparentemente aleatorios que propician tu mayor progreso y tus mayores beneficios. Entonces, ¿por qué resistirse a ella cuando en realidad te está llevando a un lugar mejor? Acéptala y disfruta del viaje.

Creencia n.º 9: La vida es demasiado corta para tomarse la tragedia demasiado en serio

Durante muchas décadas he trabajado duro en mí mismo. Todavía tengo un largo camino por recorrer, mucho que aprender, muchas flaquezas que atender y más inseguridades que liberar. Pero, si me permites que lo diga, me siento bien por lo lejos que he llegado.

Tal como te decía antes, una de las lecciones más valiosas que me han enseñado las dificultades es la de sentirme más cómodo cuando más incómodas son las cosas. He adquirido mucha práctica en el arte de soltar. Los ciclos difíciles me han enseñado a desapegarme de los resultados, a cumplir mi parte y dejar que la naturaleza haga el resto. A conquistar un núcleo interior tan inconquistable que mi felicidad, paz y libertad dependen menos de cualquier elemento del mundo exterior.

Todavía me preocupa (un poco, pero desde luego menos que antes) lo que piensen de mí los demás. Aún anhelo hacer grandes cosas en la sociedad, y en parte me alimenta lo que consiga en el mundo. Todavía me hiere que alguien me trate mal, aunque no demasiado. Y mucho menos que antes, cuando era más joven y tenía una idea más pequeña de mí mismo.

Profundizaré más:

Todavía guardo fuego en mi interior y soy inmensamente

ambicioso, pero ahora lo soy de una manera muy diferente y con cosas muy distintas.

Mi ambición es mejorar en mi desarrollo personal y en mi trabajo con una audacia discreta.

Mi ambición es necesitar menos la aprobación, los aplausos y el aprecio de los demás, y ser más humilde, resuelto y fiel a mí mismo.

Mi ambición es inspirar, animar y proteger a mi familia, cuidar el medio ambiente y dar aún más de mí mismo a causas que me conmuevan, como reducir el analfabetismo y ayudar a niños con lepra a llevar una vida mejor (es una enfermedad muy trágica, especialmente para un niño pequeño).

Mi ambición es pasar lo que me quede de vida caminando ligero por la Tierra, siendo considerado con todos y haciendo todo lo que pueda por ser un fiel sirviente de los demás.

Mi ambición es ahondar en la relación con mi creador y experimentar más felicidad y emoción explorando mi mundo interior que a través de mis grandes viajes por este mundo exterior.

Esta filosofía —que es mi brújula moral, mi elevado faro espiritual— está forjada por el dolor, por la traición de gente en la que confiaba y a la que quería. Por el maltrato causado por humanos a los que he ayudado y con los que he sido generoso. Por haberme sentido enormemente decepcionado por individuos a los que había animado con sinceridad y a los que les había abierto mi corazón. Entonces, ¿cómo me atrevo a menospreciar a estos malvados, maravillosos y sabios profesores? ¿Cómo me atrevo a decir que todas las dificultades que he vivido han sido una batalla brutal cuando en realidad han sido un campo de entrenamiento perfectamente organizado para convertirme en una mejor versión de mi antiguo yo? Lo veo todo (o casi) con positividad y ya no me lo tomo tan en serio.

Por supuesto, he vivido algunos horrores, pero todavía me

río cuando mi amigo me pone al día sobre el perezoso que adoptó, y lloro viendo una comedia romántica, y aún sé que soy un hombre relativamente insignificante que no tendrá un lugar en el panteón de la historia. No soy especial.

Tomarte a ti mismo demasiado en serio garantiza que nadie te tome en serio.

Debes estar en el mundo, pero no demasiado. A mí me encanta estar en él, pero no necesito sus recompensas para llevar una vida satisfactoria. Disfruto de lo que hago, de los beneficios que he cosechado y de las bendiciones de mis días, pero no me definen en absoluto. Cada vez más, mi sentido del yo, mi eje de acción y los cimientos de mi voluntad provienen de lo que hay dentro de mí, no de lo que hay fuera.

Y esto me ha aportado una gran tranquilidad, una paz que pido para ti en mis oraciones.

De hecho, uno de los regalos más gloriosos que me hizo un problema del pasado fue llegar a un lugar en el que, a pesar de perder todo lo que había ganado y todo cuanto poseía, me sentía perfectamente. Ahora estoy muy agradecido por esa «tragedia», porque me liberó.

Una última cita para cerrar este capítulo. Creo que merece la pena que le prestes atención y que te dará esperanza y fortaleza cuando estés decaído. Es de John Lennon: «Al final todo saldrá bien. Si no está bien, no es el final».

54

Por qué escucho música country
mientras escribo

Una vez, durante un vuelo a París, iba sentado junto a un artista que me dijo: «Yo elijo a mujeres que me parten el corazón. Es bueno para mi arte».

Eso me hizo reír. Y luego me hizo pensar.

Una gran creatividad exige una profunda sensibilidad, que nace de una creciente intimidad con tus emociones, con tu disposición emocional. Con tus sentimientos.

Ningún artesano atrapado en su intelecto ha producido jamás una obra maestra. Es el corazón humano el que convierte la magia en realidad.

Uno de los métodos que mejor me funcionan para abrir las puertas de mi creatividad más idealista es la utilización estratégica de la música.

Creo listas de canciones para cada uno de mis proyectos artísticos, y a menudo elijo las que ahondan en un dolor olvidado hace mucho tiempo, porque allí vive una montaña de oro creativo. El sufrimiento es un terreno muy fértil para cualquier artista, y contiene las semillas de tu trabajo menos ególatra y más sincero, ilimitado y, por tanto, influyente.

Mientras escribo este texto para ti, estoy escuchando música country sobre corazones rotos.

Ya sabes de qué va. El músico nos cuenta que bebe demasiado whisky y que desearía haberte amado tanto como ahora te echa de menos, y canta sobre los días de juventud perdidos bebiendo cerveza en la plataforma de una camioneta.

Te preguntarás por qué sigo esa excéntrica práctica de productividad.

Porque la música me abre el corazón, me inunda el alma de una sabiduría más allá de la razón y de una inspiración fuera de lo cotidiano que mejora e incentiva mi arte.

La música adecuada electrifica el acceso a la musa que tú, yo y cualquier otro creativo llevamos dentro. Una buena canción me hace abrirme, me pone en marcha y, de vez en cuando —cuando suena una canción especial—, me rompe un poquito el corazón. Y esa ruptura puede ser muy buena para mi éxtasis y para el arte que intento ofrecer.

Tu trabajo como productor sistemático de empresas monumentales es enfrentarte a tus demonios, matar a tus dragones y combatir las mentiras que han limitado tus sueños. Las grandes canciones te ayudarán a hacerlo.

Dicen que la música es la forma más fuerte de magia.

Yo creo que es así.

55

El paciente que parpadeó un libro

Jean-Dominique Bauby era un hombre al que le encantaba la buena vida y lo tenía todo.

Era redactor jefe de la edición francesa de *Elle* y adoraba los coches rápidos, disfrutaba de la buena comida y apreciaba a sus poderosos amigos.

Pero, de repente, mientras conducía con su hijo pequeño Théophile por los campos que rodean París, sufrió una embolia grave que lo dejó totalmente paralizado.

Excepto el párpado izquierdo.

Su enfermedad, conocida como síndrome de enclaustramiento (o pseudocoma), no afectó a su mente, que gozaba de una sorprendente lucidez para documentar sus experiencias.

Para que pudiera comunicarse, los terapeutas del hospital Berck-sur-Mer le enseñaron un código llamado alfabeto silencioso, que consiste en parpadear letra a letra para formar palabras. El proceso de explicar la necesidad más simple era meticuloso y agotador, pero Bauby lo hizo y demostró un heroísmo excepcional en su cruel situación.

El paciente decidió compartir la crónica de sus circunstancias, sus pensamientos sobre la vida y sus reflexiones sobre la condición humana en unas memorias. Así que, durante varios meses, parpadeó doscientas mil veces para completar el libro. Un ayudante de confianza plasmó sus palabras.

La escafandra y la mariposa se convirtió en un best seller. Aquí va un pasaje:

> A través de una sonda introducida en el estómago, dos o tres frascos de una sustancia pardusca me aseguran la cantidad diaria de calorías necesarias. En lo tocante al placer, recurro al vívido recuerdo de sabores y olores, una inagotable reserva de sensaciones. Existe el arte de aprovechar las sobras. Yo cultivo el de mantener a fuego lento los recuerdos. Puedo sentarme a la mesa a cualquier hora. Si es en el restaurante, no necesito reserva.

Bauby murió de neumonía dos días después de que se publicara la obra, y nos dejó un recuerdo que constituye un testimonio inolvidable de positividad, posibilidad y máxima expresión de humanidad.

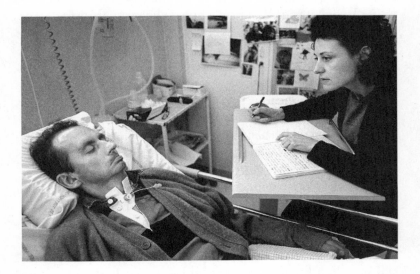

El secreto del generador de posibilidades

Vivimos en una época de tremenda volatilidad, incertidumbre y cambios trepidantes. Los cimientos de muchas organizaciones están sufriendo sacudidas y mucha gente buena está saliendo herida.

Muchos hemos perdido la confianza en un futuro predecible. La mayoría de la gente siente una preocupación constante. Buena parte de la población se ha visto abrumada por una negatividad nada útil.

Sin embargo, una minoría espectacular de seres humanos son capaces de mantener una positividad sorprendente y un profundo optimismo ante agitaciones exponenciales y épocas personales complicadas.

Una de sus principales estrategias para centrarse en la posibilidad en lugar de caer en la toxicidad es llenar la mente de sueños tan grandes que sencillamente no dejen espacio para preocupaciones estresantes.

Repetiré la idea una vez más para que podamos procesarla juntos: Llena. Tu. Mente. De. Grandes. Sueños. Para. Que. No. Haya. Espacio. Para. Preocupaciones. Insignificantes.

Piensa también en tu mente. Llénala hasta los topes de pensamientos sobre tus nobles aspiraciones, lo que te entusiasma y la información inspiradora que aísla tu energía en torno a tus empresas visionarias, el bien con el que te han bendecido y los objetivos deslumbrantes que hablan al generador de posibilidades que llevas dentro. Así expulsarás todas las ansiedades oscuras y llenas de dudas. «La luz del sol es el mejor desinfectante», decía Louis Brandeis, juez del Tribunal Supremo.

Este es otro principio fundamental para el liderazgo personal: La destreza humana se fabrica en momentos de restricción.

Con esto me refiero a que, cada vez que ejercitas los músculos del autocontrol (por débiles que puedan estar en ese momento) para refrenar un impulso que sabes que no te beneficia, tu voluntad se fortalece. Cada vez que haces lo correcto en lugar de lo fácil, lo valeroso en lugar de lo dócil, lo excelente en lugar de lo mediocre y lo benevolente en lugar de lo egoísta, asciendes en tu poder. Haz esto a diario y al final alcanzarás la maestría en los ámbitos cruciales de tu vida.

Haz lo correcto en lugar de lo fácil. Son unas instrucciones muy sencillas que reestructurarán los resultados. Sin embargo, también son muy fáciles de olvidar e ignorar.

Uno de mis hábitos preferidos son los paseos nocturnos. Bien entrada la noche, cuando estoy de humor, exploro las calles de mi barrio o de la ciudad que esté visitando para ofrecer una presentación. Son mis queridos «paseos de sabiduría», porque, durante dos o tres horas, debajo de las estrellas y envuelto en la oscuridad, reflexiono sobre la persona en la que me estoy convirtiendo, sobre lo que estoy aprendiendo, sobre las ideas que me resultan fascinantes y sobre los elementos de mis esferas profesional y privada que me gustaría mejorar. Ayer por la noche presencié algo sobre lo que necesito hablarte.

Allí, en la oscuridad, había un hombre que utilizaba la linterna de su móvil para localizar y recoger las heces de su perro.

A lo mejor lo que vi no cala tanto en ti como lo hizo en mí (durante muchas horas no pude dejar de pensar en aquel caballero y en su consideración hacia sus vecinos).

Pero la cuestión es que hizo lo correcto en una cultura en la que mucha gente prefiere hacer lo fácil.

El dueño del perro no sabía que yo lo estaba observando. No se comportó de aquella manera para obtener reconocimiento. Lo hizo porque era correcto, y eso es lo que lo hace grande.

Por tanto, cada vez que destierres pensamientos de apatía, debilidad, mediocridad y derrota y los sustituyas por reflexiones sobre logros, belleza, bondad y victoria, tu poder humano aumentará y tu mente se llenará aún más de la positividad que borra el miedo, las carencias y la inseguridad.

Lo que hace que un vino fabuloso sea tan fantástico es el *terroir* —el entorno— en el que crecen las cepas. Los elementos de un *terroir* incluyen el clima, el suelo, el terreno y las prácticas agrícolas. De igual modo, tu mente tiene un *terroir* propio, el entorno que condiciona cada pensamiento que produces. Un entorno negativo da lugar a un pensamiento degradado. Un *terroir* prístino fomenta los pensamientos positivos, así que elige bien el tuyo, por favor.

Estas son cuatro tácticas concretas que te ayudarán a ser un generador de posibilidades que ve asombro, maravillas y oportunidades en circunstancias en las que la mayoría solo ve negatividad:

Táctica n.º 1: La técnica de la ficha inspiradora

Escribe las citas que más te animen —provengan de libros sagrados, autobiografías heroicas o poemas maravillosos— en una serie de tarjetas que lleves contigo a todas partes. Cuando tengas un momento libre, tal vez haciendo cola en una tienda de comestibles o viajando en tren, memoriza las frases y deja que sus palabras repueblen los pensamientos que habitan tu conciencia. Por supuesto, puedes llevar a cabo esta estrategia en tu dispositivo digital, pero es menos efectivo, porque sentirás la tentación de leer mensajes, entrar en las redes sociales o consultar las noticias.

Táctica n.º 2: Aplica las tres eses: silencio, soledad y sosiego

Estas tres potentes influencias aportan un ecosistema que apacigua a una mente preocupada y a un corazón turbulento. Un entorno ruidoso crea una psicología ruidosa y una emocionalidad llena de temor. Cuanto más tiempo pases en la quietud, más energías tóxicas disolverás y las sustituirás orgánicamente por esperanza, felicidad y libertad espiritual. La meditación te ayudará muchísimo. He creado una serie de meditaciones guiadas muy potentes que optimizarán tu positividad, aumentarán tu productividad y te ayudarán a dejar atrás los agravios pasados que lleves dentro. Puedes acceder a ellas en *The EverydayHeroManifesto.com/PositivityMeditations*.

Táctica n.º 3: Despliega la gratitud de la cadena de valor

Reflexionar sobre tus bendiciones en lugar de sobre tus cargas altera tu neuroquímica, lo cual a su vez mejora tu estado de ánimo. Recuerda que las neuronas que se activan juntas se cablean juntas, así que buscar activamente cosas que puedas apreciar en tu vida generará rutas neuronales más fuertes en torno al agradecimiento. Y cuanto más agradecido seas, menos espacio habrá para que aparezca el desánimo y distorsione la realidad hacia la percepción de la negatividad. Sin embargo, no practiques solo la gratitud escribiendo unas cuantas líneas rápidas en tu diario. Profundiza participando en lo que yo denomino «gratitud de la cadena de valor», mostrando un agradecimiento absoluto a cualquier ventaja que mejore tu vida. Por ejemplo, en la caja de una tienda de alimentación, reza una oración de agradecimiento silencioso a quien te esté ayudando, al reponedor que llenó las estanterías de comida, al camionero que llevó la mercancía hasta la tienda y al agricultor que cosechó lo que comeréis tu familia y tú. Sigue esta estrategia en todos los ámbitos de tus experiencias cotidianas y pronto toda tu vida será una gigantesca experiencia inmersiva de agradecimiento por cada detalle y, por tanto, de felicidad ineludible.

Táctica n.º 4: Conviértete en un detector de soluciones

Cada problema viene con una solución de fábrica, puedas verla o no. Es extremadamente importante entender y poner en práctica este principio al liberarte de cargas y desterrar los demonios del pensamiento derrotista. Adquiere el compromiso de mejorar tu agudeza como solucionador de problemas y tus preocupaciones desaparecerán, lo que te permitirá expresar tus mayores dones a un mundo acogedor.

Quiero compartir contigo algo muy especial para mí.

Cuando era un abogado con poco más de veinte años y vivía en una ciudad lejos de mi familia, mi padre me escribió una nota en su viejo recetario, la metió dentro de un libro y me la envió por correo. En ella me explicaba que el símbolo en sánscrito para una pira funeraria es casi idéntico al símbolo de la preocupación.

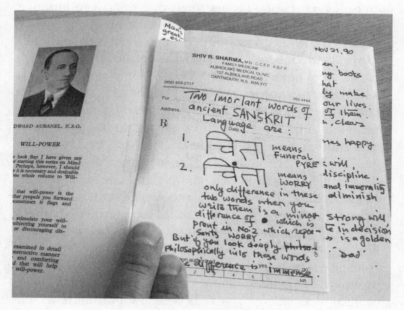

La nota que me escribió mi padre

Hum.

Si observas atentamente su caligrafía, verás que dice que «la única distinción entre esas dos palabras cuando las escribes es una diferencia menor de • ». El punto.

Es una distinción bastante interesante, ¿verdad?

Papá me explicó que, aunque la única diferencia técnica entre los dos caracteres en sánscrito era un punto, la verdadera diferencia era la siguiente: una pira funeraria quema a los muertos, mientras que la preocupación consume a los vivos.

Por tanto, evítala a toda costa.

Sabias palabras para nosotros mientras navegamos las mareas de nuestros días.

Por si te preguntas qué escribió debajo de la nota, es lo siguiente:

> En numerosas ocasiones nos topamos con muchos libros que dejan una huella positiva en nuestra vida. Este libro es uno de ellos. La resolución, la meditación y el pensamiento claro mejoran nuestros tesoros felices de la vida.
>
> La duda, una voluntad débil, la apatía, la falta de disciplina, la falta de objetivos y la inmoralidad son recetas aseguradas para reducir la fortaleza vital.
>
> El carácter, la honestidad, la fuerza de voluntad, la consideración, la determinación y la franqueza son un camino dorado hacia una vida dorada.
>
> Papá

El libro que me envió mi padre es *Will-Power*, de Edward Aubanel, y ocupa un lugar destacado en mi biblioteca para poder leerlo a menudo y ahuyentar las preocupaciones.

57

La gran mentira del pensamiento positivo

De acuerdo. Voy a jugármela (una vez más) y te ofreceré otra reflexión que quizá te parezca bastante contestataria e incluso una contradicción respecto al capítulo que acabas de leer. La idea es la siguiente: el pensamiento positivo en realidad no funciona.

Para ser más exactos: el pensamiento positivo en realidad no funciona (ni dura) a menos que se den ciertas condiciones para que funcione (y continúe). Permíteme darte un poco de contexto para estas afirmaciones tan poco ortodoxas.

He leído muchos de los libros clásicos (y no tan clásicos) sobre cómo transformar reveses en oportunidades, percibir las adversidades como ventajas y reprogramar los problemas en triunfos. Sinceramente, he aprendido mucho de esas obras y agradezco los maravillosos esfuerzos de esos autores para ayudar a quienes pasan por dificultades.

Sin embargo, algo no encajaba en sus recomendaciones para que buscáramos la recompensa en el problema, para que fuéramos agradecidos por todo lo bueno que tenemos incluso en épocas dolorosas y para que dejáramos atrás las crisis lo antes posible sin dar más energía a la preocupación.

Sí, para llevar una vida feliz, serena e inspirada no podemos regodearnos en nuestros infortunios. En eso estamos de acuerdo. Y es una pérdida absoluta de tiempo quedarse anclado en el pasado y obsesionarse con un escenario que te decepcionó. No te ocurrirá nada bueno si te niegas a soltar ese lastre.

Pero nunca le encontré el sentido a no afrontar lo que está sucediendo. Nunca me pareció bien no reconocer cómo me sentía cuando me dolía el corazón y mis sentimientos se hundían durante una mala época, ni limitarme a correr directamente hacia el pensamiento positivo sin admitir (y luego procesar) las emociones que generó la dificultad. Manipular mi pensamiento sin aceptar y permanecer con mis verdaderos sentimientos se me antojaba falso y forzado, pura negación.

Con esto me refiero a que si estás pasando por un momento complicado, reestructurar tu pensamiento para que detectes todas las ventajas y pongas de relieve los aspectos positivos es ignorar las realidades emocionales que han aflorado de manera natural.

Si has perdido tu trabajo o te enfrentas a cualquier otra preocupación económica, concentrar tu disposición mental solo en las oportunidades que anidan en la adversidad hace que la ira, la tristeza, el miedo o la vergüenza se eliminen de tu disposición emocional, lo cual crea toda una serie de problemas futuros (las enfermedades son consecuencia de la inquietud).

Si te enfrentas al desamor tras el final de una relación íntima u otra forma de pérdida de un ser querido, fingir que no estás de duelo agachando la cabeza, manteniéndote ocupado (como te aconsejarán muchos asesores) y practicar el falso optimismo deja entrever que sientes una angustia que hay que trabajar.

Si estás sufriendo una herida emocional causada por una enfermedad grave, un litigio potencialmente catastrófico o un accidente de consideración, apresurarte a realizar ejercicios intelectuales concebidos para revelar la parte positiva es una falta de respeto a los sentimientos muy reales que tendría cualquier ser humano que no haya enterrado sus emociones, y además aumenta la toxicidad invisible que ya contiene tu organismo a causa de heridas no procesadas del pasado (que conoces muy bien).

Correr hacia el pensamiento positivo sin llevar a cabo una sanación emocional es empeorar las cosas. Esto levanta un muro entre tú y la sabiduría, la vitalidad, la creatividad, la productividad, la compasión y el coraje, que son tu naturaleza más auténtica (por cierto, la palabra «coraje» deriva del latín *cor*, que significa «corazón»).

Si no gestionas los sentimientos orgánicos que afloran, cerrarás el enorme poder de tu disposición emocional y solo vivirás dentro de tu cabeza, lo cual te convertirá en un robot fríamente lógico en lugar de en un ser humano funcional y conectado al colectivo, además de a su propia magia innata. Si desconectas de tu dolor, también desconectarás de la alegría y la genialidad primaria. Por el contrario, si sientes el dolor, reclamarás tu capacidad para experimentar el asombro y las sorpresas que te depara el futuro.

E iré más allá: muchos problemas que acusa el planeta ahora mismo, como guerras, injusticia racial y de género, deterioro medioambiental y avaricia económica, son causados por gente disociada de su corazón, encerrada en su mente (¿Es posible que el síndrome de enclaustramiento no solo sea físico, sino también psicológico?) porque nadie les enseñó a hacer mejor las cosas.

Y porque la sociedad los llevó a pensar que «la mente lo es todo».

Y porque los expertos les enseñaron que el pensamiento positivo es la salvación definitiva.

Y que los sentimientos positivos son para gente tonta, débil y poco productiva y hay que barrerlos debajo de la alfombra.

Si ya no puedes sentir (porque lo has evitado durante mucho tiempo), ¿cómo podrás percibir la compasión necesaria para tratar bien a otros? Si ya no puedes acceder a tu disfrute y tu vivacidad, ¿cómo podrás reunir la inspiración y la química espiritual necesarias para producir tu obra maestra? Demasiada gente —en los negocios y en la sociedad— sufre lo que en mi programa de enseñanza denomino «optimismo disfuncional». Nos esforzamos en avivar pensamientos optimistas, pero estamos en guerra con la reserva de emociones tóxicas escondida en nuestro interior. Es una fórmula perfecta para sabotearnos totalmente a nosotros mismos.

Si ya no puedes experimentar tu universo emocional, cada movimiento que haces se convierte en una forma de cálculo mental. Te pareces más a una máquina que a un ser humano, a un *bot* que a una persona. Si lo único que haces es acumular microtraumas y macrotraumas, llevarás cada día una armadura en público. Sí, puede protegerte, pero también te impedirá oír los susurros de tu grandeza, sentir la profunda inspiración que impulsa tu obra maestra e interactuar con cada ser humano que te encuentres con amabilidad, paciencia, compasión y amor.

Si reprimes emociones incómodas, crearás un extenso mundo subconsciente de oscuridad, ira y culpabilidad que te encadenará al victimismo y te volverá adicto a escapadas como el exceso de trabajo, el drama, las distracciones digitales y el consumismo desenfrenado, porque estás huyendo de ti mismo. Es muy difícil estar a solas contigo mismo, así que necesitas estar demasiado en el mundo.

No sé si estas palabras de Dostoievski encajan aquí, pero mi intuición me está rogando que las incluya, así que lo haré: «Sentías que debías seguir otro camino, un camino más ambicioso. Sentías que estabas destinado a otras cosas, pero no sabías cómo alcanzarlas y, en tu tristeza, empezaste a odiar todo cuanto te rodeaba».

Gestionar inconscientemente todos esos sentimientos no procesados también consume grandes cantidades de energía (cosa que te hace mucho menos productivo) y envía toxicidad por todo tu cuerpo, lo cual altera tus órganos y empeora tu salud. Es muy muy importante que sepas esto.

«Entonces, ¿el pensamiento positivo es una pérdida de tiempo, Robin?», preguntas.

Esta es mi respuesta: Es un uso excelente de tu tiempo una vez que hayas trabajado las emociones naturales y las sensaciones físicas que surgen en una crisis. De lo contrario, tan solo añadirás más traumas a tu sistema emocional, lo cual reducirá tu optimismo, rendimiento, impacto y afecto general por la humanidad a través del Campo de Dolor y su pesada energía, que se irradiará por tu cuerpo y tu mente para degradar su poder innato.

Permanecer con los sentimientos que afloren en cualquier dificultad y trabar amistad con ellos hasta que se liberen y disuelvan aumenta poderosamente tu energía espiritual, lo cual incrementa tu positividad de manera automática y natural. Es irónico que la mejor manera de alcanzar un pensamiento positivo sostenido sea una sanación emocional específica, ¿verdad?

«¿Y cómo sé cuándo dejar el procesamiento emocional, iniciar la recontextualización cognitiva y empezar a escribir listas de gratitud para mejorar mi estado mental, además de hacer todas las cosas que esos gurús del pensamiento positivo me indican que haga? No notaré esos sentimientos incómodos para siempre, ¿verdad?».

«Correcto», te respondería yo con mucho amor y respeto. Es sabio experimentar las emociones para evitar reprimirlas y poder iniciar el ejercicio de liberarlas, pero no debes regodearte en ellas. Sabrás cuándo ha llegado el momento de hacer el cambio, empezar el proceso intelectual de dar gracias por todo lo que tienes y mirar con alegría al futuro. Confía en tu instinto.

Porque eres más sabio de lo que crees y más poderoso de lo que puedas imaginar, y estás destinado a vivir una vida maravillosamente positiva.

58

Aquella vez que fui de acampada

Confesaré de entrada que no soy muy aficionado a las acampadas.

No me gusta no poder ducharme por la mañana y, desde luego, las noches con moscas, insectos y osos no son lo mío.

Pero una vez fui de acampada.

Al prepararnos para el gran viaje, mis dos amigos y yo fuimos a una tienda a comprar una linterna, cantimploras, ollas y sartenes ligeras, cerillas resistentes al agua, sacos de dormir y una elegante tienda de campaña.

Viajamos durante cuatro horas alejándonos de la ciudad, por el campo, en la naturaleza. Fue maravilloso.

Encontramos la zona de acampada, tendimos la cubierta, clavamos las estacas metálicas y montamos la tienda.

Fue difícil, porque probablemente sea la persona menos IKEA que hayas conocido en tu vida (los folletos de instrucciones y yo somos como el agua y el aceite. O como el atún y la mermelada).

Por fin conseguimos montar la tienda. Estaba deforme y se tambaleaba, pero era nuestra tienda, así que nos sentíamos contentos y orgullosos de haberlo logrado.

Cuando empezó a ponerse el sol, encendí una pequeña hoguera. Me sentía como un explorador, uno de esos supervivientes osados y aventureros que descubrieron nuevas tierras.

Como Vasco da Gama o Américo Vespucio.

O tal vez Fernando de Magallanes, con un poco de Juan Caboto y Cristóbal Colón.

Fue un momento emocionante de mi vida. Me sentía en cierto modo invencible, no sé si me entiendes.

Como manda la tradición, sacamos una bolsa de nubes y buscamos palos para asarlas en las llamas. Comimos los bocadillos que habíamos preparado con esmero e hicimos chocolate caliente cuando empezó a refrescar.

Contamos historias y nos hicimos reír los unos a los otros.

Era una imagen bastante especial, en cierto sentido rayana en lo mágico. Pero entonces ocurrió algo que me encantaría contarte.

Oí un crujido entre los árboles, un inquietante sonido de ramas quebrándose. Luego hubo extraños ruidos animales que nos asustaron.

¿Un coyote? ¿Un lobo? ¿Un oso negro gigantesco?

No sé qué era (o eran). Lo único que sé es que no tenía intención de quedarme allí para averiguarlo.

Así que —lo digo en serio— desmontamos la tienda con la energía de un hippie con el pelo ardiendo, apagamos la hoguera a pisotones como si fuéramos miembros de Riverdance y recogimos la linterna, las cantimploras, las ollas y las sartenes a una velocidad increíble.

Corrimos hacia el coche tan rápido como Jesse Owens o Flo-Jo.

Al hacerlo, solo podía pensar en que no tenía que correr más que el animal violento, sino más que mis amigos.

Así que allí estábamos, tres jóvenes veinteañeros con todas nuestras posesiones en las manos, corriendo hacia el coche mientras oíamos los aterradores sonidos bajo las estrellas en un cielo increíblemente oscuro.

Lo conseguimos. Nos montamos en el coche, cerramos las puertas y arrancamos como Bond evitando al villano, aliviados de seguir vivos.

Era tarde, pero el cielo cooperó y pronto encontramos un viejo hotel junto a la carretera principal. Todas las luces estaban apagadas, excepto una en el vestíbulo. Ocupamos una habitación cada uno y pasamos la noche allí, lejos del coyote. O del lobo. O del oso negro.

¿Cuál fue la lección? Que no debo ir de acampada nunca más.

Y que la vida es un viaje muy preciado. No te reprimas jamás y reserva tiempo para la diversión.

El viaje que hemos emprendido tú y yo ofrece aventuras y oportunidades para explorar. Disfruta de las espléndidas experiencias y aprende más sobre ti mismo.

Hay ocasiones para descubrir más sobre lo que amas y lo que no, cómo gestionar la sorpresa y maneras de apreciar los tesoros de las grandes amistades. Invitaciones a celebrar el éxtasis de los cielos estrellados, la belleza de la naturaleza y la auténtica afabilidad de nuestro universo.

«Siempre que creas belleza a tu alrededor, estás restaurando tu alma», escribió la novelista estadounidense Alice Walker.

Por tanto, di sí a las nuevas posibilidades y haz el signo de la victoria cuando notes una oportunidad sensacional para respetar más tu destino. Nunca pospongas vivir de verdad. No postergues algo hasta que llegue un momento mejor, porque no hay mejor momento que ahora para emprender aventuras, crecimiento y emoción.

Compra una buena tienda de campaña y evita a los osos negros. No sé si me entiendes.

59

Los 13 rasgos ocultos de los multimillonarios a los que he asesorado

Estar con tantos multimillonarios y otros pesos pesados de la economía (solo quiero trabajar con los éticos) durante tantos años me ha enseñado que la mayoría de ellos comparten una serie de cualidades por las que se los tilda de dotados y sobrenaturales, pero la realidad es que piensan y actúan como pocos lo hacen. Recuerda: para conseguir los resultados que solo obtiene un 5 por ciento de la población, debes hacer lo que el 95 por ciento restante no está dispuesto a hacer.

Teniendo en cuenta que para mucha gente es complicado alcanzar la prosperidad económica, he pensado que sería valioso compartir trece de los rasgos dominantes de los magnates a los que he asesorado.

Rasgo n.º 1: Una fe temeraria en sí mismos
Los superricos creen firmemente que sus ambiciones creativas y sus aspiraciones entusiastas se harán realidad, mientras que los que les rodean aseguran que su visión es ridícula, poco práctica, absurda e imposible. Dudan de ellos, se mofan, los rechazan, los condenan y se enfrentan a ellos. Sin embargo, ellos se mantienen fieles a la belleza de sus ideales.

Rasgo n.º 2: Una visión cegadora de un futuro más brillante

En relación con el primer punto, aunque un poco distinta, está la cualidad de los maestros emprendedores para ver posibilidades magníficas donde la mayoría piensa sin razón que solo pueden pasar las cosas que ya han ocurrido. La naturaleza de la invención y la innovación es que diezma lo normal y degrada el *statu quo*. A esta capacidad para liberar valor y magia donde la mayoría no los ve yo la llamo «el don del visionario». Donde la mayoría ve un problema, esas almas valientes ven posibilidades y un futuro mejor para la humanidad.

Rasgo n.º 3: Una sed enorme de rebelión

Los multimillonarios a los que asesoro son pioneros que abren caminos, a menudo rebeldes y siempre revolucionarios absolutos. Ignoran sistemáticamente las normas, son combatientes secretos por la libertad y piratas disfrazados de lumbreras de los negocios. Tienen la osadía de adaptar su mundo a la visión que han marcado para él y resistencia para hacer lo que sea necesario para convertir su visión en realidad.

Rasgo n.º 4: La curiosidad propia de un niño

De pequeños, tú y yo éramos magos. Soñábamos sueños heroicos, pintábamos saliéndonos de las líneas y veíamos la vida como un parque de atracciones. Nos encantaba aprender cosas nuevas y probar nuevas habilidades. Preguntábamos siempre por qué y queríamos conocer las respuestas a nuestros mayores interrogantes. Sin embargo, al crecer derribaron nuestra sagrada curiosidad. La gente económicamente más rica del planeta ha aislado su curiosidad de una sociedad aburrida, corriente y, con demasiada frecuencia, pesimista. Son estudiantes devotos. Están siempre leyendo (no sé cuántas veces he oído a un magnate decir: «Leo todo lo que me ponen delante»). Invierten con entusiasmo en asesores y guías. Asisten a cursos educativos y conferencias (a menudo se sientan en primera fila y toman notas con diligencia) y mejoran sus aptitudes sin cesar. Entienden que, cuanto mejor eres, más valor puedes ofrecer, y cuantas más obras maestras ofrezcas —al máximo número de gente posible—, más dinero ganarás (el dinero es solo las ganancias del mercado por los beneficios ofrecidos). Esto forma parte de lo que los hace grandes económicamente.

Rasgo n.º 5: Una marcada indiferencia hacia las opiniones de sus detractores

Puedes aspirar a caer bien a todos los que te rodean, o puedes prender fuego al mundo con tu genialidad. Dudo que puedas conseguir ambas cosas. Tal como mencionaba antes, las opiniones de los demás no son más que eso. No inviertas más poder en ellas. La opinión de otro es solo una afirmación sobre lo que considera posible basándose en su arraigado sistema de creencias y en sus experiencias pasadas. No es asunto tuyo, así que no permitas que sabotee tu éxito. Y no permitas que las percepciones limitadas (y la envidia) de quienes se sienten amenazados por tu luminosidad alquilen espacio (gratis) en tu mente, tu corazón y tu espíritu. Las viviendas son demasiado preciadas como para permitirles que las ocupen. Los iconos de la gran riqueza se niegan a que su ambición se vea limitada por creencias alimentadas por el miedo y la envidia. Son como caballos de carreras que han ganado el campeonato mundial y llevan anteojeras. Solo tienen la mirada puesta en su misión. Las distracciones no importan.

Rasgo n.º 6: Un compromiso extraordinario con la consistencia y la persistencia

Todos los productores de talla mundial son enormemente consistentes. Entienden el poder de lo mundano —repitiendo día tras día las mismas rutinas, rituales y métodos— para crear niveles sobrehumanos de productividad, valor e impacto. Sin duda, la consistencia es uno de los caminos más seguros para convertirse en una leyenda. Además, mis clientes con un valor

neto ultraalto también hacen gala de niveles inusuales de persistencia. Si los derribas, vuelven a levantarse. Si eriges un
muro, lo derribarán. Si les dices que no es posible superar
un problema, puede que no vuelvan a hablarte nunca más.
Cuando se encuentran con un rechazo, solo oyen un «sí» en
ciernes. Para esos seres humanos, el fracaso no es más que una
puerta hacia un éxito mayor. Son imparables, imbatibles e
inmortales. Siempre. En un acto que celebré hace unos años,
un participante —un joven maravilloso con una sonrisa que
podía iluminar un estadio entero— se acercó a mí al final de
aquel fin de semana. «Tengo que reconocértelo, Robin», dijo
a modo de cumplido. «Eres muy consistente». Yo tenía la
sensación de haber ofrecido contenidos de una inspiración
implacable, además de reflexiones de una riqueza inusual. ¿Lo
único que se le ocurrió fue «eres muy consistente»? Pero aquella noche, en la quietud de mi habitación de hotel, comprendí
a qué se refería. Era un célebre jugador de rugby universitario,
un deportista de élite, y había asistido a muchos de mis actos
en directo. Verme actuar al mismo nivel en todas las ocasiones,
respetando las mismas virtudes y siendo fiel a la misma filosofía era un signo de consistencia, el ADN de cualquier gran
deportista.

Rasgo n.º 7: Un gran amor por la victoria y por ser los mejores del mundo

A los ultraprósperos les encanta la sensación de progresar,
avanzar y traducir sus diseños apasionados en evidencias cotidianas. Muchos de ellos son exdeportistas. Su motivación para
ganar el título y conseguir el campeonato los ha ayudado a
instalar una obsesión por cosechar la victoria en el resto de
los demás ámbitos. Y no quieren ser solo medio buenos y
exitosos. Esos individuos necesitan ser los mejores del mundo.
(Nunca he olvidado una frase de la declaración de objetivos
de uno de nuestros clientes: «Nuestro compromiso es ser los
mejores en nuestra especialidad. Con diferencia»).

Rasgo n.º 8: Una capacidad bien entrenada para resistirse a los placeres inmediatos

Casi todos los multimillonarios con los que he trabajado poseen una disciplina personal extraordinaria. Su capacidad de autocontrol es prístina, hercúlea incluso. Conservan sus ambiciones éticas, sus planes refinados y sus grandes objetivos no solo cuando empiezan y están llenos de energía, sino también mucho después de que esa energía se haya convertido en la monotonía que conlleva el hacer cosas difíciles. Su obstinada perseverancia es maravillosa. Muchos de esos titanes financieros comen menos que la mayoría, se levantan al alba para empezar el día con ventaja, se preocupan mucho de su estado físico y viven sus días como si fueran una campaña militar calibrada con precisión. Y lo que es más importante, posponen los placeres fáciles, ya que entienden que gracias a la concentración, la paciencia, una ética de trabajo suprema y una firme dedicación, con el paso del tiempo cosecharán recompensas pequeñas y constantes por sus esfuerzos. A esta manera de ser la llamo «gradualidad sostenida». Las superestrellas de la economía juegan a largo plazo, mientras que los pesos ligeros quieren ganar al momento.

Rasgo n.º 9: Una habilidad adquirida para multiplicar la riqueza

La mayoría de las personas son consumidores. Compran cosas continuamente, a menudo cuando menos las necesitan. Eso llena un vacío emocional y una necesidad insatisfecha, lo que los hace felices durante un par de minutos, hasta que se dan cuenta de que ahora están más endeudados, y eso los hace infelices durante muchos años. Los héroes de la prosperidad son creadores. Crean las cosas que compra la mayoría de la gente. Además, a medida que crece su fortuna económica, hacen que su dinero trabaje por ellos mientras duermen, realizando inversiones inteligentes y evitando el bucle fatídico de la deuda inoperante. Por favor, no caigas en la trampa de pensar que el desarrollo de ingresos pasivos que con el tiempo se acumulan exponencialmente es la única manera de llegar a la riqueza de talla mundial. Me gustaría que prestaras atención a un término que no se utiliza muy a menudo: ingresos activos. Mis clientes gozan de una fortuna inusual porque se concentran en generar ingresos pasivos (donde hacen que su dinero trabaje por ellos en lugar de trabajar por su dinero y cambiar trabajo por salario) e ingresos activos (dinero ganado aportando abundantes oleadas de valor a su mercado).

Rasgo n.º 10: Rechazan estar con gente negativa

Los grandes visionarios protegen su energía optimista. Cada logro inspirador fue creado por un ser humano extremadamente inspirado. Si pierdes ese estado, perderás el fuego que hace real tu polvo de estrellas. Así pues, los maestros del dinero huyen como de la peste de quienes ponen excusas y se quejan. Prefieren pasar el tiempo con personas esperanzadas, creadores mundiales y otros fundadores de imperios.

Rasgo n.º 11: Una sensación casi infinita de responsabilidad sobre los logros

La víctima dice que la sociedad le debe una vida. Pide ayuda al gobierno y a sus familiares, y a cualquiera que esté dispuesto a escuchar su historia sobre lo difícil que es para él sobrevivir en un clima económico turbulento y lo complicado que es ganar. El líder visionario tiene poder humano para ejecutar sus aspiraciones y un sentido de la responsabilidad que le hace estar seguro de sus habilidades. Posee la sabiduría, el coraje y la creatividad necesarios para saber que el auténtico eje de poder de un ser humano plenamente vivo viene de dentro, nunca de una fuerza externa. He visto a esa gente negarse a comprar un número de lotería por lo que transmitiría ese acto a su yo más fuerte, el mensaje de que, para experimentar una gran riqueza, debería intervenir la suerte y de que el éxito no es consecuencia directa de sus acciones. Esas personas entienden que, cuanto más cumplas lo que te prometiste a ti mismo, más crecerá tu confianza para llevar a cabo empresas aún más difíciles, y que centrarte en tus prioridades, innovar más que los demás en tu especialidad, crear artículos y servicios inconfundibles y preciados, trabajar más que nadie a quien hayas conocido y hacerlo todo con gran integridad te llevará al Paseo de la Fama de la Prosperidad con mucha más facilidad de lo que lo haría esperar una limosna.

Rasgo n.º 12: Una aplicación del Paradigma Asimétrico de Riesgo-Recompensa (PARR)

PARR es un término que empleo para describir la práctica que ejercen los multimillonarios de invertir su perspicacia, energía y tiempo en oportunidades en las que los aspectos positivos son exponencialmente más grandes que los negativos. En otras palabras, las posibles recompensas no mantienen ninguna simetría o proporción con los riesgos si la empresa o inversión fracasa. Es un mito que los magnates sean temerarios estúpidos que siempre toman decisiones poco meditadas y lo hacen todo por inercia. No. Los ultrarricos suelen ser más conservadores, reflexivos y deliberados de lo que cabría esperar, y buscan empresas con posibles beneficios asombrosos sin necesidad de jugarse la camisa.

Rasgo n.º 13: Una forma inconformista de desplegar el capital

Por último, los multimillonarios a los que he asesorado gastan (y ven) el dinero de una manera muy distinta. A esto lo llamo «cálculos de inversión inconformistas». Básicamente, describe su capacidad inusual (aunque adquirida y desarrollada, no innata y regalada) para detectar valores ocultos. Con independencia de si sus activos están relacionados con acciones, arte, propiedades inmobiliarias o metales preciosos, ven un tesoro allá donde la multitud ve un fracaso.

Las estrellas de la abundancia son proféticas, miran hacia el futuro y llevan medallas de honor por adelantarse a su tiempo. Entienden que cuando los grandes medios de comunicación informan sobre una oportunidad económica, es demasiado tarde para actuar. De nuevo, su don para ver más allá y detectar hacia dónde irá el disco en lugar de ver dónde está ahora (al estilo del grande del hockey Wayne Gretzky) en realidad no es un don, sino el resultado de un estudio, una preparación, unas pruebas y un entrenamiento pacientes que la mayoría de la gente no está dispuesta a llevar a cabo.

Te dejaré con la filosofía de John D. Rockefeller, la persona más rica que jamás haya vivido si ajustamos su fortuna a la inflación:

> Creo en la dignidad del trabajo, ya sea mental o manual; que el mundo no le debe un sustento a nadie pero sí debe a todas las personas la oportunidad de ganarse la vida.
>
> Creo que el ahorro es esencial para una vida ordenada, y que la economía es un requisito fundamental para una buena estructura financiera, ya sea en el gobierno, en los negocios o en los asuntos personales.
>
> Creo que prestar un servicio útil es el deber de la humanidad y que solo en el fuego purificador del sacrificio se consume la escoria del egoísmo y se libera la grandeza del alma humana.
>
> Creo en un Dios omnisciente y omnibenevolente, lo llamemos como lo llamemos, y que la mayor realización, felicidad y utilidad de un individuo se dan cuando vive en armonía con la voluntad de Dios.
>
> Creo que el amor es lo más importante del mundo, que él por sí solo puede imponerse al odio, que la justicia triunfará sobre el poder.

P.D.: Para recibir la versión digital de *The Billionaire Blackbook*, un manual que sintetiza mis mejores ideas para crear una empresa de hipercrecimiento, acelerar tu fortuna económica y salvaguardar tu prosperidad en condiciones volátiles, visita *TheEverydayHeroManifesto.com/BillionaireBlackbook*.

60

Las 8 formas de riqueza

Uno de los cimientos filosóficos de mi metodología de orientación es un concepto transformador llamado «Las 8 formas de riqueza». Me gustaría ofrecértelo, ya que ha sido muy útil para mis clientes a la hora de organizar y orquestar una vida que verdaderamente puede considerarse de talla mundial.

Nuestra cultura nos enseña que solo se puede pensar en la riqueza de una forma: el dinero. Yo discrepo. Hay mucha gente con mucho dinero y poco más. Esas almas son ricas en bienes materiales, pero pobres en lo que respecta a la felicidad. Tienen liquidez económica, pero pobreza de positividad y escasez espiritual.

La FPL (felicidad, paz y libertad) es un millón de veces más valiosa que la FFA (fama, fortuna y aplausos), al menos como yo veo la vida. Hay ocho grandes dimensiones de riqueza en las que debes trabajar si te tomas en serio una vida de auténtica abundancia y verdaderas riquezas.

En un encargo de asesoramiento privado o al iniciar uno de mis grupos de orientación online, uno de los primeros pasos es hacer que cada cliente puntúe del uno al diez su actual rendimiento en cada uno de estos ocho ámbitos, siendo uno extremadamente bajo y diez de primera clase.

LAS 8 FORMAS DE RIQUEZA

Este ejercicio les brinda una potente valoración visual de cómo les va en cada uno de los campos de la auténtica riqueza. La claridad precede a la excelencia. No puedes solucionar un problema del que no eres consciente. Buena parte del rendimiento de élite y la creación de una vida hermosa consiste en generar intimidad con tus puntos ciegos y acabar con la hipnosis del autoengaño.

Si quieres realizar este ejercicio online y acceder a un vídeo de formación sobre las 8 formas de riqueza, visita *TheEvery dayHeroManifesto.com/The8FormsofWealth*.

De acuerdo. A continuación vamos a repasar juntos cada forma de riqueza:

Forma de riqueza n.º 1: Excelencia + Heroísmo sincero

Esta esfera representa tus progresos en lo relativo a conocer, reclamar y expresar tu naturaleza heroica. La excelencia personal consiste en calibrar tu disposición mental, purificar tu talento emocional, optimizar tu disposición física y mejorar la espiritual, maximizando así los 4 imperios interiores de los que he hablado antes. Instaura la práctica de realizar este trabajo esencial cada mañana mientras el resto del mundo duerme y verás grandes avances en tus imperios exteriores de creatividad, productividad, prosperidad y servicio público. Recuerda: el liderazgo, la grandeza y el impacto son un trabajo interior. Nunca te labrarás una vida exterior más alta, más fuerte y más noble que la que construyas dentro. Materializar tu mejor yo es una forma de riqueza real.

Forma de riqueza n.º 2: Bienestar físico + Longevidad

Esta dimensión de la vida tiene que ver con todos los aspectos de tu estado físico, incluyendo la salud mental, la energía personal, la resistencia, la capacidad para recuperarte con rapidez, la calidad de tu inmunidad, la higiene del sueño y la longevidad. Aportar el tiempo y los recursos necesarios para florecer en esta vertiente de tu vida tendrá sus costes, en eso estoy de acuerdo, pero las enfermedades (o la muerte) son aún más costosas.

Una salud espléndida es un elemento clave para una fortuna genuina. Invierte en ella (como cualquier inversor excelente), ya que los beneficios serán cien veces más grandes de lo que puedas imaginar. Como dicen los ancianos de una sabia tradición: «De jóvenes, estamos dispuestos a sacrificar toda nuestra salud por el bienestar económico, pero cuando nos hacemos viejos y sabios, estamos dispuestos a renunciar a toda esa riqueza incluso por un solo día de salud excelente».

Sí, la disposición física aparece en esta categoría pero también está relacionada con la forma de riqueza n.º 1. Lo hago intencionadamente, porque, aunque la salud forma parte del desarrollo personal, también merece un reino propio, así que conviértela en una gran prioridad al construir una vida de primera clase. Sin ella, no tienes nada.

Forma de riqueza n.º 3: Familia + Amistades

En sus últimas horas, nadie desearía haber pasado más tiempo con sus abogados, proveedores y compañeros de golf. No. Al final de nuestra vida todos esperamos estar rodeados de familiares y amigos a los que hayamos tratado bien, y que se sientan abrumados por su cariño y adoración hacia nosotros. En su ocaso, mucha gente siente un enorme arrepentimiento por no haber pasado tiempo suficiente con sus seres queridos. Si esa va a ser una prioridad al final, lo lógico es que la conviertas en algo esencial ahora mismo. Esto es especialmente cierto en lo tocante a los niños. Como padres, tenemos muy pocas oportunidades de mostrar un amor incondicional y de educar a nuestros hijos antes de que hagan su vida. Una vez que se agotan esas oportunidades, es difícil que vuelvan si no has realizado el trabajo para que esta importante relación sea profunda.

Forma de riqueza n.º 4: Oficio + Carrera profesional

Todo ser humano tiene la promesa de alcanzar elevados niveles de felicidad, significado y paz interior al adquirir aptitudes espléndidas en su trabajo para actuar en la cúspide de su poder, talento y capacidad. Pocas empresas ofrecen tanta satisfacción psíquica como ser un maestro en tu trabajo, ser el mejor del mundo (¡con diferencia!) en tu oficio, resolver problemas difíciles que enriquezcan a mucha gente y pasarlo fenomenal convirtiéndote en el productor que tu heroísmo interno te pide que seas. Invierte una gran energía en mejorar tu rendimiento en ese aspecto.

Piensa en tu devoción por maximizar tu oficio y la amplificación resultante de tu carrera profesional como una forma enorme de riqueza que merece una celebración (y un incremento).

Forma de riqueza n.º 5: Dinero + Valor neto

Sí, por supuesto, tus ingresos y tu valor neto (lo creas o no, hay gente que piensa que es lo mismo, pero son muy diferentes) son una forma de riqueza en tu vida.

Para conseguir un hermoso equilibrio vital, es fundamental tener dinero suficiente para crear recuerdos fantásticos para tu familia, cubrir sus necesidades (y las tuyas) y gozar de los frutos de tu trabajo comprando los bienes materiales (y experiencias) que colman tu corazón (y tu alma) de felicidad. En gran medida, el estrés obedece a una falta de prosperidad económica, y pueden hacerse muchas cosas buenas en el mundo cuando tienes una cantidad de dinero considerable.

Me encantaría que tuvieras en cuenta que uno de los mayores errores que comete la gente en su vida financiera (después de acumular demasiadas deudas y no practicar la norma demostrada pero normalmente incumplida de vivir dentro de sus posibilidades) es aumentar su estilo de vida cada vez que incrementan sus ingresos. Craso error. Si cada vez que ganas más dinero aumentas los gastos, nunca acumularás valor neto. Siempre estarás en la rueda de hámster.

También recomiendo que evites que te hipnotice la «seducción del lujo», la atracción psicológica de dejarse impresionar por los ingresos personales (o empresariales) en lugar de fijarse en los beneficios. Tus ingresos anuales y mensuales importan mucho menos que cuánto te queda para ahorrar e invertir una vez que cubres los gastos e impuestos. No confundas ingresos brutos con beneficios netos. Por favor, nunca.

Por último, en la forma de riqueza n.º 5 debes saber que el dinero no es malo. Eso solo lo dice la gente que no lo tiene para justificar su pobreza. La prosperidad puede traeros felicidad a ti y a los tuyos si la utilizas con sabiduría, entusiasmo, consideración y el ejercicio disciplinado de tu integridad.

Forma de riqueza n.º 6: Mentores + Gente influyente

Nos elevamos al nivel de nuestras conversaciones, asociaciones y relaciones. Tu círculo íntimo sin duda impulsa tu excelencia externa. La sexta forma de riqueza, por tanto, conlleva pasar más tiempo con gente cuya vida sueñas vivir. Gente que, por su manera de pensar, sentir, actuar y contribuir, te descubre una nueva manera de trabajar y vivir. Personas influyentes que, mediante su ejemplo, te animan a mostrar un mayor optimismo, excelencia, originalidad y decencia.

Y si te tomas en serio alcanzar la primera clase, cerciórate de que pasas tiempo con seres humanos que se comportan a un nivel tan alto que nunca serás capaz de darles alcance. Su ejemplo encenderá en tu vientre un fuego imposible de apagar y alimentará tu magnífico ascenso hacia la magia que quieres ser, esparciendo tu luz estelar por el universo. Si eres la persona más exitosa que conoces, quizá sea momento de conocer a gente nueva. Encontrar excepcionales modelos a imitar para que te orienten será un punto de inflexión total en tu vida. Te lo prometo.

Forma de riqueza n.º 7: Aventura + Estilo de vida

Los humanos somos especialmente felices cuando progresamos, exploramos y nos adentramos en los vívidos océanos azules de lugares, potenciales y empresas antes nunca imaginados que hacen volar nuestro espíritu. Tú y yo, en un nivel primario, somos nómadas. Somos viajeros, una especie de pioneros. Queremos aprender nuevas habilidades, vivir nuevas experiencias, descubrir culturas lejanas, convertir a desconocidos en amigos y movernos por la vida con ojos relucientes y corazón bailarín.

Para alcanzar un equilibrio vital óptimo, es importante inyectar un poco de «aventura institucionalizada» en tus semanas, ya sea una visita a una galería de arte, a la biblioteca o a un restaurante que ofrece comida que aún no has probado. Además, nutrir a tu explorador interno de forma periódica alimentará tu inspiración y mejorará tu creatividad.

La mejora en la forma de riqueza n.º 7 también conlleva un incremento sistemático de tu estilo de vida general. Comprometerte con crear un nivel de vida de primera clase es un objetivo espléndido. Piensa en la casa ideal en la que deseas vivir, en la calidad de las cosas materiales que posees, en el tiempo de renovación que quieres que despegue, en vivir en múltiples países que vigoricen tu arte (en lugar de comprar una segunda o tercera residencia que consuma capital y te haga sentir la obligación de pasar tiempo allí, plantéate el uso estratégico de grandes hoteles) y en el grado general en el que existes. Hacer algo cada semana para mejorar tu estilo de vida dará excelentes dividendos con el paso del tiempo.

Forma de riqueza n.º 8: Impacto + Aportación

Sé que estamos de acuerdo en que una vida que no hace mejor la vida de los demás es terriblemente vacía. Por tanto, adquiere el compromiso aún más diligente de invertir en esta última forma de riqueza, cerciorándote de que cada semana has planificado alguna actividad que mejorará tu utilidad y tu servicio público en gran o pequeña medida. De ese modo, cuando salgas al mundo, conocerás el honor y la dignidad de una vida vivida por ti mismo.

Eso es todo. Ya conoces el contexto de las 8 formas de riqueza para que experimentes una excelencia auténtica y duradera en tu vida en lugar de llegar al final de tus días y descubrir que pasaste tus mejores momentos escalando montañas que llevaban a las cumbres equivocadas. No debes vivir la vida que la sociedad moderna te vende como exitosa a la vez que ignoras lo que la sabiduría universal nos ha enseñado sobre una vida realmente maravillosa.

Compartir mis ideas sobre las múltiples formas de riqueza me ha recordado estas divertidas palabras del diario del gigante literario Henry James:

> Cuando uno cuenta con buena salud, fortuna, vive con la conciencia tranquila y no tiene ningún pariente incómodo, supongo que está obligado a considerarse exquisitamente feliz.

61

El algoritmo para una vida bien equilibrada

Por favor, ten en cuenta que este capítulo contiene información calibrada sobre mi proceso de planificación semanal. He hecho todo lo posible para que sea claro, y también he creado un vídeo didáctico que menciono al final de este capítulo. Durante años, me han pedido que comparta públicamente este procedimiento, así que lo haré aquí. Empecemos.

Ahora que sabes que en realidad hay ocho formas de riqueza (el dinero es solo una de ellas), me gustaría exponerte un método transformador que te ayudará a integrarlas en tu vida para que tus buenas intenciones se traduzcan en resultados espectaculares.

Este sistema es el que uso yo mismo para mi planificación semanal. Dicho proceso es una de las herramientas más valiosas que he utilizado para labrarme una vida creativa, productiva y útil. Para comprender a fondo la metodología de este capítulo y aprovechar todo su valor, visita *TheEverydayHero Manifesto.com/WeeklyDesignSystem* e imprime las hojas de trabajo tácticas para tenerlas delante. Además, deberías ver el vídeo que preparé minuciosamente para explicarte los ocho pasos del proceso de planificación. Así, lo que comparto aquí será más claro y mucho más beneficioso para ti.

Hay tres elementos fundamentales a la hora de planificar semanas de primera clase que sean a la vez inmensamente diligentes y equilibradas:

1. Las cosas que se programan son las cosas que se hacen.
2. Los planes difusos dan lugar a objetivos difusos.
3. Las semanas de primera clase pronto se convierten en los trimestres sensacionales que llevan a los años espectaculares que generan décadas sublimes.

Con estas ideas cruciales en mente, observemos el modelo de aprendizaje incluido a continuación. Este te ofrece una visión de alto nivel sobre el sistema y aumentará notablemente el calibre de tu rendimiento, felicidad y libertad interior.

EL SISTEMA DE DISEÑO SEMANAL

Cada domingo por la mañana me reservo una hora para planear la semana (como decía el novelista estadounidense Saul Bellow: «Un plan claro te ahorra el tormento de decidir»). Mi familia duerme profundamente, el barrio está en silencio, mis dispositivos se encuentran en un maravilloso modo llamado «apagado» y yo disfruto del gran lujo de la contemplación para pensar en lo más importante y pautar los siete días que tengo por delante para vivirlos de forma ideal (lo más idealmente posible en un mundo impredecible, por supuesto).

También cabe señalar que una de las mejores maneras de multiplicar tu disciplina y capacidad para ser consistente es ser muy muy bueno programando las semanas (y cumpliendo las pequeñas promesas diarias que has hecho).

Ahora repasemos cada paso del proceso:

Paso n.º 1: Sé macro + Conecta con tu visión

Tu punto de partida será mirar al futuro y pensar en qué habrás deseado que constituya tu vida y qué necesitas haber conseguido cuando seas mayor para sentirte satisfecho por haber sido fiel a tus ideales. Esto garantizará que la semana que tienes por delante sea estratégica en lugar de reactiva, intencionada en lugar de automática.

La primera vez que explico el sistema a un cliente, le pido que escriba su panegírico, cuatro párrafos que detallen lo que espera que digan de él sus familiares, amigos y compañeros cuando muera. Esto se basa en sus 5 grandes de la vida, un concepto que expliqué en el capítulo sobre la Pirámide de estrategias de máxima productividad. Luego les pido que anoten sus 10 grandes devociones diarias, hábitos y rutinas cotidianos que, al convertirse en algo habitual, les permiten trabajar a su máximo rendimiento.

Cada domingo por la mañana, con las mejores intenciones y una consciencia absoluta, revisan esos dos documentos con sinceridad para reconectar con lo que es más importante antes de empezar a trazar su proyecto para una semana ideal. Esto

EL ALGORITMO PARA UNA VIDA BIEN EQUILIBRADA 273

les permite visitar su faro personal para que los guíe con claridad. De nuevo, he incluido las hojas de trabajo que utilizo en mis orientaciones en la página digital mencionada al principio de este capítulo. También puedes escribir tu panegírico y tus 10 grandes devociones diarias en tu diario.

Por favor, haz lo que consideres correcto.

Paso n.º 2: Reflexión sobre tu historia semanal

A continuación, escribe una historia semanal que explique con detalle cómo has vivido cada día de la semana anterior. Cuando empieces a utilizar la plantilla de planificación semanal que forma parte de este método podrás llevar a cabo este paso con mucha más facilidad, porque contarás con una agenda clara de los últimos seis días. Por ahora, piensa en lo que hiciste cada día de la semana anterior, enumera los logros laborales, las sesiones deportivas, los periodos que pasaste aprendiendo, el tiempo que estuviste con familiares y amigos, etc.

Escribir tu historia semanal te aportará niveles sorprendentemente altos de conciencia sobre dónde estás ganando. Codificará de manera extraordinaria dónde fueron bien las cosas para que puedas repetir tu fórmula ganadora en la semana posterior (imagina la inspiración, energía y productividad que tendrás semana tras semana cuando hagas esto de forma sistemática). Y la práctica de evaluar toda la semana con sumo detalle identificará qué oportunidades de mejora están más a tu alcance. Con una mayor conciencia de cómo estás rindiendo, te sentirás animado a tomar las mejores decisiones diarias que garanticen mejores resultados cada día (recuerda mi hábito de comer brócoli y la fórmula del éxito en 3 pasos).

Paso n.º 3: Celebra tus momentos excepcionales de la semana

Una vez que empieces a utilizar la agenda de una página del Sistema de diseño semanal (te la ofrezco online), anotarás tres objetivos profesionales y tres resultados personales realmente excepcionales que te comprometerás a cumplir al final de la semana siguiente. En esta fase del proceso de planificación del domingo por la mañana, celebras la consecución de esos objetivos, escribiendo con pasión sobre cómo ha sido el proceso y cómo te sientes al haberlos completado.

Paso n.º 4: La puntuación y la medición semanal

Como puedes ver si has descargado la plantilla, se incluye un índice de medición para que puntúes del uno al diez la semana que acabas de vivir. Esto potenciará aún más tu conciencia sobre lo que está funcionando en tu vida (para que puedas reproducirlo y luego amplificarlo), y lo que hay que mejorar.

Paso n.º 5: Los momentos verdaderamente excepcionales de la semana que viene

En este punto del proceso de planificación semanal debes anotar los tres objetivos profesionales verdaderamente excepcionales que quieres conseguir durante la nueva semana para que resulte muy exitosa. En el aspecto profesional, estos podrían incluir acabar un proyecto creativo esencial, realizar una presentación de ventas perfecta y programar una noche libre de distracciones para estudiar un aspecto de tu profesión que mejorará tu experiencia en tu ámbito. Los elementos personales excepcionales de verdad podrían incluir cinco entrenamientos fuertes, meditar cuatro mañanas, tres comidas familiares con tu plena presencia y ningún dispositivo y tener el sábado hasta mediodía para ti solo.

Paso n.º 6: Mejores prácticas humanas y priorización

A continuación, debes consultar rápidamente el inventario de mejores prácticas en cada una de las 8 formas de riqueza que documentarás cuando crees por primera vez el sistema. Antes de que empiece la semana, esto te permitirá recordar los comportamientos de las ocho áreas clave con los que tu vida se desarrollará en su mejor versión.

Es una idea muy simple, ¿verdad? Para tener más éxito y felicidad, programa y realiza las actividades que la experiencia te ha demostrado que te reportarán éxito y felicidad. Por ejemplo, cuando hablamos de la forma de riqueza que es la excelencia, tu inventario podría incluir «levantarme a las cinco de la mañana y salir a correr», «aplicar el protocolo de 2 masajes», «una hora de oración en silencio», «un paseo de dos horas por la naturaleza», «un periodo de tres horas para leer y estudiar» y una «sesión de diario y planificación del futuro».

Realiza el mismo tipo de inventario para todas las demás formas de riqueza y contarás con una lista clara y potente de los mejores comportamientos en las partes primordiales de tu vida para programar tu plan de cara a los siete días posteriores.

Cada domingo, revísalo y selecciona uno, dos o puede que incluso tres de los objetivos de los inventarios de la forma de riqueza que desees mejorar y escribe lo que se te ha ocurrido en tu agenda impresa de una página. De este modo te asegurarás de que nunca pasas por alto actividades sumamente importantes porque has caído en la rutina de estar ocupado estando ocupado.

Paso n.º 7: Integración y crear tu plantilla (para una semana hermosa)

Utilizando la agenda de una página que comparto contigo en *TheEverydayHeroManifesto.com/Scheduler*, completa el calendario para la próxima semana. Esto es clave: documenta tus reuniones de trabajo y cada una de tus entregas profesionales. Anota también tus entrenos, paseos por la naturaleza, comidas familiares, sesiones de masaje y ratos de meditación, y todos los elementos personales que normalmente no figuran en la agenda de un productor de élite (y, por tanto, no se hacen). Esto garantiza que todo lo esencial entre en tu plan, no solo lo que necesitas para ser ultraproductivo, sino también para estar conectado con tu familia y encontrarte en forma, además de ser económicamente fuerte y espiritualmente seguro de ti mismo.

En la parte superior de la agenda hay un cuadro para los 3 elementos personales verdaderamente excepcionales y los 3 elementos profesionales verdaderamente excepcionales para que puedas prestarles toda tu atención a diario durante la semana posterior.

Esta es una muestra de una agenda mía en una página

Cuando finalizo una tarea durante el día, escribo al lado una V de victoria. Esto me anima, libera la energía del trabajo y potencia mi vigor. A menudo tomo micronotas junto a algo que acabo de conseguir para ser un poco más consciente de por qué ha funcionado. Otras veces, añado unas palabras sobre cómo me siento durante un bloque de tiempo en particular o una oportunidad de optimización. Todo esto pasa a formar parte de la historia que escribo en mi diario al final de la semana, mientras la reviso.

Paso n.º 8: Ejecuta + Vive la plantilla

El último paso del Sistema de diseño semanal es tomarte unos momentos cada mañana de la nueva semana para repasar tus elementos verdaderamente excepcionales y tu agenda escrita

—bloques de tiempo incluidos— para el día que tienes por delante. Esto fomentará la claridad y activará tu capacidad para decir no a las distracciones y votar sí solo a aquellos objetivos que te has prometido que cumplirías para conseguir la máxima productividad, rendimiento y equilibrio vital al trepar hacia las cumbres de tu objetivo de los 5 grandes de la vida.

¡Eso es todo! Este es el Sistema de diseño semanal para ejercitar sistemáticamente las semanas de primera clase que se convierten en tus meses de primera clase, después en trimestres, después en años y después en décadas que dan lugar a una vida de primera clase.

Cuanto más frecuentemente lo utilices, más fácil resultará la práctica y más grandes serán las recompensas que disfrutes.

Sé que este material ha sido denso y complicado, pero mi deber es ofrecerte la metodología que te ayudará a materializar tu genialidad. Felicidades por ser la clase de estudiante y peso pesado que adquiere información detallada en una cultura en la que muchos solo valoran lo fácil. Para ver mi vídeo de formación completo sobre el proceso, visita *TheEvery dayHeroManifesto.com/WeeklyPlanning*.

Ahora que nos acercamos al final de nuestro tiempo juntos, nos aguardan algunos capítulos más breves.

Una última cosa. Algunos clientes se preguntan si el Sistema de diseño semanal sofoca la espontaneidad. En realidad, el proceso te ofrecerá más tiempo libre del que has tenido en años para hacer cosas divertidas. Como me dijo alguien en una ocasión: «Deja que la planificación sea tu trampolín para que la espontaneidad pueda ser tu zambullida».

62

El código del «solo porque» para
los héroes de cada día

Un poco más de mi «poesía» para blindar tu optimismo y fortalecer tu fe en todas las bendiciones y las maravillas que el destino ha puesto en tu camino.

Solo porque tu pasado sea doloroso no significa que tu futuro no será milagroso.

Que no hicieras algo ayer no significa que no puedas conseguirlo hoy.

Que hace un tiempo no vieras una solución a un problema no significa que esa solución no esté en camino ahora mismo.

Que alguien rompa una promesa que te ha hecho no significa que tú no debas cumplir las que haces a los demás.

Que alguien cogiera más de lo que dio no significa que tú no debas ser majestuosa y poderosamente generoso.

Que una persona llegue siempre tarde no significa que tú no debas llegar puntual.

Que leer a diario no sea popular en un mundo de ciber-zombis no significa que tú no debas ser un amante de los libros toda tu vida y la persona con más conocimientos en tu campo.

Que alguien en quien confiabas te traicionara no significa que tú no debas ser de fiar.

Que un sueño que perseguiste acabara en una gran

decepción no significa que no debas seguir siendo un soñador feliz y un ferviente posibilista.

Que alguien a quien quieres no te trate con afecto no significa que no merezca tu amor. (Detrás de la ira siempre anida el dolor, y bajo un ataque siempre existe la tristeza).

Que mucha gente sea negativa y pesimista no significa que no debas apartarte del rebaño y ser un verdadero optimista que propague su magia para que todo el mundo la vea.

Que la educación impecable y los modales meticulosos escaseen no significa que tú no debas pertenecer a una raza única y ser la persona más considerada, sofisticada y digna de tu comunidad.

Que hacer un sobreesfuerzo ya no sea muy habitual no significa que no debas cumplir de manera poco común y mostrar una capacidad exquisita. Tu integridad exige que te niegues a participar u ofrecer algo mediocre, ¿verdad?

Que hayas cometido un error no significa que el respeto que te profesa la gente sea erróneo.

Que algunos seres humanos solo piensen en ellos mismos no significa que tú no debas defender el ayudar, prestar servicio y ser amable, con pocos límites.

Que tengas heridas que sanar y límites que disolver no significa que estés roto.

Que otra gente actualmente sea mejor que tú en una habilidad no significa que no puedas practicar hasta dominar ese ámbito y el virtuosismo en el mundo.

Que ahora mismo no tengas la vida que busca tu yo superior no significa que el destino vaya a negarte la maravillosa realidad de tus más altos anhelos.

Que poca gente sepa perdonar no significa que tú no debas dejar atrás viejos agravios y seguir adelante con lo que te entusiasma.

Que muchos de los que te rodean tengan demasiado miedo de ser plenamente humanos no significa que no haya valor en que ejemplifiques la grandeza y el afecto que son las moléculas que nos hacen a todos reales.

Que la vida sea un viaje relativamente corto no significa que no debas prepararte para estar aquí mucho tiempo y dejar tu magnífica huella.

63

La muerte te lleva a un hotel
de categoría superior

Tengo miedo en mi interior porque soy humano.

Me temblaba la voz de terror cuando me pidieron que hablara delante de diez personas en el laboratorio de biología de la universidad.

Cuando conozco a famosos, visito a un cliente nuevo o me interrogan los agentes de fronteras, suelo ponerme nervioso (he oído que solo los delincuentes están tranquilos delante de este último grupo).

Como persona introvertida, me siento incómodo en actos sociales como bodas, cumpleaños y —la sala de tortura definitiva— cenas.

Sí, me he formado para hablar delante de una audiencia numerosa y relajarme en situaciones públicas intensas (como también puedes hacer tú), pero no es mi fuerte. Solo estoy siendo honesto.

Pero si hay algo que nunca me ha asustado en absoluto es morirme.

Hace poco mantuve una conversación sobre la muerte con un buen amigo.

Estuvo contándome que dedica un montón de tiempo a pensar cómo será su final. Al parecer, le preocupa cómo ocurrirá, cómo será la experiencia y si unas arpas tocarán música clásica estridente al otro lado.

En mi caso, en realidad estoy deseando morir, si no te importa que lo diga.

Que quede claro: amo la vida intensa e inmensamente y me lo estoy pasando fenomenal.

Vivo por mi familia.

Adoro mi profesión y el privilegio de servir. Ahora mismo se me llenan los ojos de lágrimas mientras escribo esto y pienso en cómo me tratan mis lectores. No sé si me lo merezco, pero gracias.

Me siento bendecido de tener amigos tan maravillosos que me hacen pensar, reír y, en ocasiones, comer demasiado *cacio e pepe*.

Me encantan las pilas de libros que hechizan las habitaciones de nuestro hogar, mis paseos con mi bicicleta de montaña, mis frecuentes viajes a lugares que amo, entre ellos Roma, Alba, Mauricio, Puglia, TriBeCa, Franschhoek, Zúrich, Londres, Dubái y Bombay.

Estoy más que agradecido por las giras de liderazgo que he realizado por todo el mundo, los clientes increíbles con los que tengo la suerte de trabajar, las comidas sublimes que he disfrutado y los gloriosos amaneceres que mis ojos envejecidos han podido presenciar.

Todo eso está bien, es muy divertido. A menudo es estimulante, pero no necesito nada de eso. Ya no me siento apegado. No me identifico con ello, lo cual significa que no lo necesito para mejorar mi autoestima y tener una sensación de poder real.

Debes estar en el mundo, pero nunca pertenecer a él, ¿verdad?

Entiendo que la vida es un viaje pasajero y que acaba demasiado pronto. Y que cada día en la Tierra (incluso con sus inevitables tragedias) es un don muy preciado y perfecto.

Sin embargo, no me preocupa irme, porque creo sinceramente que, cuando nuestros cuerpos se convierten en polvo, nuestra verdadera esencia continúa. Nuestro yo más elevado, sabio, fuerte, imbatible, noble, eterno y omnibenevolente —nuestra alma— regresa a su origen y avanza hacia el infinito.

Y no creo que ese lugar al que vuelve —o, para ser más exactos, en el que se sumerge de manera más completa— sea un mal lugar que debamos temer, con hogueras y malvados gobernantes del submundo agitando sus tridentes a los ángeles e insultando a los santos.

No, en absoluto.

Creo que, después de morir, simplemente volvemos a la luz, a un estado del ser que es creatividad completa, verdad total, alegría épica y amor ilimitado.

Y un lugar con un café espléndido.

Vale. A lo mejor con lo del café me he pasado.

Pero, por favor, permíteme ofrecerte esta diatriba filosófica de otra manera.

Es como si, al realizar nuestra travesía por la Tierra, nos hospedáramos en un hotel de tres estrellas, o tal vez cuatro.

Entonces morimos. En realidad, no sucede nada trágico; subimos de categoría a un alojamiento de cinco estrellas.

El lugar anterior estaba bien, pero el nuevo te dejará alucinado.

¿Por qué ibas a resistirte a la transición cuando es a un destino aún mejor?

64

Por qué Aristóteles dormía en el suelo

Uno de mis confidentes es también uno de los autores más vendidos del mundo. No me refiero a los que venden unos cuantos millones de ejemplares. Me refiero a unas ventas realmente fenomenales (sí, más de cien millones de ejemplares).

Una noche, mientras celebrábamos una cena especial en un pequeño pueblo de Europa en el que se había recluido, me contó una cosa que aún guardo en la memoria.

El escritor me explicó que sus extraordinarios logros traen consigo la tendencia a parar, aceptar los límites actuales de su profesión y ponerse a la defensiva para proteger su éxito en lugar de seguir a la ofensiva para ser aún mejor. Ha conseguido más en su profesión de lo que conseguirá nunca la mayoría, así que existe una fuerte atracción por dormirse en los laureles y no hacer mucho más. No necesita nada y le queda poco por demostrar.

No obstante, entiende que nada fracasa tanto como el éxito y que los creadores de historias siempre protegen la pasión que tenían cuando eran aficionados. La clave del maestro es que nunca se considera un maestro. Las leyendas nunca dejan de intentar dominar su género, de liderar su especialidad y ser tan buenos que puedan operar en una órbita totalmente distinta a los demás. El gran golfista Bobby Jones, al ver a Jack Nicklaus demostrar su genialidad en el Masters, dijo: «Juega a algo que yo desconozco».

El principal motivo para seguir intentando mejorar —aun estando en lo más alto— no es lograr más fama, fortuna y adulación. Es experimentar un crecimiento personal aún mayor, trabar más amistad con tus talentos invisibles y mejorar tu carácter animándote a producir aún más joyas a la vez que sirves diligentemente a los susurros de tu yo espiritual más supremo (sí, creo que un comportamiento de primera clase es un enorme ejercicio espiritual, ya que puedes homenajear a la fuerza que domina el mundo a la vez que enriqueces a tus hermanos y hermanas de este planeta).

Adivina qué hizo mi amigo.

Reservó una habitación de larga estancia en un motel muy barato (no un hotel) y empezó a escribir su siguiente best seller monumental e influyente.

Se obligó a alejarse de los lujos y las comodidades de su vida cotidiana para regresar a lo esencial, volver a pisar tierra firme y ponerse en situaciones difíciles, porque la lucha es una fuente profunda de originalidad y las limitaciones nos hacen mucho más fuertes.

Este reverenciado (y muy rico) autor vivió en una habitación de motel barata un año entero y escribió el mejor libro de su carrera.

He leído que Aristóteles dormía en un suelo de piedra cada pocas semanas para mantenerse firme, sensato, ágil y humilde.

También he leído que los jóvenes espartanos se entrenaban en climatologías frías con solo una túnica y sandalias para prepararse de cara a las brutales tribulaciones a las que harían frente en la guerra. Cuando se dirigían a la batalla, sus madres recitaban: «Vuelve victorioso o muerto sobre tu escudo. De lo contrario, no vuelvas».

Nos hemos convertido en la cultura de los que salen magullados con demasiada facilidad, de los terriblemente delicados y débiles. Nos hemos convertido en una sociedad de débiles, quisquillosos y hedonistas que solo buscan lo fácil, el placer y el lujo a cada momento del día.

Sin embargo, hacer un trabajo imponente que resista el paso del tiempo y construya una vida de la que siempre estés orgulloso exige que te pongas en situaciones complicadas y te obligues a hacer cosas difíciles para que la lucha te muestre tu fortaleza, tu confianza y tu brillantez internas.

Me encantan estas palabras del filósofo estoico Epicteto: «Pues ni el toro ni el hombre de nobleza se hacen de repente, sino que han de mantenerse en forma durante el invierno, han de prepararse y no precipitarse imprudentes hacia lo que no conviene en absoluto».

Hago todo lo posible por vivir el mensaje de la austeridad voluntaria que estoy fomentando en este capítulo, obligándome siempre a probar cosas nuevas, a aprovechar nuevas oportunidades, a cuestionar mis fórmulas ganadoras, a levantarme aún más temprano, a ayunar aún más tiempo y a ejercitarme aún más duro. Esforzarme y crecer de forma constante es la única vía para evitar la obsolescencia y la apatía que me mandarán prematuramente a la tumba.

En Hollywood tienen una expresión en la que pienso a menudo: *jump the shark*,* que se utiliza como recordatorio de que nunca debes dar el éxito por sentado. Me gustaría contarte un poco más al respecto.

Hace muchos años había una serie de televisión muy popular titulada *Días felices*. El increíble protagonista de esta telecomedia (interpretado por Henry Winkler) era un chico malo llamado Arthur Fonzarelli, conocido como Fonzie o simplemente «e Fonz». Millones de personas veían cada episodio semanal y la serie se convirtió en todo un fenómeno (a mí me encantaba y, para demostrarlo, tenía incluso una cazadora de piel negra falsa como la de Fonzie).

---

* Literalmente «saltar el tiburón». Hace referencia a una maniobra, por lo general infructuosa, para recuperar la popularidad perdida, especialmente en relación con programas y series de televisión. *(N. de los T.)*.

En la cúspide del éxito de la serie sucedió algo.

Las tramas dejaron de ser tan rigurosas y la fascinación de las historias empezó a flaquear. Los diálogos se volvieron repetitivos y monótonos, y muchas ideas antes imaginativas resultaban deslucidas.

Yo supongo que, después de muchas temporadas en la cumbre de la televisión, algunos actores muy bien pagados se aburrieron y los guionistas pusieron el piloto automático por miedo a probar algo imaginativo que pudiera hacerlos caer de bruces. La singularidad que en su día asombraba a los espectadores simplemente se esfumó.

En un episodio, la premisa parecía calculada para atraer la atención: Fonzie iba a ponerse unos esquís acuáticos y a saltar por encima de un tiburón. Cuesta creerlo, ¿verdad?

A pesar de que Fonz logró ese hito, «saltar el tiburón» se convirtió en un término utilizado en el mundo del espectáculo cuando una serie ha entrado en su ocaso. Se usa como advertencia para desafiar a los creativos y evitar que recurran a artimañas para despertar interés por su producto cuando se han vuelto demasiado cómodos para pasar al siguiente nivel de innovación. En definitiva, que la protección del éxito que has generado no te impida seguir creciendo y corriendo los riesgos que te harán ganar aún más.

Destruye tu fórmula ganadora
igual que Miles Davis

Anoche vi un documental sobre Miles Davis, el peso pesado del jazz. Te habría encantado.

Aprendí cosas.

Miles Davis se crio en una familia rica, pero sufrió prejuicios raciales, cosa que me dolió descubrir.

Tocó con virtuosos como Charlie Parker y Duke Ellington, e imitó su estilo hasta que adquirió la valentía para romper el *statu quo* y la determinación para crear una forma totalmente nueva de tocar.

Le encantaban los Ferrari, los trajes a medida y otras atracciones de una vida lujosa, y acabó siendo adicto al alcohol, la heroína y la cocaína.

Le interesaban muy poco las opiniones ajenas y parecía ser casi totalmente fiel a sí mismo. (¡Qué inusual e importante es esto!)

Desde que se despertaba hasta que se iba a dormir, pensaba sobre todo en una cosa: la música. No importaba nada más. De verdad.

Sin embargo, lo que destaca de este gigante de la trompeta, que falleció de una embolia a los setenta y cinco años, es su obstinada negativa a repetir su fórmula ganadora.

Miles Davis revolucionó el sonido del jazz en el disco *Kind of Blue*, con sus melodías cautivadoras y su belleza etérea.

Más tarde, cuando a finales de los años setenta aparecieron el rock y el funk, cambió de marcha de pronto, se deshizo de sus trajes a medida y entró en una nueva fase *glam* (con grandes gafas de sol al estilo de Jackie Onassis, camisas estampadas y pantalones elásticos de cuero).

Con *Bitches Brew*, un disco que el guitarrista John McLaughlin describió como un «Picasso sonoro», hizo gala de un estilo revolucionario (y rebelde) rayano en lo psicodélico.

Entonces llegaron sus experimentos con la música electrónica, que produjeron formas de jazz completamente nuevas.

En una escena del documental, el hijo de Miles Davis desvelaba que su padre nunca tenía en casa sus viejos discos. No le interesaba lo que había hecho antes, solo lo que le ocupaba en aquel momento. Le fascinaba mucho más innovar, explorar fronteras nuevas y buscar la expansión artística que siempre vive al otro lado de lo normal, lo aceptable y lo comercialmente viable.

Según destacaba uno de los músicos de su banda: «No quería que tocáramos lo que sabíamos. Quería que tocáramos lo que no sabíamos».

Así pues, tanto Davis como ellos se mantuvieron siempre a la vanguardia y dieron con un estilo rompedor que seguiría siendo moderno, relevante e inspirador en un futuro espléndidamente colorido.

66

El artista antifrágil del traje púrpura brillante

El concepto «antifrágil» de Nassim Taleb, que hace referencia a la capacidad para ser más fuerte ante una gran alteración, identifica al guerrero y al poeta que hay en mí.

En mis oraciones y meditaciones, y cuando escribo en mi diario, practico mucho para convertirme en la clase de fuerza creativa y el ser humano que es más resuelto y valeroso cuanto más difíciles y caóticas son las cosas.

Conocer el triunfo en medio de turbulencias es conseguir un logro ilimitado.

Lo cual me lleva a un cuadro que tengo delante en el despacho de casa.

Me lo regaló un lector muy generoso que dijo que mi trabajo lo había ayudado. Y estoy agradecido por el regalo.

Lo coloqué allí para mirarlo cuando empiezo a escribir por la mañana y cuando me voy al final del día.

Para que me recuerde lo que hacen los artistas de verdad y cómo se comporta la gente realmente excepcional.

La imagen es de Gord Downie, el cantante solista de un grupo llamado The Tragically Hip, uno de los mejores grupos de rock de todos los tiempos (aunque no son muy conocidos a nivel internacional).

Los he visto en directo cuatro veces, incluyendo una experiencia casi religiosa en el Fillmore de San Francisco y su último concierto en Kingston, Canadá, su ciudad de origen.

Mi hija y mi hijo estaban sentados a mi lado, levantando el puño, con los ojos abiertos como platos en una noche para recordar. La experiencia también fue un poco trágica. Permíteme explicarte por qué.

Un símbolo de excelencia que me inspira a diario

Downie era una celebridad de otro mundo. Su capacidad para componer y cantar era magnífica y vibrante, y su manera de moverse no se parecía a la de ningún otro solista que yo haya visto jamás. Incluso en su mejor versión, Jagger solo se le acercaba un poco.

Una auténtica estrella del rock en el Fillmore

Gord Downie era un artista que hipnotizaba al público creando hechizos sobre el escenario y canalizando a leyendas perdidas como pocos lo han hecho. Los asistentes a sus espectáculos sostenían pancartas que decían «Creemos en Gord», y millones de personas lo hacían de veras.

Entonces todo cambió, como siempre ocurre en la vida.

Un mes de diciembre, Downie estaba en Kingston para pasar la Navidad cuando se desplomó en una calle muy transitada y empezó a sufrir convulsiones delante de los estupefactos transeúntes.

Después de numerosas pruebas, su médico anunció en una sala de prensa abarrotada que el músico padecía una forma rara de cáncer de cerebro conocida como glioblastoma. El pronóstico era que la enfermedad era terminal.

Le aconsejaron que redujera su actividad, que se despidiera y que no volviera a salir nunca más de gira con el grupo que tanto amaba.

Pero Downie era antifrágil, así que continuó.

The Hip —como los conoce afectuosamente su legión de seguidores— iniciaron su última serie de actuaciones para ofrecer su amor a quienes los habían apoyado durante tanto tiempo. Hicieron sombreros de copa, deslumbrantes camisas y trajes de lentejuelas púrpuras para que los luciera la estrella durante la gira. En cada concierto había personal de emergencias médicas.

Teniendo en cuenta la enfermedad que padecía, al grupo le preocupaba que su solista sufriera convulsiones en el escenario o que no tuviera energía para terminar los conciertos por culpa de sus agotadores tratamientos de quimioterapia.

Y sin embargo hay algo extraordinario que creo que debo mencionar: a medida que se celebraban los conciertos, Gord Downie se hacía más fuerte. Mientras la gira iba de una ciudad a otra, su electricidad se intensificaba, su carisma iba en aumento y su magia se amplificaba.

El último concierto, que fue emitido en directo por la televisión nacional y visto por casi doce millones de personas, fue resumido en un tuit del Departamento de Policía de Toronto que decía: «Querido mundo, notificamos que Canadá permanecerá cerrado esta noche a las 20.30».

Como he dicho, mis hijos y yo asistimos a ese concierto. Lanzamos vítores, aplaudimos, bailamos y lloramos. Todos los presentes en la sala de conciertos sabían que Downie se estaba muriendo.

Mientras participaba en una conferencia sobre liderazgo celebrada en Montenegro un año después, un amigo me envió un mensaje. Cuando el sol se ponía sobre el Adriático, yo estaba sentado en la terraza de una cabaña que antes formaba parte de un pueblo pesquero, y leí que Gord Downie, el artista antifrágil con el traje púrpura brillante, se había ido a un lugar mejor.

67

La teoría de mantener vivo tu fuego
para una vida audaz

Estoy escribiendo este capítulo para ti a primera hora de la mañana. La oscuridad envuelve nuestro hogar y encima del escritorio de madera tengo un té de menta fresca junto al montón de papeles del manuscrito. Suena «Roads», de Portishead, y reina un ambiente agradable.

Si estuvieras aquí conmigo te encantaría.

En la quietud antes del alba, reflexiono acerca del fuego furioso que llevaban dentro tantas almas bondadosas para cumplir sus deseos sagrados y materializar sus anhelos heroicos antes de que un mundo de facturas por pagar, deudas que saldar y obligaciones que atender convirtiera las llamas de posibilidades en brasas de oportunidades perdidas.

Debes saber que la incomodidad del crecimiento siempre es menor que el dolor del arrepentimiento.

Esto me hace pensar en las palabras de Ayn Rand:

> No permitas que se apague tu fuego, una chispa irreemplazable tras otra, en las ciénagas desesperanzadas del no del todo, del todavía no, del no en absoluto. No permitas que el héroe de tu alma perezca en la frustración solitaria por la vida que merecías pero nunca has podido alcanzar. Puedes conquistar el mundo que deseabas. Existe. Es real. Es posible. Es tuyo.

Así pues, cuando persigas el propósito de tu vida para hacer realidad tus sueños y tus emociones, no permitas que el fervor enérgico que es crucial para tu vivacidad se vea asfixiado por las responsabilidades de tu vida adulta.

Y en una civilización de seres humanos que viven los mejores años de su vida como sonámbulos, alimenta la majestuosidad de tu audacia aspirando siempre a lo que el rebaño asegura que es imposible.

68

Cómo trabajan los poderosos

La manera de trabajar de la mayoría de la gente se remonta a épocas ancestrales.

La idea de que trabajar más horas y con más ahínco te hace más productivo y mejor está anticuada, y es profundamente errónea. Proviene de una época en la que la mayoría de los trabajadores formaban parte de una cadena de producción y, al invertir más tiempo, creaban más productos. La productividad estaba vinculada al número de horas que pasaban en su actividad.

Pero ahora vivimos en un periodo muy distinto. La Era de la Fábrica se ha convertido en la Economía de la Excelencia. Como trabajadores cognitivos y líderes creativos, a ti y a mí no nos recompensan por las horas que pasamos en una cadena de montaje, sino por la riqueza, el impacto y la mágica experiencia que nuestras creaciones brindan a otros (sí, tu negocio es ayudar a los seres humanos a participar en la magia). Los pesos pesados que envían obras maestras al mercado son los que más dinero, elogios, libertad vital y satisfacción espiritual reciben.

Este es el principal argumento que intento plantear a cualquiera que participe del negocio de crear arte indiscutible: trabajar más casi siempre produce menos.

Sin embargo, es la inusual estirpe del trabajador moderno la que comprende esta verdad fundamental (y transformadora), y quien luego reserva tiempo para rendir a una intensidad increíble cuando crea, y más tarde se recupera asombrosamente cuando no trabaja.

Esta es la máxima sobre la cual quiero que medites: los productores legendarios son profesionales del descanso.

La gente que es capaz de llevar a cabo un trabajo extraordinario de manera sistemática es la que supera en concentración, imaginación y rendimiento a todos los que le rodean. Cuando trabajan, lo hacen de verdad (en lugar de jugar con sus dispositivos, charlar con sus amigos y comprar por internet zapatos, camisas y vacaciones en lugares exóticos).

Y cuando han expresado su excelencia en un arrebato de gloria colosal, desaparecen.

Sí, se convierten en fantasmas. No están disponibles. Se hacen invisibles.

Se regeneran. Se reabastecen. Se renuevan. Leen. Pasean. Mejoran en la cocina, ven grandes películas y se divierten con su familia. Y duermen la siesta (que es mi arma secreta).

Esta es la manera estacional o cíclica de pasar un día, después una semana, un mes y por fin años, en los que trabajas con tu máxima pasión y luego te retiras para recuperarte plenamente y devolver tus activos de genialidad a su máxima capacidad para otra ronda excelente de trabajo creativo, concentrado e inspirado.

Esa manera de actuar es inusual y contradictoria teniendo en cuenta que hemos sido programados socialmente para pensar en la productividad. Nuestra cultura nos enseña a avergonzarnos si no caemos en el «ajetreo y la rutina» trabajando buena parte del día. Pero hacer eso nos deja agotados, malhumorados y vacíos. Erosiona nuestra energía. Esta dinámica te deja sin entusiasmo, que es absolutamente necesario para realizar un trabajo superior al de tus compañeros y que deje tu huella sincera en la historia.

No me gusta la mentalidad del «ajetreo y la rutina», porque es insostenible a lo largo de toda una carrera profesional (o incluso durante un trimestre). Creo que, con frecuencia, el exceso de trabajo es inseguridad disfrazada de productividad y bravuconería de cara a los demás.

«Hay un momento para muchas palabras y también lo hay para dormir», escribió Homero en la *Odisea*.

Por tanto, recuerda que el secreto para producir más trabajo de primera es trabajar mucho menos. Combina periodos de máxima intensidad con ciclos de auténtica recuperación para que, en las horas que sí produzcas, vea la luz hasta el último resquicio de tu destreza.

69

Las pequeñas cosas son las grandes cosas

El dolor me atenaza mientras escribo este capítulo para ti.

No es un dolor grave y brutal.

No, gracias a Dios.

Es mucho más leve.

No sé cómo, pero ayer entró en mi dormitorio un pequeño insecto y se alimentó de mí (probablemente con bastante alegría) buena parte de la noche.

El resultado son unas hinchazones rojas en los lugares en los que el bicho intruso hizo su trabajo sobre mi cuerpo incauto.

Esta mañana, al meterme en la ducha, he pensado en lo que dijo una vez Anita Roddick, la fundadora de The Body Shop: «Si crees que eres demasiado pequeño para causar impacto, prueba a acostarte con un mosquito».

Las cosas pequeñas pueden tener consecuencias desmesuradas.

De hecho, he descubierto que, en muchos sentidos, las pequeñas cosas son las grandes cosas.

Esforzarte en los microdetalles de tu gran logro otros seis meses cuando crees que ya está casi terminado es lo que te convertirá en un maestro (y te procurará un karma excepcional).

Comer de un modo que garantice microvictorias en tu plan nutricional garantiza una mejora exponencial de tu salud con el paso del tiempo.

Escribir una nota de agradecimiento al cocinero de un restaurante que te ha gustado o a un proveedor de servicios que ha hecho de más por ti de lo que estaba obligado a hacer es un acto pequeño con grandes beneficios.

Reservar tiempo para reflexionar sobre la estrategia que ha convertido tu negocio en un éxito y luego confeccionar gráficas de batalla para acelerar la innovación, crear valor y ofrecer servicio público no es la acción más extraordinaria, pero cumplir lo que has planeado podría cambiar el mundo.

Realizar pequeños actos de disciplina como madrugar, ser amable en todo momento, no faltar a los entrenamientos y cumplir todas tus promesas pueden parecer cosas insignificantes, pero toda acción tiene consecuencias, y hacer esas pequeñas cosas propicia un liderazgo y un éxito extraordinarios cuando se producen a lo largo de toda tu vida.

Así pues, recuerda el tatuaje mental que he enseñado durante las últimas décadas y reforzado a lo largo de todo este libro, porque es esencial para tu heroísmo de cada día: las mejoras pequeñas, diarias y aparentemente insignificantes, cuando se hacen de manera sistemática, conducen a resultados asombrosos.

Y recuerda cerrar todas las ventanas y las puertas antes de acostarte.

70

Conviértete en un atleta creativo

No te pongas en forma solo por tener buen aspecto. Ponte fuerte para levantar el mundo.

Ponte físicamente fuerte para tener más concentración, para ensalzar tu energía cuando te sientes a crear, para vigorizar tu cuerpo y maximizar así tu capacidad para generar las grandes ideas que resuelven problemas.

Haz ejercicio con regularidad para convertirte en mejor artista. Entrena más fuerte para convertirte en mejor líder y permanece más tiempo en la cinta de correr para que puedas ser un creador de movimientos.

En mi vida he descubierto que existe una relación directa y profunda entre el nivel de mi disposición física y la calidad de mi trabajo.

Cuando me hallo en excelentes condiciones, entrenando duro, comiendo bien, ayunando a menudo, hidratándome adecuadamente y descansando con inteligencia, produzco mi mejor trabajo. Mi cerebro está más lúcido, me siento más feliz (tu estado de ánimo afecta en gran medida a tu rendimiento), puedo sentarme muchas más horas a mi escritorio, inmerso en un estado fluido, y tengo acceso a mucha más fuerza de voluntad (para que no me apetezca consultar mis redes sociales en lugar de escribir un apartado técnicamente exigente al que he estado resistiéndome).

Mejorar tu estado físico te proporcionará más dinero (porque podrás aumentar tu productividad), te ayudará a ser más paciente, pacífico y afectuoso cuando estés con tu familia (gracias a la mejora de la neuroquímica que fomenta el ejercicio) y aumentará tu sentido de la sorpresa y la vivacidad.

Por tanto, mi consejo, afectuoso pero firme, es que te pongas en forma para lanzar poesía al universo, ver hasta dónde puedes llegar y hacer que la vida de los demás sea un poco (o mucho) mejor gracias al polvo de estrellas que has compartido, a la vez que optimizas tu experiencia de vida.

Sí, conviértete en un deportista creativo, pero no solo para tener unos abdominales y unos glúteos más marcados, sino para construir una civilización mejor.

71
Cómo lo hacen los superproductores

En uno de los estudios más fascinantes jamás realizados en el terreno de la psicología social, ocho septuagenarios fueron conducidos a un monasterio que los investigadores habían reconvertido con sumo cuidado para conseguir el aspecto que habría tenido veintidós años antes.

Al inicio del experimento, cuando los hombres entraron en el edificio, algunos iban encorvados, mientras que otros utilizaban bastón. Sonaba música de otra época, en las estanterías había revistas y libros de esos años, además de objetos perfectamente organizados para que pareciera que los participantes habían dado un salto en el tiempo.

La líder del estudio, Ellen Langer, una innovadora profesora de Harvard actualmente considerada la madre de la psicología positiva, les pidió que pensaran, sintieran, hablaran y actuaran como si fueran su yo de veintidós años antes. Les indicaron que habitaran ese periodo anterior como si de verdad estuvieran allí.

Después de cinco días en el monasterio, se analizaron varios biomarcadores de edad. Para su sorpresa, los hombres parecían más jóvenes, estaban físicamente más flexibles, demostraron mejoría en la destreza manual e incluso tenían mejor visión. Mientras esperaban la furgoneta que los llevaría de vuelta a casa, participaron en un intenso partido de fútbol en el que gritaron como adolescentes.

Al estudiar los resultados de este asombroso ensayo, Langer concluyó que la ilusión que se había creado cuando los participantes entraron en su yo más joven provocó una renovación de sus percepciones e identidades. En lugar de creerse los sesgos culturales (y el lavado de cerebro social) sobre cómo debía comportarse un septuagenario, destruyeron esa historia y rejuvenecieron, porque se veían de otra manera.

Para mí, este es un ejemplo trascendental de cómo reordenar tu identidad transformará tu capacidad para expresar tu excelencia y un modelo fantástico de cómo tu historia personal sobre tu capacidad determinará lo bien que manifiestes tu potencial. Los seres humanos nunca se comportan de una manera que no coincida con su percepción de sí mismos. Es así.

Si no te ves como una persona que posee lo necesario para conseguir resultados de primera clase, ni siquiera empezarás a hacer el trabajo que requiere conseguir dichos resultados. ¿Qué sentido tendría?

Si no crees que tienes lo necesario para ejecutar tu empresa visionaria, no buscarás la orientación, no invertirás en el aprendizaje ni darás todos los pasos necesarios para hacer realidad tu fantasía, porque en tu mente y en tu corazón ya hay escrito un desenlace negativo.

Si no crees que tienes poder para moldear nuestro mundo e influir en tu destino, no protegerás el medio ambiente, no tratarás bien a los desconocidos y no ayudarás a los menos afortunados, porque has instalado la conclusión predeterminada de que no eres importante y las estrellas gobiernan tu destino.

Esta manera de actuar —tienes que saberlo—crea una profecía que se cumple inevitablemente.

Tu percepción sobre tu capacidad crea tu realidad de forma activa. Los falsos programas psicológicos, emocionales, físicos y espirituales son las mismas barreras que te impiden entrar en la autopista que conduce a tus mayores deseos. Cualquier fe a tiempo parcial en tu grandeza da lugar a los resultados a tiempo parcial que te hacen sentirte aún menos seguro de ti mismo.

Esto me lleva a cómo hacen lo que hacen los superproductores.

Aunque creemos ver la realidad cada día, lo que vemos es nuestra percepción de ella. Procesamos lo que está fuera de nosotros —todos los acontecimientos, condiciones y experiencias— a través de nuestro filtro único, de nuestra lente personal. Es una especie de vitral, por utilizar el término del mitólogo Joseph Campbell.

Este filtro ha sido construido a lo largo de tu vida por lo que en mi metodología de orientación denomino las 5 herramientas creativas. Si las perfeccionas y optimizas, rediseñarás tu narrativa personal sobre cómo funciona la vida y tu capacidad para producir resultados increíbles en ella. Rehaz y pule tu historia personal y empezarás a percibir un nuevo mundo que la mayoría casi nunca ve, lo que los deja estancados en el pesimismo, la escasez y una inseguridad permanente y casi nunca les permite divisar el océano de posibilidades y oportunidades que tienen delante de sus narices.

Mejora sistemáticamente tu identidad para que tu comportamiento esté a la altura de tu nueva comprensión sobre lo que es posible crear, conseguir y ser. Sigue actuando así a diario y sin duda generarás un bucle positivo que dará pie a los resultados excelentes que alimentan tu nueva identidad más saludable, que a su vez conducirá a más conductas positivas.

Este es el proceso trascendental que cualquier ser humano puede seguir —sin importar su edad, nacionalidad, situación económica o educación— para transmutar radicalmente su productividad, prosperidad, felicidad e impacto.

Este es el contexto de aprendizaje que solo suelo mostrar a los clientes de mi programa de coaching online *The Circle of Legends* y que ahora comparto encantado contigo:

CÓMO LO HACEN
LOS SUPERPRODUCTORES

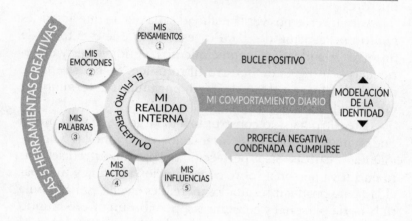

Como puedes ver, las 5 herramientas creativas que debes desplegar para reestructurar una historia personal completamente nueva que reorganizará con elegancia tu identidad son las siguientes: tus pensamientos, tus emociones, tus palabras, tus actos y tus influencias. Estas son las fuerzas que, con el tiempo, han creado el filtro a través del cual procesas el mundo y han formado tu explicación única sobre cómo funciona el juego y tu papel en él. De nuevo, cambia tu filtro sobre la realidad y cambiarás la propia realidad.

Cuando mejores la calidad de cada una de esas cinco herramientas, la manera de percibirte a ti mismo estará a la altura de la mejora. Y cuando reescribas y reprogrames cómo te ves a ti mismo, la calidad de tu éxito, tu felicidad y tu paz interior crecerá automáticamente contigo.

Como ves, si observas con atención el modelo visual, el camino para convertirte en un superproductor (y en un ser humano que expresa la plenitud de sus dones, talentos y virtudes) empieza con la purificación de las cinco fuerzas que crean tu realidad interna y modelan cómo procesas el mundo exterior.

Sigue perfeccionando tu vida interior y tu comportamiento mejorará hasta equipararse con tu identidad potenciada y tus percepciones avanzadas. Ese mejor comportamiento activa un bucle positivo que te ofrece los resultados que confirman que ahora eres una persona que puede conseguir resultados de primera clase y una existencia de gran belleza. A su vez, esto hace que tus pensamientos, emociones, palabras, actos y la elección de tus influencias sean aún mejores, un bucle positivo que crea una espiral ascendente de éxito excepcionalmente valiosa y que, al ser aplicado durante largos periodos de tiempo, acumula ganancias explosivas.

O...

Si tus 5 herramientas creativas son mediocres, instalarán un filtro perceptivo negativo y, al comprender la realidad a través de él, crearás una identidad propia negativa que a su vez producirá conductas negativas diarias, generando así una mala profecía condenada a cumplirse. Esto obedece a que tu vida interior y tu manera inferior de interactuar con la realidad corroborarán que tu forma negativa de ver el mundo es acertada, aunque no lo sea.

Así pues, hoy mi gran consejo es que observes con atención el calibre de tus 5 herramientas creativas. Comprométete a limpiar tu pensamiento, elevar tus emociones, pulir tus palabras, aportar una mayor excelencia a tus acciones y asegurarte de que las influencias de las que te rodeas sean inspiradoras, excelentes y alineadas con los magníficos niveles de exigencia en los que aspiras trabajar.

Después, sal a nuestro mundo y sé firme en tu proceso de convertirte en la clase de superproductor y persona increíble que tú y yo sabemos que mereces ser.

Huye de la aflicción del astronauta
tras el paseo por la Luna

A Buzz Aldrin, astronauta del *Apollo 11* y parte de la primera tripulación que aterrizó en la Luna, le preguntaron qué sintió al estar allí. ¿Cuál fue su poética respuesta? «Una magnífica desolación».

Sin embargo, con el paso de los años, el hombre que caminó sobre la superficie lunar durante unas tres horas tuvo problemas de depresión y alcoholismo. Sentía una falta de rumbo y la incapacidad de encontrar un proyecto que lo entusiasmara después de aquella experiencia que cambió su vida.

¿Qué hace uno después de conseguir llegar a la Luna?

En sus memorias, *Magnificient Desolation*, Aldrin escribió que, tras el alunizaje, «no había objetivos, ninguna vocación, ningún proyecto en el que mereciera la pena participar».

Así pues, cuando emprendas tu ascenso a cotas más altas de excepcionalidad y a los confines más elevados de tus mejores habilidades, ten cuidado con el fenómeno de la «aflicción del astronauta tras el paseo por la Luna». Se trata de la tendencia de cualquier trabajador de élite a sentir malestar o pasar por un estado de apatía después de conseguir los objetivos que siempre ha soñado.

Has hecho todo lo que te proponías. Probablemente has alcanzado objetivos valientes que nadie que conozcas ha sido capaz de conseguir. Ahora tienes reputación, una carrera profesional, riqueza y un estilo de vida que coincide con tus sueños más fértiles y lujosos. Lo has logrado. Eres célebre, una estrella y un peso pesado en el planeta. El primer nivel se ha convertido en tu nueva normalidad. ¿Y ahora qué? Igual que Buzz Aldrin, te preguntas cómo puedes superarlo, lo cual te llena de vacío y angustia existencial.

¿Cuál es la solución? Simple. No te conformes nunca. Nunca pares de marcarte nuevos objetivos y de avanzar hacia desafíos más estimulantes para explorar constantemente paraísos creativos ocultos e invisibles, para bañarte siempre en la intensa luz de universos no explorados, para embarcarte siempre que puedas en aventuras emocionantes y conocer vertientes antes desconocidas de tu yo más increíble, como un héroe. Porque la mayor tristeza en la vida es no llegar a saber nunca quién eres en realidad.

73

Lecciones de resistencia de
la persona que perdió el rostro

Aunque el liderazgo y el valor suelen asociarse con cualidades innatas, en realidad están más relacionadas con lo que haces cuando tienes miedo.

La mayoría de las personas a las que consideramos salvadores, guardianes y protectores son gente buena y corriente que, en momentos de adversidad, amenaza o peligro, encontraron una fortaleza que no sabían que tenían. Pensemos en Mahatma Gandhi y Amelia Earhart. En Alan Turing, Helen Keller, Emmeline Pankhurst y Galileo.

Todos tenemos un valor no explotado en nuestro interior. Eres mucho más fuerte de lo que crees.

Lo cual me lleva a Niki Lauda, el excampeón mundial de Fórmula 1, y lo que vivió el 1 de agosto de 1976.

Acababa de comenzar la carrera del Gran Premio alemán en Nürburgring. Cuando Lauda tomó una curva a una velocidad increíble, perdió el control y chocó contra una pared. Al instante, su Ferrari fue engullido por las llamas.

Lauda estuvo atrapado en el coche cuarenta y tres segundos a temperaturas que rozaban los 425 grados centígrados.

Su cuerpo sufrió terribles quemaduras. Un testigo afirmaba que parecía que se le estuviera derritiendo la cara.

«Si hubieran pasado diez segundos más, habría muerto», reconoció Lauda.

En el hospital, la situación era tan preocupante que llamaron a un sacerdote para que le diera la extremaunción. La mujer de Lauda se desmayó cuando vio el estado en que se encontraba su marido.

Más tarde, Niki Lauda le explicó a un periodista:

> Cuando llegas al hospital, tienes una sensación de gran cansancio y te gustaría dormir, pero sabes que no es solo dormir. Es otra cosa y luchas con tu cerebro. Oyes ruidos y voces, e intentas escuchar lo que dicen y mantener tu cerebro activo para que el cuerpo esté listo para pelear contra la enfermedad. Yo lo hice, y fue así como sobreviví.

En una asombrosa muestra de espíritu luchador, solo cuarenta días después, Lauda, con vendas cubriéndole aún las lesiones del cuero cabelludo, se puso el casco y compitió en el Gran Premio italiano mientras los asombrados espectadores se quedaban boquiabiertos ante su exhibición de fortaleza y espíritu competitivo.

Pasando un rato con Niki Lauda, la leyenda de la Fórmula 1, en el Gran Premio de Montreal

«Si puedo caminar y conducir, ¿por qué estar postrado en una clínica?», dijo. «Este es mi mundo».

Aquel día acabó cuarto.

Después de retirarse del deporte, Lauda se convirtió en un empresario del sector de la aviación y un próspero hombre de negocios que rara vez aparecía en público sin su famosa gorra roja, que le cubría unas grandes cicatrices. «Yo tengo un motivo para ser feo. La mayoría de la gente no», dijo con una sonrisa pícara, y añadió: «La gorra evita que la gente estúpida me mire con estupidez».

Las conclusiones de este ejemplo de imbatibilidad sin límite:

Conclusión n.º 1: Sé dueño de tu dureza

La resistencia y la determinación extrema no son cualidades innatas. No. Son rasgos de carácter que se forjan en el fuego de las situaciones peligrosas. ¿Por qué condenar la dificultad cuando es la medicina y el suplemento que te hará más fuerte? Hazte su amiga por lo que es: una condición necesaria que propiciará tu evolución.

Los denominados «problemas» en realidad son plataformas necesarias para que el poder prodigioso que duerme en tu interior despierte y se exprese.

Conclusión n.º 2: Vuelve al coche, y rápido

Lauda reconoció que le daba miedo volver a competir.

Para muchos, volver al coche solo seis semanas después de haber estado al borde de la muerte era un acto de locura.

Pero Lauda sabía que cuanto más esperara, más intenso sería su miedo. En vista de ello, sintió el dolor, gestionó el miedo y volvió a coger el volante. Lo mismo nos ocurre a ti y a mí: cuando nos enfrentamos a una preocupación, a una tragedia o incluso a una catástrofe, es responsabilidad nuestra levantarnos y seguir adelante lo más rápido posible si queremos tener integridad.

Porque el lugar donde se produce el fracaso también puede ser el espacio donde se desarrolla el coraje, y la vida no aminora la marcha por nadie.

Conclusión n.º 3: Nunca dejes de acelerar

Lauda siguió compitiendo, incluso después de abandonar las pistas. Tras retirarse de la Fórmula 1, fundó dos aerolíneas. Escribió un libro. Continuó con su racha ganadora.

Como ves, para el productor de aire enrarecido no hay línea de meta. A los trabajadores avanzados les gusta tanto ganar que, para ellos, la jubilación y la complacencia son como una danza con la muerte. Esas almas han practicado con tanta frecuencia el ser espectaculares que la falta de espectacularidad no tiene cabida en su sistema operativo.

La verdadera recompensa de la productividad de alto octanaje es la materialización de tu genialidad y lo que el viaje a cumbres aún más altas de excepcionalidad te empuja a conseguir.

Igual que Niki Lauda, nunca debes ir en punto muerto. Le debes a tu más elevada naturaleza el no dormirte en los laureles. No frenes. Niégate a ser descuidado. Resístete a basar tu identidad en los trofeos que ganaste hace años. Eres mucho más que eso.

Esto me recuerda una cosa que dijo el famoso psicólogo Abraham Maslow: «Nuestro único rival son nuestras potencialidades. Nuestro único fracaso es no estar a la altura de nuestras posibilidades. En ese sentido, todo el mundo puede ser como la realeza y, por lo tanto, debe ser tratado como tal».

Así pues, si tienes ganas de rendirte cuando las cosas se ponen feas, recuerda al hombre que perdió el rostro y luego sigue adelante a gran velocidad.

74

Charles Darwin y la ventaja de la agilidad extrema

Charles Darwin era un tipo interesante.

Estudió a los percebes durante ocho años, de 1846 a 1854. Una de las principales prácticas de la excelencia es una paciencia sin igual, ¿no es así?

Recorrió el planeta en el HMS *Beagle*, con el cual tuvo la posibilidad de visitar lugares como la Patagonia, Tahití y Nueva Zelanda, y estudiar desde exóticas formaciones rocosas hasta formas de flora y fauna rara vez vistas.

Escribió un diario de 770 páginas, además de 1.750 páginas de notas sobre el terreno y catálogos que contenían sus hallazgos con todo detalle.

Y después de tanto pensar, formarse y experimentar, llegó a la Teoría de la evolución.

Según tengo entendido, el origen de la explicación sobre cómo evoluciona una especie es su concepto de la supervivencia de los más aptos.

Profundicemos más, porque creo que te ayudará a abrirte camino en la época volátil en la que vivimos hoy en día.

Cuando estudiaba biología en mis tiempos universitarios, antes de entrar en la facultad de Derecho, aprendí sobre las mutaciones genéticas que experimentan todas las criaturas vivas.

Cuando una mutación crea una ventaja que ayuda a un ser a prosperar en un nuevo entorno, esa nueva forma sobrevive, se propaga y, al seguir ganando, domina. Ese proceso se llama selección natural.

Los pingüinos, aun siendo pájaros que no pueden volar, han sobrevivido porque son magníficos nadadores y porque en el Antártico no hay depredadores terrestres.

Las jirafas desarrollaron un cuello largo para comer alimentos que crecían en lo alto de los árboles, lo que las ayudó a prosperar en condiciones duras mientras sus competidores morían.

Los humanos, que podían mantenerse erguidos, tenían la ventaja de ir a buscar comida y llevarla a su campamento. Así que aún seguimos aquí.

Los miembros de una especie con cualidades que les permitían no solo sobrevivir, sino también prosperar, tenían ventaja en condiciones siempre cambiantes.

Tú y yo vivimos en una época de cambios cataclísmicos. Nuestro entorno está transformándose radicalmente en sectores como el creativo, el comercio, la tecnología, el deporte, las ciencias y la vida en general.

Entonces, debes saber que el líder que sea lo bastante clarividente como para ver más allá y guiar a su ágil organización para que añada un valor hipnótico y que esté adelantado a su tiempo dominará su ámbito.

El trabajador al que le encante aprender, desarrolle habilidades nuevas y ejemplifique experiencia será el que reciba ascensos y aplausos, incluso, o especialmente, en una economía difícil.

El creativo que se niegue a hacer las cosas como se han hecho siempre y juegue con pasión al filo de la navaja de la originalidad seguirá en primera línea mientras sus compañeros se quedan atrás.

El ser humano que desarrolle la cualidad de adaptarse con rapidez, superándose a diario y buscando la alegría en medio de la incertidumbre, asumirá la dominación tribal.

Es la selección natural que nos enseñó Darwin.

La naturaleza seleccionará a los que no sean ágiles, curiosos, trabajadores, ingeniosos y expertos. No pueden sobrevivir los que son débiles y se niegan a adaptarse al cambio de entorno o no pueden hacerlo.

¿Cuál es la lección? Cuando lleguen las dificultades, no te resistas a las gloriosas oportunidades de crecimiento o acabarás como los dinosaurios, disecado en un museo frecuentado por escolares con mochilas de superhéroes.

75

El modelo del dinero libre
para la prosperidad superior

Este capítulo es de especial relevancia para quienes buscan una vida de prosperidad, riqueza y libertad. Fíjate en el paradigma visual de más abajo. Sé que al principio puede parecer algo metafísico, pero te puedo asegurar que es muy táctico.

La columna de la izquierda describe los métodos empleados por la mayoría, los hábitos principales que mantienen a mucha buena gente inmersa en la escasez y en la inseguridad económica.

Echemos un vistazo al primero: la mayoría de la población acapara lo que tiene, se aferra a sus posesiones (o simplemente a lo que adquieren a base de endeudarse), igual que un niño pequeño agarra con fuerza su manta favorita para dormir la siesta.

Pero aferrarse con demasiada fuerza a lo que tienes, hablando desde una perspectiva espiritual, impide que el universo te envíe más. Porque tu inseguridad lanza a la fuerza que dirige el mundo el mensaje de que eres un desagradecido por todo lo que tienes. Y dado que tienes tanto miedo, no hay espacio para la energía de la prosperidad ni para que aquello que te está destinado se abra paso en tu realidad.

Mi consejo es que tus cosas tienen de estar a tu servicio, jamás al revés. Nacemos sin nada y sin nada nos vamos. Entre esos dos estados somos meros cuidadores de lo que tenemos la suerte de disfrutar gracias a los frutos de nuestro trabajo y de la buena voluntad del destino. No te aferres demasiado a lo que tienes. No dejes que los bienes materiales sean la base de tu identidad (ni de tu autoestima). Por irónico que parezca, cuando adquieres el poder de mantener la calma, aunque lo pierdas todo, la vida celebra tus sentimientos de abundancia enviándote más aún.

Pasando al siguiente escollo que encadena a muchos miembros de la mayoría, muchas personas están atrapadas en el secuestro límbico de la supervivencia básica. Debido a su miedo, fruto de un trauma anterior, no acceden al razonamiento más sabio dentro de esa corteza prefrontal de su cerebro humano. En su lugar, han cerrado de forma inconsciente el acceso a esta inteligencia avanzada y operan desde el cerebro reptiliano del sistema límbico. Están anclados en la lucha, la huida o la parálisis, incapaces de ver la gran cantidad de oportunidades que existen para generar la prosperidad que crece a su alrededor. Su miedo también cierra la puerta a su corazón, por lo que les es imposible fusionarse con su creatividad natural, la gran sabiduría y el júbilo inherente.

El dinero es una historia psicológica y emocional (y espiritual, por supuesto). Mucha gente se cree el cuento de que la riqueza económica es dominio de los tramposos, los mentirosos y los ladrones. Y que solo llega a los afortunados ganadores o a los dotados con capacidades que la gente corriente no posee. De hecho, este mismo cuento de hadas crea su realidad porque, como sabes ahora, tu comportamiento cotidiano refleja siempre tus creencias más profundas. Y si tu filosofía principal es que no eres la clase de persona que puede gozar de libertad con respecto al dinero, no seguirás los hábitos y las prácticas fundamentales que garantizan la materialización de la riqueza económica. La filosofía de la escasez suele ir acompañada de la expectativa de que se le tienda la mano y se le preste ayuda. Porque esas personas se han dejado seducir por la idea de que carecen de la capacidad de manifestar sus visiones de éxito económico.

Pero fíjate en las personas más ricas del planeta. Muchas de ellas crecieron siendo pobres. Empezaron solo con una idea innovadora. Una idea que aportaría un beneficio asombroso a la humanidad y que desafiaría la forma tradicional de hacer las cosas en su campo. Entonces, en vez de retroceder cuando las cosas se pusieron difíciles, perseveraron. Estos héroes creativos superaron a todos los que les rodeaban. Cuando surgieron los problemas, no se retractaron de sus ideales. Cuando los críticos celosos y los cínicos furiosos trataron de provocarlos, no eludieron su responsabilidad de cumplir su poderosa misión.

Siguiendo con la columna de la izquierda del Modelo del dinero libre, puedes ver que los seres humanos atrapados en el universo de escasez tienen competencia por todas partes. Los que habitan en esta órbita ven el mundo como un lugar limitado y no infinito. Los negocios, y la vida misma, son un juego de todo o nada; para que unos ganen, otros deben perder. En su corazón anida el terror de que no hay lo suficiente para que todos tengan justo lo que desean. Se trata de una creencia que no se basa en la realidad, sino en una psicología y una emotividad defectuosas que sigue sin resolverse en quienes pasan los días en este ámbito en particular.

Y por último, como puedes ver por el modelo pedagógico, en un mundo de recursos tan escasos que hay que luchar por ellos y acumularlos después con ferocidad, como antiguos cazadores de la sabana, las personas de este grupo suelen tomar con avidez.

Cogen más de lo que dan de las organizaciones para las que trabajan. (Alguien que no ofrece, como mínimo, una ayuda proporcional a lo que se le paga está robando a esa empresa, ¿no es así?)

Roban las ideas más brillantes de los demás porque apenas son dueños de sus poderes personales y han repudiado su originalidad primigenia.

Aceptan dádivas y beneficios que en realidad no se han ganado y se muestran como víctimas porque han descuidado sus dotes y no creen en su capacidad natural de moldear las cosas ajenas a ellos.

Muy bien. Ahora veamos la columna de la derecha del paradigma. Al estudiarla con atención, verás que es diferente.

Por supuesto, puedes entrar en esta galaxia alternativa superando el miedo y cruzando el Muro de la valentía, haciendo lo contrario de los que habitan el Universo de la escasez. Por cierto, hacer lo contrario de lo que hace la mayoría casi siempre es la mejor estrategia para lograr la victoria.

Entre los millonarios a los que he asesorado durante más de un cuarto de siglo y los titanes emprendedores que asesoro, esta es la manera de pensar, sentir y actuar de todos y cada uno de ellos:

Entienden de forma instintiva que todo el dinero que quieren ya existe. Está ahí fuera, esperando su cálido abrazo. Creen que solo tienen que desbloquear el valor oculto dentro de sus mercados para acceder a toda la riqueza que buscan. Y estos posibilistas están convencidos de que nada en la vida tiene límites. Si pierden un negocio, conservan la calma mientras confían que otro aún mejor surgirá en el momento oportuno. Si una preciada posesión se desvanece, no se preocupan demasiado. Saben que la naturaleza siempre se despliega a favor de uno, y se rigen por la ley espiritual de que «una vez que alcanzas un lugar de libertad interior y heroísmo de cada día, donde no tienes miedo a perderlo todo, no tendrás miedo a nada».

Entienden que dar promueve el proceso de recibir. En lugar de dejarse dominar por la aterrada energía de la acuciante supervivencia, permanecen serenos y en armonía con la verdad de que nuestra galaxia es un palacio de infinitas posibilidades que, bien aprovechadas, con confianza y ética, proporcionará irrefrenables fortunas de prosperidad. No hay límites en las estrellas ni en el cielo, en las ideas que una mente humana puede imaginar ni en los tesoros que puede experimentar. Y por eso dan con entusiasmo los frutos de su trabajo y las maravillas de su espíritu de forma tan libre y espectacular como sea posible, lo que les hace entrar en la esfera secreta donde el dinero fluye con facilidad y donde los milagros, enviados en respuesta a su benevolencia, son reales y sorprendentemente frecuentes, ya que las recompensas del karma son auténticas. Y el universo tiene un sistema de contabilidad muy justo.

Entienden que lo que se agradece, crece. Y todo lo que agradeces se expande dentro de tu conciencia. Empieza a celebrar todo lo que se te ha concedido, por pequeño o grande que sea —desde la comida en la mesa de tu familia hasta un trabajo que te permite marcar la diferencia, pasando por los buenos libros que puedes leer y esos amigos que te animan— y lo que aplaudas se magnificará. Por lo tanto, fluirá de forma natural en tu vida.

Están poseídos por el deseo de servir y obsesionados por el impacto. Y como enriquecen la vida de muchas personas, la generosa realidad les corresponde con abundancia.

Para terminar este capítulo juntos, voy a mencionar las palabras de la metafísica Catherine Ponder, cuyo libro *Las leyes dinámicas de la prosperidad* suelo recomendar a mis clientes para que aumenten su fortuna con integridad:

> ¡La impactante verdad acerca de la prosperidad es que es asombrosamente buena, en lugar de ser asombrosamente malo para ti que seas próspero! Por favor, toma nota de que la palabra «rico» significa tener abundancia de bien, o vivir una vida más abundante y satisfactoria. En verdad, eres próspero en el sentido de que estás experimentando paz, salud, felicidad y abundancia en tu mundo. Hay métodos honorables que pueden llevarte rápidamente hacia esa meta. Es más fácil de realizar de lo que te imaginas ahora.

Inspirador, ¿verdad?

76

Deja el teléfono y habla con las personas

Esta mañana temprano he ido a una cafetería.

Acababa de terminar una intensa clase de spinning y estaba un poco sudado. Pido disculpas.

Tenía la cabeza llena de nuevas ideas, el corazón dispuesto a trabajar duro (después de una buena ducha caliente) y el espíritu animado a hacer del mundo un lugar un poco mejor gracias a mi modesta contribución.

Mientras estaba en la cola se me ocurrió un interesante concepto para un nuevo curso online. Recogí mi café y me dirigí a la mesa más cercana para poder descargar las ideas en mi teléfono.

Y mientras lo hacía, reparé en un hombre sentado en un largo banco. Tenía la barba canosa, el pelo alborotado y llevaba una de esas camisas de cuadros típicas de los granjeros. Y, algo singular, tenía un maletín de piel con los cierres dorados sobre la mesa, frente a él.

Qué interesante. Así que dije: «Buenos días».

El hombre fue muy amable.

Sonrió y conversamos. Me contó que se crio en Connecticut, en un pueblo de apenas ocho casas junto al océano Atlántico. Me habló de su familia, compartió algunas de sus desilusiones y me hizo reír con algunas de sus vívidas historias.

Le dije que yo también me crie en un pueblo minúsculo. Y que también crecí cerca del mar.

Le confesé que anhelaba vivir en una casa en lo alto de un acantilado con vistas al mar y llevar una existencia más sencilla, casi monástica y mucho más espartana. El estilo de vida de un artista. La vida de un trabajador creativo.

Hablamos durante otro par de minutos sobre la maravillosa gente que vive a orillas del mar, el placer de una langosta fresca y la necesidad de más respeto, amabilidad, empatía y amor en nuestro mundo.

Me avergüenza decir que al principio pensé que mi nuevo amigo era un vagabundo que había entrado a la cafetería para guarecerse del frío. Ahora me doy cuenta de que era una especie de rey. Sabio. Amable. Y sofisticado. De una forma excéntrica.

Mi sensación ahora es que se trataba de un hombre próspero, puede que el dueño de una empresa marisquera, que estaba de visita en la ciudad para asistir a una reunión con un abogado. En realidad, no lo sé a ciencia cierta.

Solo sé que jamás debo juzgar a alguien por su aspecto. Que tengo que dejar el móvil más a menudo si cabe.

Y hablar con más personas, porque me hacen mejor.

El capítulo más breve de la historia de la productividad

Deja de practicar tus limitaciones. Empieza a exportar tu magia. ¡Se te ha concedido la oportunidad de tu vida!

Contenido de un capítulo alternativo: Sueña a lo grande. Empieza por las pequeñas cosas. Actúa ya.

(Por favor. Y gracias).

78

Los negocios son una hermosa guerra

Tengo dudas antes de escribir este capítulo.

Deseo con todas mis fuerzas que este libro te sirva de inspiración para que logres cosas asombrosas, que te impulse a alcanzar la perfección y que te haga rendir al máximo de tus facultades mientras vives feliz.

Sin embargo, también estoy empeñado en hacer todo lo posible para proteger tu seguridad al seguir hablando con honestidad aunque no te guste lo que diga.

Así que es necesario que escriba esto: «Los negocios pueden ser un viaje de placer. Y también un deporte sangriento».

Cuando las cosas están bien, tienes que perseguir tu causa creativa, ser más consciente de tu genio, difundir tu movimiento y construir un futuro mejor.

Y cuando las condiciones se pongan difíciles (y lo harán)...

Los compañeros en los que confías te traicionarán.

Los colegas de equipo a los que valoraste, animaste y trataste muy bien, te decepcionarán enormemente.

Los proveedores a los que apoyaste se aprovecharán de ti.

Los competidores celosos y los copiones te robarán.

Así que, aunque creo que tienes que fortalecer tu inocencia, aislar tus esperanzas y fomentar tu optimismo para mantenerte positivo y fuerte, para sobrevivir y prosperar de verdad también tienes que hacer todo lo necesario para protegerte del sufrimiento y el dolor. Nuestro mundo es magnífico. Y cruel.

¿Te acuerdas de la película *Million Dollar Baby*?

¿Qué no dejaba de decirle el entrenador a la boxeadora a la que preparaba?

Nunca bajes la guardia.

Nunca des por hecho que todo saldrá como lo planeas.

Protégete siempre.

Así que sigue creyendo en la bondad de la gente, por supuesto. La mayoría de las personas que he conocido durante todos estos años en los que he hecho negocios ha sido siempre honesta, decente y empática.

Espera que se produzcan acontecimientos fantásticos en tu vida. Porque, créeme, se producirán.

Sin embargo, sé también precavido y defiende con celo tus propios intereses.

«Confía, pero verifica» es la frase que me viene a la cabeza.

Al igual que: «Reza a Alá, pero ata a tu camello».

Porque los negocios son una hermosa guerra, y la victoria aplaude a los generales.

Ponte serio cuando hables en serio

Un seguidor bienintencionado y educado de las redes sociales me envió un mensaje directo el otro día que decía: «Hola, Robin. Siempre estás muy serio. ¿Es que nunca te diviertes? ¿Nuca te relajas?».

Me hizo sonreír.

Mi respuesta fue: «Me pongo serio cuando el asunto lo requiere. Y cuando no, me lo paso en grande».

Cuando me pongo, lo hago con todas las consecuencias. Me lanzo de lleno en vez de actuar sin esforzarme lo más mínimo. Si no aumento mi experiencia y mejoro mi arte a diario, me sumerjo poco a poco en el olvido. Con un pie en el cementerio de las viejas glorias y de los perdedores. En cuanto empiezo a pensar que soy todo un maestro, voy cayendo en la irrelevancia y la obsolescencia. Cuando escribo un nuevo libro, elaboro un mensaje para mi lista de correo, preparo una charla o grabo un vídeo para los miembros de mi programa de tutoría online de *The Circle of Legends* soy muy serio. Porque soy un profesional (y espero hacer lo que hago durante mucho tiempo).

Y porque generar un resultado de primer nivel para mis clientes y seguidores es muy importante para mí, igual que practicar mi oficio y honrar mi profesión de forma que represente los valores por los que con gran esfuerzo me rijo forma parte de lo que entiendo por integridad. Además, es vital para mí bloquear las distracciones, limitar mis movimientos y dedicarme a crear la labor que brinde la salvación intelectual, emocional y espiritual a mi paseo terrenal.

Cuando trabajo, lo hago de forma rápida, intensa y con feroz concentración. Me ciño a los estándares más exigentes y trato de alcanzar la inspiración de un hombre acosado por los fantasmas de los genios que la historia olvidó hace mucho tiempo. Me hace pensar en lo que escribió el dramaturgo George Bernard Shaw:

> Cuando muera, quiero estar completamente agotado, pues cuanto más duramente trabajo, más vivo. Gozo de la vida por la vida misma. Para mí, la vida no es una pequeña vela. Es una especie de antorcha espléndida que por el momento sostengo con fuerza, y quiero que arda con el mayor brillo posible antes de entregarla a las futuras generaciones.

Y luego, una vez que he terminado (y me he vaciado por completo, dejando poco sobre la mesa), abandono la seriedad.

Salgo a dar un paseo en coche con mi muy sabia hija o me siento al sol a charlar con mi muy optimista hijo.

O trabajo en mejorar mis *bucatini al limone* (el agua de cocer la pasta debe mezclarse con el aceite de oliva, el zumo de limón, las hojas de menta, el queso pecorino y los *bucatini* en perfecto equilibrio para que la pasta esté en su punto), me sumerjo en mi biblioteca para leer un libro que he comprado y que aún no he leído, voy al gimnasio para hacer una buena sesión de spinning o veo una película que me entretenga (y alivie mi cansancio).

Pues, como he comentado, si te tomas demasiado en serio a ti mismo, nadie te tomará en serio.

Lo digo en serio.

Las 4 principales prácticas de comunicación de los creadores de movimiento

Tanto si escribes guiones como si descifras códigos, trabajas en una panadería, diriges una empresa, das clase de yoga o gestionas un equipo de ventas, también estás construyendo una base de seguidores que difundirán tu producto. Al final te transformas en un ferviente embajador de tu marca personal.

Esto te convierte en un creador de movimiento.

Tienes que saber y confiar en que cuanto más entusiasta, magistral y constante sea el crecimiento de tu movimiento, mayores serán los beneficios que veas en tus ingresos, influencia, impacto y plenitud espiritual.

Cuantas más personas incluyas en tu gran objetivo y a más vidas ayudes, más cosas buenas te deparará el futuro. A menudo de forma casual, al menos en apariencia, pero más veces aparecerá el destino para ayudarte, ¿no crees?

Los mayores creadores de movimiento de todos los tiempos tienen una cosa en común: eran magníficos comunicadores. Por medio de sus palabras y su forma de actuar fueron capaces de persuadir a su gente de que los siguieran a la cima de la montaña.

«Jamás menosprecies el poder de las palabras. Las palabras mueven corazones, y los corazones mueven las extremidades», dijo el erudito Hamza Yusuf.

Llevo mucho tiempo queriendo compartir mis mejores ideas respecto a que los grandes líderes y los pesos pesados de la humanidad se comunican con un público más amplio. Así que me alegra mucho crear este capítulo para ti. Si aplicas todos los conocimientos que vas a adquirir en esta sección, el valor de lo que has invertido en este libro se multiplicará. Así que presta atención y abróchate el cinturón.

El modelo de aprendizaje que se presenta a continuación deconstruye los cuatro elementos clave para convertirte en un comunicador de nivel genio.

LAS 4 PRINCIPALES PRÁCTICAS DE COMUNICACIÓN DE LOS CREADORES DE MOVIMIENTO

- Raro en la sociedad
- Honra a los demás
- Inspira al orador
- Abre a la gente

① ESCUCHAR CON ATENCIÓN

② VULNERABILIDAD A FLOR DE PIEL

- Genera confianza
- Aumenta rentabilidad
- Conecta los corazones
- Humanidad compartida
- Comparte tus cicatrices

- Agiliza la franqueza
- Integridad
- Carácter
- Valentía

④ DECIR LA VERDAD

③ CUMPLIR LAS PROMESAS

- Fomenta la credibilidad
- Genera reciprocidad
- Afianza la fiabilidad

Práctica n.º 1: Escuchar con atención

En primer lugar, sé consciente de que el comunicador que mejor escucha es el líder que más aprende. Si eres tú el que habla, no estás creciendo.

En segundo lugar, la persona que hace las preguntas es la que tiene el control de la conversación. Mejora a la hora de formular preguntas brillantes, con la máxima sinceridad (por supuesto, la manipulación menoscaba la credibilidad).

En tercer lugar, escuchar más es uno de los mejores actos que conozco para mostrar un gran respeto a otra persona, sobre todo en esta civilización de redomados parlanchines que adoran el sonido de su propia voz. No es broma; entrenarte para escuchar con sumo interés, además de un profundo deseo de comprender al orador, es un medio muy poderoso de lograr que cualquiera se enamore de tu objetivo, tu movimiento y de ti como persona.

Estar por completo presente y comprometido de verdad (en vez de revisar los mensajes, pensar en qué vas a cenar o ensayar tu respuesta), hacer que el otro se sienta muy importante, conectado y seguro contigo. Todo esto incrementa la confianza, que es la base de cualquier gran relación, ya sea en el trabajo o en tu vida privada.

Práctica n.º 2: Vulnerabilidad a flor de piel

Esta es otra característica muy atípica, lo que significa que una vez que la apliques a diario, hasta el punto de automatizarlo, te diferenciarás de todos los demás en tu ámbito.

Cuando te arrancas la máscara social que la mayoría lleva con el objetivo de parecer guay, ser popular y evitar el rechazo (¡cuántas magníficas oportunidades perdemos porque somos demasiado guais como para arriesgarnos y demasiado inseguros como para parecer tontos!), los demás se sienten muy atraídos por ti. Ser real y tener la valentía de ser tú otorga a todos los que te rodean permiso para ser también reales. Crea una cultura de personas a las que les parezca bien ser su auténtico yo mientras colaboran en una cruzada cautivadora a nivel emocional y activarás la alquimia que genera movimientos que cambian el mundo.

Fingir ser alguien que no eres solo para encajar y caer bien también consume grandes cantidades de energía creativa, productiva y emocional que retorna enseguida para impulsar tu rendimiento e influencia una vez posees la sabiduría y el coraje de ser tú mismo.

Práctica n.º 3: Cumplir las promesas

Tan sencillo. Tan transformador. Tan inusual hoy en día. Esfuérzate por no hacer ninguna promesa que no puedas cumplir, por ser la clase de líder creativo, artista excepcional y ser humano sobresaliente que cumple todas sus promesas, ya sea ofrecer una calidad increíble en un proyecto (antes de una fecha determinada), enviar un libro que le dijiste que le enviarías a un cliente importante durante un almuerzo o cenar en familia al menos tres noches a la semana, tal y como prometiste.

Cada promesa que cumples aumenta la confianza que tienes en la mente y en el corazón de la persona a la que haces esa promesa. Haz lo que dices que harás, sin falta, y no tardarás en convertirte en un héroe a ojos de todos aquellos que te conocen. El aprecio, la lealtad y la admiración que sienten por ti se dispararán. De eso no cabe duda.

Más importante aún que cumplir siempre las promesas que haces a los demás son las promesas que te haces a ti mismo. Cúmplelas y experimentarás un explosivo aumento de tu fuerza de voluntad, confianza y talento para hacer cosas colosales. También crecerá el honor y el respeto a ti mismo que luego se convierte en la autoestima que hace que te mantengas firme contra cualquier obstáculo que amenace con impedir la realización de tu fascinante movimiento.

Práctica n.º 4: Decir la verdad

Tu yo soberano, que es tu naturaleza esencial, es testigo de todas las mentiras que inventas. Tu mejor dimensión ve cualquier falta de honestidad en la que tu lado más débil y egocéntrico siente la necesidad de tomar parte.

Toda falsedad mancha tu carácter, y toda falta de integridad marca tu alma. Cada infracción de tu poder superior cuando dices lo que no es verdad no solo destruye la confianza que otra persona ha depositado en ti, sino que, además, daña tu conciencia y poco a poco te convierte en un ser humano que carece de una estrecha relación con sus propios valores, virtudes y capacidades para llevar a cabo un objetivo significativo que de alguna manera enriquezca a la sociedad al tiempo que controlas más tu potencial oculto.

Al decir tu verdad, incluso cuando te tiemblan la voz y las manos, multiplicarás tu dignidad, aumentarás tu credibilidad y avanzarás de forma gloriosa hacia el futuro que el destino ha escrito para ti.

Deseo compartir una última idea para ayudarte a insuflar vida a tus fervientes visiones y satisfacer tus ambiciones más impresionantes con la energía que las traducirá en experiencia.

Es muy importante tratar de convertirte en un creador de movimientos, pero no porque desees el subidón para el ego que conlleva el transformarte en el líder de un movimiento, sino porque tienes un sueño extraordinariamente puro de un mundo mucho más brillante. Las personas que cambian el curso de la historia rara vez tienen interés en hacer historia. Quienes dejan huella en nuestra civilización se preocupan menos por ser famosos y poderosos y más por ser de utilidad.

Y por hacer que las cosas sean mejores para todos.

Aquella vez que aprendí a rendirme

Hemos vivido en la misma casa durante mucho tiempo.

Como escritor, asesor de liderazgo y orador profesional, para mí era fundamental encontrar una casa que estuviera en un lugar muy tranquilo.

Sin vecinos molestos y con bosques lo más cerca posible. Necesitaba estar en un lugar que hiciera feliz a mi amada familia, donde yo pudiera trabajar con optimismo, y un espacio que me permitiera retirarme de mi vida pública, tan intensa en ocasiones.

Recuerdo que leí un artículo en el *Financial Times* sobre Roger Daltrey, el legendario cantante de The Who. Hablaba de su vida en las giras y de su anhelo, una vez terminadas, de volver a su huerto y su criadero de truchas en el este de Sussex, Inglaterra. Daltrey llamaba a esa existencia más sencilla, pausada y aislada, lejos de embriagadoras multitudes y de impresionantes estadios, su «pequeña vida».

Yo también encontré un rincón para mi pequeña vida. En nuestra casa, cuando la compré.

Sin embargo, según se ha ido expandiendo la ciudad en la que vivimos, han proliferado las urbanizaciones, lo que ha provocado mucho más tráfico, ruido y densidad de población, al tiempo que la reserva forestal cercana donde solía montar en bicicleta de montaña casi a diario está ahora llena de turistas, botellas de plástico y feos vasos de cartón de café.

(La semana pasada casi me arranca una pierna un perro que iba sin correa).

Además, el pequeño aeropuerto que hace años parecía tan lejano se ha ampliado, por lo que los aviones sobrevuelan mi jardín de tulipanes del patio trasero.

Claro que podría mudarme. Eso lo sé, y lo he pensado, y a veces, hace poco, he estado dispuesto a hacerlo.

Pero hay un problema: este es nuestro hogar. Mis hijos han crecido aquí. He escrito muchos libros aquí. Y aquí han tenido lugar la mayoría de los grandes momentos de mi familia.

Para ser franco, mi corazón adora este lugar. Posee una pátina de gran felicidad, creatividad y alma.

Así que hoy temprano, mientras paseaba por el bosque, junto a las botellas de plástico y los vasos de café tirados, me he dado cuenta de algo especial.

El cambio de las condiciones externas en los alrededores de mi casa fueron ángeles enviados por el cielo para activar las partes más débiles de mí. Para que pudiera ser más consciente de ellas, asimilarlas y trabajar a fin de poder deshacerme de ellas. Por favor, recuerda esto: para sanar una herida antes tienes sentirla. Jamás se puede derrotar a los dragones a los que no se hace frente.

La fortuna me invitaba a utilizar lo que me había mandado para enriquecerme, no para que me resistiera a la oportunidad, esperando que las cosas vuelvan a ser como eran.

Mi poder superior me pedía que aumentara la agilidad con la que afrontaba el cambio, y que purificara mi carácter para afrontar las nuevas condiciones con más valor, comodidad y serenidad. Que me adaptara. Que evolucionara hasta convertirme en un ser humano más poderoso y menos dependiente de las circunstancias mundanas para su optimismo, tranquilidad y libertad.

De hecho, al reflexionar más a fondo sobre el asombroso regalo que la vida me ha hecho, entendí que se me animaba a aprender la más noble de todas las lecciones.

Liberar.

Desvincularme.

Aceptar lo que venga.

Rendirme ante el inteligente desarrollo de la vida.

Recibir todas las experiencias como bendiciones ideadas para materializar mi potencial.

Por supuesto, sé que a medida que continúe haciendo todo esto —confiando en que la naturaleza sabe lo que hace y utilizando el novedoso escenario para enriquecerme personalmente en lugar de culpar a otros, quejarme y condenar— es probable que desaparezcan todos los ruidos, toda la basura y todas las molestias. Lo harán sin más. Porque así funciona esto. Al menos para mí. (Quizá el dueño de ese perro tan malo invierta en una buena correa).

Déjate llevar en vez de luchar contra las lecciones que la vida pone en tu camino y todo empezará a ir mejor.

Luchar contra el cambio es buscar problemas. Resistirte a la nueva normalidad es la receta para la infelicidad. Al menos, eso es lo que he descubierto al vivir la vida todos estos años en la escuela de la Tierra.

Me recuerda a algo que dijo Glen Matlock, el antiguo bajista de los Sex Pistols (al que sustituyó Sid Vicious): «Las cosas avanzan. El estado del universo es por defecto un estado de flujo».

Teniendo en cuenta esta verdad, ¿para qué aferrarse al pasado cuando lo que ocurre es aún mayor, aunque pueda no parecerlo todavía?

82

Nunca se sabe a quién tienes delante

Trata con honradez, respeto y sincera honestidad a todo aquel que se cruce en tu camino. No solo es lo correcto, sino también lo más prudente. Nunca se sabe a quién tienes delante.

He estado sentado junto a un pasajero en un avión que resultó ser el hermano de un importante cliente.

Ha habido personas que han asistido a mis seminarios detrás de mí en la cola del supermercado, estudiando lo que iba a comprar mientras lo colocaba en la cinta, como un águila escudriñando su presa.

He estado en un restaurante, en un país extranjero, con el director general de la organización que me había invitado a hablar sentado justo detrás de mí.

Lo que me lleva a otra historia...

Hay un bar muy popular en Dublín, frecuentado por los lugareños.

Una noche, tres jóvenes bebían sus Guinness en una mesa, divirtiéndose y pasándoselo en grande.

Sonó el teléfono. El gerente del establecimiento lo cogió y se enteró de que Bono, el cantante de U2, se dirigía hacia allí para tomarse una copa. El que llamaba pidió que reservara una mesa para la icónica estrella del rock.

El gerente se acercó a toda prisa a la mesa ocupada por los ruidosos jóvenes.

—Va a venir Bono. ¿Os importaría ceder vuestra mesa, chicos?

—¿Bono? Por él haremos lo que sea —respondió uno de los amigos mientras se levantaban para buscar otro sitio en el bar donde continuar con su conversación.

Al cabo de treinta minutos, Bono entró contoneándose en el bar, con unas eclécticas gafas de sol y el aire de alguien acostumbrado a que le miren. Le acompañaba un hombre callado, con una chaqueta de cuero negra.

Los dos ocuparon la mesa reservada y disfrutaron de una copa, prácticamente solos.

Al ver a Bono, los tres jóvenes se dirigieron hacia la mesa.

—Oye, somos grandes fans tuyos. ¿Podemos hacernos una foto contigo? —preguntó uno con entusiasmo.

—Pues claro —aceptó el músico.

Otro de los amigos miró al hombre discreto de la chaqueta de cuero.

—Oye, colega, ¿te importaría hacernos la foto?

—Claro, será un placer —respondió con educación.

Bono y su amigo se fueron del bar poco después. El gerente se acercó a toda prisa a los tres jóvenes, que se lo estaban pasando en grande.

—Tíos, sois unos auténticos zopencos. ¡No puedo creer lo que habéis hecho!

—¿Qué hemos hecho? —preguntó uno de los jóvenes, avergonzado.

—¿Es que no sabéis quién era el que iba con Bono?

—No —dijeron los tres al unísono.

—Ese hombre de la chaqueta de cuero, al que le habéis pedido que os sacara la foto, era Bruce Springsteen.

83

El índice VCG para el rendimiento
de primer nivel

Dado que nos acercamos al final de nuestro tiempo juntos, me gustaría ofrecerte un marco de aprendizaje que unirá una serie de principios básicos de mi filosofía para una productividad sin igual, un rendimiento experto y una vida de gran impacto:

EL ÍNDICE VCG

En esta época de dramáticas distracciones y profundos cambios, te invito a considerar las siete Ventajas Competitivas Gigantescas (VCG) que, si las aplicas de forma constante, te harán invencible en tu oficio.

Antes de que te las explique, te invito a que tomes nota de dos cuestiones generales que están en juego en nuestro planeta hoy en día:

Cuestión n.º 1: La mediocridad masiva de la humanidad

No lo juzgo. Solo informo: la mayoría de las personas del planeta hoy en día permiten que la mediocridad inunde su vida. Si observas cómo trabajan, lo que piensan, las palabras que utilizan, lo que comen, sus hábitos y su forma de comportarse, queda claro que han renunciado a su poder soberano para dejar paso al dominio de las falsas creencias, heridas pasadas, problemas actuales y excusas imperdonables. Las buenas personas se forjan para alcanzar la grandeza, pero se han resignado a ser corrientes.

Cuestión n.º 2: La falta de profesionalidad colectiva de los negocios

¿Cuándo fue la última vez que fuiste a un supermercado, cenaste en un restaurante o entraste en una cafetería y viste a un trabajador actuar como un virtuoso, comprometido por completo, habilidoso y con un edificante conocimiento?

Lo más común ahora son las personas a las que les pagan para que realicen un servicio, pero las vemos jugando con sus dispositivos, soñando con su descanso para comer, haciendo el tonto con sus compañeros de trabajo y, en resumidas cuentas, buscando formas de no tener que molestarse demasiado por nada mientras se hacen pasar por trabajadores empáticos. Demasiados productores potencialmente asombrosos llegan tarde, comenten muchos errores, no están presentes de verdad, tienen malos modales, apenas ofrecen ayuda y actúan como si te estuvieran haciendo un enorme favor, en vez de darse cuenta de que de si tienen un trabajo es gracias a las ventas que los demás clientes y tú generáis. Y ese magnífico desempeño es un acceso a una autoestima, una alegría personal y una fuerza espiritual mayores.

Teniendo en cuenta ese contexto, estudiemos las siete VCG que, bien ejecutadas, te permitirán dar saltos cuánticos como el productor de primera que domina su virtuosismo, descubre la totalidad de sus capacidades y experimenta una vida de la que al final se siente orgulloso.

Sí, estas VCG son sencillas. Porque el éxito radica en una coherencia magistral respecto a los principios básicos.

Ventaja competitiva n.º 1: Llega siempre pronto

Creo que si no llegas pronto es que llegas tarde. Y que es mejor presentarte a una reunión con una hora de antelación que hacerlo tarde, aunque sea un solo minuto. Cuando tengo una cita para comer con una leyenda empresarial, suelen estar ya sentados a la mesa cuando yo llego, por lo general leyendo un libro. O tomando notas en su diario creativo.

Ventaja competitiva n.º 2: Elimina las distracciones

Es fácil ser víctima de demasiadas actividades y posesiones. En gran parte de nuestro viaje juntos en estas páginas te he estado animando a que simplifiques tu vida. A que te conviertas en un purista (y en un minimalista). A que construyas tus días y orientes tu vida en torno a solo unos pocos intereses importantes, de forma que tus capacidades y talentos se focalicen en tus prioridades en vez de dispersarse en demasiadas trivialidades.

Ventaja competitiva n.º 3: Promete menos y da más

La obsesión del valor multiplicado por diez es un concepto de mi labor de asesoría que habla del proceso de garantizar que, en todos los puntos de contacto con un cliente, rindes diez veces más de lo que tienen derecho a esperar; desde el primer acercamiento hasta mucho después de la venta, asombras, deslumbras y cautivas a tu cliente con tu bondad. Continúas acumulando las recompensas a cada paso del camino, hasta que se convierten en un auténtico huracán de magia que cambia para siempre la vida de tu cliente. Hazlo de forma impecable y continua, y sin duda todo el mercado se abrirá camino hasta tu puerta. Y ascenderás a un territorio libre de competencia, sin importar el estado de la economía general.

Ventaja competitiva n.º 4: Protege los mejores estándares

Los estándares por los que riges tu vida son grandes indicadores del nivel de éxito, influencia y heroísmo que alcanzarás. He aquí una valiosa regla a la que atenerte: En la vida no conseguimos lo que deseamos, sino lo que nos proponemos. Cíñete a los más nobles ideales y códigos de actuación en todo lo que hagas. Nunca hagas nada que menosprecie a la persona de incuestionable excelencia, inmutable nobleza e inconmovible integridad en la que has prometido convertirte.

Ventaja competitiva n.º 5: Busca definición en vez de superficialidad

Esto es algo importante en una cultura que se ha vuelto trivial en extremo. Muchas personas ya no profundizan en su pensamiento, en el análisis de situaciones, en la importancia de sus rituales diarios, en el celo que dedican a su oficio ni en el desarrollo general de su vida. Adoptar un enfoque minucioso es ser un operador de peso que ejercita la consideración, la paciencia, la meticulosidad, el orgullo y el virtuosismo en sus actividades, diferenciándose de manera radical de los demás en su oficio. Realiza un trabajo que sea significativo. Y sé una persona con valores. Ser minucioso significa rechazar toda dejadez, resistirte a cualquier indicio de pereza al trabajar y conducirte en tu vida de forma casi intachable, con suma habilidad, pero con maravillosa ternura. Qué ventaja.

Ventaja competitiva n.º 6: Demuestra vitalidad

Recuerdo que estaba en la barra de una cafetería de Boulder, Colorado. Hice mi pedido y le di las gracias al camarero. El hombre estaba allí, pero en realidad no estaba, no sé si me entiendes. Parecía un zombi cibernético. No estaba presente. Estaba en trance. Su mente parecía haberse quedado en casa y su corazón y su alma seguramente estaban de vacaciones por el soleado Caribe. Solo su cuerpo permanecía en la cafetería. Se movía con apatía. Qué importante es la palabra «presencia» en esta época de infinitas interrupciones tecnológicas. El mayor regalo que puedes hacerle a un cliente, o a cualquier persona, es tu atención plena. El mayor obsequio que le puedes hacer a un ser querido es tu preciada vitalidad; estar completamente presente cuando estás con él. Escuchar con suma atención. Ser sincero y mostrar interés. Y dedicarte a él por completo. Algo muy raro hoy en día. Y, sin embargo, esencial para una vida de primer nivel que prodigue felicidad, influencia y colaboración.

Ventaja competitiva n.º 7: Actúa

Cuando llegas al trabajo es la hora del espectáculo. Estás en el mundo de la farándula y te subes al escenario al empezar a trabajar cada mañana. Eres tan bueno como tu última actuación. Y todo lo que haces te acerca a la grandeza o a lo corriente. Un resultado mediocre es empezar a aceptar la mediocridad. Así que haz tu trabajo, actúa. Actúa por encima de tu nivel salarial. Y golpea por encima de tu peso. Cualquier cosa que esté por debajo de eso es destructiva para tu genio primario.

Muy bien. Ahí tienes siete buenas prácticas que, aplicadas con regularidad, harán que experimentes victorias decisivas y ventajas gigantescas como persona de primer nivel. Te invito a que aceleres tu formación en torno a ellas.

A partir de este precioso día.

84

Las 6 últimas palabras de Steve Jobs

Las últimas palabras de Steve Jobs, según su hermana, fueron estas:

«¡Oh, uau! ¡Oh, uau! ¡Oh, uau!»

Me sentí conmovido al leerlas el otro día. Me recordó lo increíblemente frágil que es la vida.

Creo que en tu vida tienes el deber de hacer mejor a la humanidad. Sí, lo tienes.

Sin excusas. Sin escapatoria. Sin aplazamientos.

Sé que posees un potencial dormido en tu interior que nunca has liberado, además de una resplandeciente promesa que tienes que explorar.

Creo que tus miedos pueden alimentar un éxito aún mayor, así que no debes perder los nervios cuando surjan los problemas.

Estoy convencido de que tu pasado no tiene ningún poder sobre tu futuro, a menos que tú se lo permitas.

Tengo plena confianza en que tu vida puede alcanzar la categoría de sublime si empiezas a tomar unas cuantas decisiones nuevas y simples y luego las sigues con un compromiso triunfal y firme.

Espero que encuentres un rato de tranquilidad en esta cultura de ruido tóxico para conectar de nuevo con la señal, reconsiderar los deseos de tu infancia, volver a acceder a puntos de entrada olvidados a tus méritos, participar de la irrefutable sabiduría de que hasta la vida más longeva es un viaje bastante rápido.

Antes de que te des cuenta serás polvo y cenizas. El viaje en el que tú y yo estamos embarcados termina en un abrir y cerrar de ojos, ¿sabes?

Te debes esta reflexión a ti mismo y a quienes dependen de ti, te aprecian y albergan amor por ti en su corazón.

El día de hoy es una especie de bonificación, rebosante de preciadas recompensas que vale la pena celebrar. Es un regalo de auténticas oportunidades, para considerar los ideales que nunca has imaginado y asumir riesgos que no has corrido. Para prodigar la compasión que sabes que hay que dispensar. Y apostar con valentía por una forma elevada de pensar, de sentir, de hacer y de ser.

Nuestra civilización necesita más civismo, más dignidad y más valentía. Te necesitamos en tu mejor momento. Todos queremos que vueles, para que cuando llegue tu final, exclames: «¡Oh, uau! ¡Oh, uau! ¡Oh, uau!».

85

Cuando las cosas parecen difíciles, confía en tu fuerza

He paseado por el bosque en bicicleta justo antes de escribir esto.

Estaba reflexionando acerca de la verdad de que, como humanos, a menudo nos sentimos débiles y olvidamos toda nuestra fuerza.

Así que en un sudoroso momento de inspiración me salí del camino. Dejé la bici, me senté en la hierba mientras se ponía el sol y capturé estas palabras en mi dispositivo. Esta es la escena:

He aquí lo que más deseo compartir contigo:

*Cuando las cosas parecen difíciles, se nos ha concedido
    la oportunidad de confiar en nuestra fuerza.
Cuando la confusión se instala, se abre una ventana
    para que entre una mayor claridad.
Cuando lo cuestionamos todo, crecemos de verdad.
Cuando nos sentimos completamente solos, estamos más
    conectados con la experiencia compartida de todos.
Y, por tanto, estamos unidos.*

*En los tumultos y en las tormentas, recuerda todo lo que
    has pasado.*

*Las violentas olas acabarán convirtiéndose en aguas
    muy tranquilas.
La incomodidad de la transformación devolverá la dicha
    de la nueva sabiduría.
Y del poder más puro.*

Eres más fuerte de lo que imaginas.

Más valiente de lo que quieres admitir.

*Y más capaz de gestionar cualquier cosa que te arroje
    la vida de lo que tu intelecto puede enseñarte.*

*Eres tan poderoso como la lluvia.
Eres tan invencible como la marea.
Eres tan bueno como la cosecha.
Eres tan brillante como los cielos
que con mimo guían tu camino.*

Cuando estés asustado, pregúntate: ¿Qué haría el heroísmo?
Cuando estés preocupado, pregúntate: ¿Cómo se
*   comportaría la confianza?*
Cuando estés enfadado, pregúntate: ¿Dónde se puede
*   recibir comprensión?*
Cuando estés dolido, ve allá donde habita el optimismo.
Cuando te sientas inseguro, ve donde te lleve el amor propio.

Todo se desarrolla para tu beneficio. Nada está en contra
*   de tu felicidad.*
Tus pruebas producirán triunfos.
Tus buenas acciones producirán nobles éxitos.

Grandes recompensas te aguardan.
No pierdas los nervios.
No compares tu viaje con el de nadie.
Estás perfectamente protegido.
Y guiado de forma extraordinaria.

Por las fuerzas que gobiernan el mundo.

86

No puedes inspirar a otros si no estás inspirado

Los líderes célebres, los revolucionarios venerados y los constructores del mundo de la historia procedían de un lugar de inusual inspiración.

Su genio no radicaba tanto en su capacidad de ejecutar el sueño como en su capacidad de imaginarlo y emocionar después a los seguidores que procedieron a hacer realidad la visión.

Esta es la idea principal con la que hay que jugar. No puedes inspirar a los demás si no te sientes inspirado.

Sé que parece una afirmación obvia. Y lo siento si parece manida, pero no pienso que lo sea.

No creo demasiado en los títulos. Si has leído *El líder que no tenía cargo*, ya lo sabes. Sin embargo, si hay uno que me gustaría llevar en una chapa en la solapa (o en una camiseta negra) sería este: Director ejecutivo de inspiración.

El trabajo de un líder de primer nivel y de un experto en rendimiento es estimular a sus compañeros de equipo hacia un singular propósito que los entusiasme para que logren su máximo rendimiento y su mayor destreza. Así se convierten en algo mejor de lo que eran antes de conocerte.

La vocación del héroe servidor (y la leyenda absoluta) es capturar la mente, el corazón y el alma de aquellos que tienen fe en ellos y luego empujarlos a realizar increíbles hazañas mientras distribuyen beneficios asombrosos a quienes sirven.

Sin embargo, es difícil estimular a los demás si tu energía creativa y tu entusiasmo productivo se han reducido.

Yo me tomo muy muy en serio mi inspiración personal. Es una herramienta básica de mi oficio.

Suelo evitar la mayoría de los informativos, a la gente que me hace sentir mal y los lugares oscuros que carecen de toda capacidad de asombrar.

En cambio, busco aquello que aumenta mis esperanzas, impulsa mi arte, hace crecer mi filosofía y alimenta el fuego interior que aviva mi juego.

Me marcho una semana a una austera cabaña en alguna localidad costera imposible de encontrar. Solo porque necesito una inyección de energía. Para terminar un proyecto importante. Un nuevo lugar trae consigo nueva energía.

He aquí una foto de un viaje reciente:

En mi santuario de escritor junto al mar

O acudo a alguien a quien que admiro para mantener una conversación; eso me da alas y restaura mi pasión para acercarme más a la excelencia.

Leo un libro que enardezca mi alma.

Salgo a correr en vez de pasarme el tiempo en internet, medito en vez de medicarme con algún programa sensacionalista de televisión o salgo a tomar el sol a mi jardín mientras escucho música country.

Abro mi diario y realizo un diagrama en el que plasmo mis intenciones (intenciones creativas, ¿recuerdas?) para los próximos veinticuatro meses que podría parecerse a esto:

Llamo a mis padres, pregunto a mi padre por sus lecciones de vida y busco su consejo; y escucho las perlas de sabiduría de mi madre antes de conseguir la receta de un plato de la infancia que me gustaba y que intento recrear (en la actualidad estoy trabajando en su increíble sopa de verduras).

Doy un largo paseo por mi ciudad natal, descubriendo nuevos barrios, haciendo fotos de monumentos interesantes y entablando breves conversaciones con personas fascinantes.

Veo una película que me recuerde que lo legendario no es para los débiles de corazón y que todos los generadores de posibilidades tienen las cosas difíciles antes de tenerlas fáciles. (En realidad, nunca es fácil; el peligro se vuelve más familiar, por lo que es más fácil avanzar y no te das por vencido tan rápido).

Hago todas estas cosas para impulsar mi voluntad de sobresalir. Para reactivar mi rendimiento más depurado y supremo. Para evitar hacer aquello que es trivial, placentero y me mantiene ocupado y concentrarme de nuevo en mi deber de ser útil para la sociedad. De ese modo no permanezco desocupado demasiado tiempo. Así se mantiene muy viva la inocencia de mi vitalidad (en una población en la que hay demasiados muertos vivientes).

Ahora bien, no pretendo insinuar que estoy siempre inspirado. Esto no es cierto. Hay quien piensa que siempre reboso euforia, energía y ganas de cumplir mis metas. No. Soy humano. Así que tengo cambios en mi estado de ánimo, ritmos naturales y temporadas. (¡A veces en un mismo día!)

Como artista, he aprendido a confiar en estos ciclos alternativos de inspiración y desmotivación al comprender que mi poder superior guía todos mis pasos.

Cuando me interesa producir un trabajo de alta calidad y hacer lo que hago, las ganas de hacerlo aparecen sin más. Sí, a menudo a las cinco de la madrugada. No sé muy bien por qué. Solo que es así.

Como creador, confío en las temporadas. Confío de verdad.

Y cuando no estoy inspirado ni tengo ganas de implicarme, lo achaco a que mi musa está en horas bajas. Y el instinto me anima a tomarme un descanso (ya sea una mañana, un día o una semana libre, o incluso más, para volver a la carga con más ganas e imaginación; sueño con tomarme pronto un año sabático en un país lejano).

Sé que hay artistas como Ernest Hemingway y Stephen King que trabajan todos los días. Yo entiendo bien las palabras del ganador del Pulitzer W. H. Auden: «Cuando se trata de un hombre inteligente, la rutina es señal de ambición».

La cita de E. B. White sobre «un escritor que espera las condiciones ideales para trabajar morirá sin escribir una sola palabra en el papel» es de una lógica excepcional. En mi caso, las cosas no funcionan así.

Esta es mi realidad: la musa no me visita cada mañana ni me arropa por las noches tras leerme un cuento de hadas y darme un dulce beso. Algunos días transmite párrafos completos con tan milagrosa espontaneidad que me cuesta capturarlos. Y otros me quedo mirando la pared. Y cuento las telarañas de los rincones.

Y ¿sabes qué? He acabado comprendiendo que no pasa nada. Es mi proceso personal. Resistirme a él sería menospreciarlo. El universo me guía, y me conviene trabajar a su lado en vez de luchar contra él.

Supongo que lo que digo es que raras veces fuerzo mi creatividad. Cuando lo hago, lo que creo es mediocre, en el mejor de los casos. Así que, ¿para qué molestarme si voy a tener que volver a escribirlo todo?

E incluso cuando me encuentro en uno de los apasionados ciclos de productividad diaria, si me siento a escribir por la mañana temprano y no me sale nada (o solo algo normalito), paro. Me voy a dar un paseo o a comer con un amigo, confiando en que siempre hay un mañana.

Inspiración. ¡Cuánto adoro esta palabra! Es tan esencial protegerla, porque es lo que marca la diferencia.

La palabra deriva del latín *inspirare*, ¿sabes? De hecho, significa «ser inspirado por»...

La inteligencia que garantiza la buena fortuna.

La corriente que hace realidad los sueños.

Las deidades del éxito supremo, el logro sobresaliente y la influencia que no conoce límites.

Mi deseo en este momento, mientras escribo esto para ti, es que gestiones bien tu inspiración y que después la transmitas con orgullo a un público que está deseando experimentarla.

Y sí, cuando trabajas y vives de este modo, te llaman friki, te consideran un bicho raro y te tildan de extraño, en una cultura en la que la mayoría de las personas han perdido la pasión y dejado de lado su asombro.

«Y aquellos a los que veían bailando los consideraban locos quienes no podían oír la música», escribió Nietzsche.

Grabémonos tú y yo estas palabras en la cabeza, en el corazón y en el alma.

87

La pregunta de los 6 meses de vida

El fuego arde mientras trabajo. El crepitar de la lumbre llena la habitación en la que estoy escribiendo. Suena «Standing Outside a Broken Phone Booth with Money in My Hand» de los Primitive Radio Gods. Sé que es una canción antigua, pero me levanta el ánimo. Y hace que me sienta un poco triste.

Lo que hace que me pregunte...

Imagina por un segundo que te quedaran solo seis meses de vida.

Seis cortos meses para hacer todas esas cosas que te habías prometido hacer.

Seis meses para visitar el Taj Mahal, escuchar la sonata *Claro de luna* de Beethoven, ver la Mona Lisa (mucho más pequeña en persona, ¿verdad?) y explorar la Gran Pirámide de Giza.

Seis meses para escribir cartas de perdón a aquellos que te han hecho daño (o cartas de disculpa a quienes has herido) y cartas de amor incondicional sin pudor a los que te aprecia-ron y solo vieron la luz dentro de ti.

Si te quedaran solo seis meses de vida, ¿qué es lo que dejarías de hacer?

Quizá enumerarías cosas como:

No identificarte en exceso con tu trabajo.

Estar ocupado con las distracciones digitales.

Pasar demasiado tiempo con el entretenimiento y el ocio y no dedicar el suficiente a tu educación.

Enfadarte por cosas innecesarias e irritarte por asuntos insignificantes, como vecinos ruidosos, malos conductores y parientes frustrantes.

Menospreciarte a ti mismo escuchando voces críticas y de autodesprecio en tu cabeza.

Castigarte por tus errores, olvidando que lo hiciste lo mejor que sabías.

Revivir constantemente en tu cabeza un capítulo decepcionante de tu vida.

Y, por otro lado, ¿qué cosas empezarías a hacer, con tu inmensa sensatez y tu carismática fortaleza? Quizá estas:

Escribir y así volver a experimentar las comidas más espectaculares que has probado y reflexionar sobre los soberbios momentos que has tenido la suerte de disfrutar.

Gritar con fuerza un «te quiero» a todas las personas con las que nunca te has sentido lo bastante seguro como para decírselo (pero que necesitan oír la magnitud de tu amor por ellas antes de que retornes al gran espacio abierto del que viniste).

Hacer el viaje de tu vida, o plantar un jardín de rosas especial que hará que tus amigos te recuerden.

Comer más pizza, engullir más pasta y saborear más helado.

Bailar desnudo bajo la luna llena, leer la poesía que nunca tenías tiempo de leer e ir a las galerías de arte que dijiste que visitarías algún día, cuando estuvieras menos ocupado y con menos cosas que hacer.

Regresar a la casa de tu infancia, caminar por las calles que recorrías de niño con un corazón puro y una historia impoluta, irradiando buen ánimo, mucha esperanza y una inocencia de la que ojalá todos disfrutáramos más.

Dormir la siesta un domingo por la tarde, pedir la mejor mesa en tu restaurante favorito y cantar al entrar en tu cafetería habitual.

Sonreír a los desconocidos (y mantener la sonrisa más tiempo del socialmente aceptable) y caminar descalzo por un parque lleno de margaritas.

Estar con la familia, sobre todo. Y dar largos paseos por un bosque sagrado mientras cae la lluvia o se pone el sol lanzando sus dorados destellos entre los árboles.

Tratar a todo el que conoces como si fuera la última vez que lo ves. Porque la vida humana es muy delicada. Y cualquiera puede morir de forma totalmente inesperada.

¿Qué harías si solo te quedaran seis meses de vida?

Esta es la pregunta que te hago. Así que vive de forma heroica todo el tiempo que te queda de tu importante y excelente vida.

¿Fama y fortuna para un epitafio en tu lápida?

Siento seguir planteando la idea de la muerte al llegar a los últimos tramos de nuestro viaje juntos.

Sin embargo, una parte de mí no lo lamenta, porque pensar en la muerte centra de nuevo nuestras prioridades, reequilibra nuestro pensamiento, anima nuestras emociones y reordena nuestras rutinas.

Pensar en mi propia muerte no es algo deprimente. En absoluto.

De hecho, resulta edificante.

Construir una mayor conciencia e intimidad con el hecho de que mis días están contados, sin importar cuánto tiempo me permita vivir la naturaleza, me infunde entusiasmo, gratitud y una sensación de apremio por dar lo mejor de mí cada uno de mis días.

Conectar con mi mortalidad es una forma muy potente de mantenerme centrado en todo lo que es más esencial para llevar una vida reflexiva, creativa, valiosa y llena de júbilo.

Esta mañana he leído un fragmento de un libro que me encanta y que se titula *Sobre la brevedad de la vida*, de Séneca, el filósofo estoico que vivió en Roma y que fue consejero del emperador Nerón.

En el pasaje que he leído dice así:

Por eso, cuando veas, pues, que algunos visten ropa de gala una y otra vez, que sus nombres resuenan en el foro, no sientas envidia: esas cosas se granjean con pérdida de vida. Para que un solo año reciba su nombre, habrán de desperdiciar ellos todos sus años.

Para mí, esta afirmación habla de la imperiosa necesidad de darse cuenta de que muchos hombres y mujeres que dedican la mayoría de las horas de sus días a perseguir la fama, la fortuna y el aplauso lo hacen a costa de experimentar las auténticas alegrías, aventuras y maravillas que ofrece la vida. Estas personas viven de forma acelerada, ascendiendo hacia una cúspide de un éxito que poco importa llegado el final.

Hacen todo eso solo para que le pongan su nombre a un año del calendario.

Séneca nos insta a cuestionar y desafiar esta forma insustancial y llena de arrepentimiento de experimentar una encarnación humana.

Y añade: «A otros, después de haberse arrastrado hasta el logro de una dignidad a través de mil indignidades, les viene el pensamiento lamentable de que han estado trabajando para la inscripción del sepulcro».

Me encanta.

Esas personas se dedicaron a ir tras cosas que, una vez la muerte está próxima, se dan cuenta de que solo servían para lograr una única frase en su lápida.

En realidad no vale la pena, ¿verdad?

89

Resistir el declive del titán

Una vez que hayas alcanzado el dominio absoluto de tu oficio y te conviertas en una estrella en tu campo, mientras llevas una vida colmada de maravillas, sofisticación, virtud y generoso servicio público, el paradigma del aprendizaje de este capítulo te guiará en el proceso de declive que puede infectar de forma silenciosa y sutil (y luego destruir) tu máximo logro. Comprenderlo te ayudará a evitarlo. Porque al tener un mayor conocimiento estarás más capacitado para tomar decisiones que te reporten mejores resultados.

Hay algo de verdad en la afirmación de Andy Grove, la legenda de Silicon Valley: «El éxito genera complacencia. La complacencia genera el fracaso. Solo los paranoicos sobreviven».

La mayoría de los gigantes del mundo de los negocios y del deporte con los que he trabajado tienen lo que yo describo como «paranoia optimista», por lo que si bien están agradecidos por lo que se han ganado y esperan que continúen esos logros de máximo nivel, al mismo tiempo también tienen presente que cualquier día les pueden echar del trono si no tienen la cabeza puesta en el juego. Entienden bien que el estrellato es efímero.

Antes de que estudiemos el modelo, te pido que consideres el término de la física conocido como «entropía», que describe el desorden natural y el gradual deterioro al que se enfrentan todos los sistemas. La entropía explica por qué pasan a ser irrelevantes personas que alguna vez tuvieron éxito y por qué desaparecen empresas a las que un día se veneró. Para garantizar un rendimiento de élite y un impacto máximo es del todo necesario estar obsesivamente pendiente de que las fuerzas naturales a las que te enfrentas como productor creativo y líder excepcional no degraden todos los logros que con tanto esfuerzo has conseguido. El éxito que no perdura no es tal éxito, ¿verdad? «A quien los dioses quieren destruir primero lo llaman prometedor», escribió el crítico literario Cyril Connolly.

Muy bien. Empecemos, pues, contigo en la cúspide, un verdadero magnate de primer nivel. Bravo. Muy pocos llegan a la cima de su campo. Sin embargo, es en la cumbre donde eres más vulnerable. La mayoría de los escaladores que pierden la vida en el Everest no perecen durante el ascenso a la cumbre, sino después de haber alcanzado el punto más alto. Estos viajeros caen en la trampa de pensar que su seguridad está garantizada porque alcanzaron el cénit. Olvidan que es en la cima donde surgen los verdaderos peligros, como quedarse sin oxígeno, cometer un error por culpa del agotamiento o calcular mal el tiempo que necesitarán para descender.

Lo mismo se aplica a cualquier persona u organización. En la cima es donde debes tener más cuidado. La complacencia acabará contigo.

La mayoría de los éxitos se malogran poco después de que aparezca la cumbre del éxito. Las personas de primer nivel tienen una vida útil muy corta. ¿El giro? Entender de verdad por qué la grandeza es tan delicada y apresurarse a instalar una estructura de resistencia para que tu virtuosismo y el dominio de tu control aumenten de forma activa al tiempo que se aceleran tu influencia y tu impacto.

Como puedes ver al observar el modelo de este capítulo, las primeras presiones a las que te enfrentarás tras tu ascenso a la cumbre de tu oficio es la arrogancia. Todas las victorias que has experimentado pueden generar la tendencia a pensar que conoces todas las respuestas, que siempre tienes razón y que no te pueden vencer. Uno de mis clientes era posiblemente la empresa tecnológica más famosa del planeta. Un ejecutivo me dijo con toda franqueza que sabía que las cosas iban a ir cuesta abajo cuando el fundador dejó de hacer caso a su equipo de liderazgo en las reuniones, porque cayó en la trampa de pensar que solo él podía prever el futuro como ya lo había predicho en el pasado. Resultó que estaba equivocado. Ahora es una empresa del montón de la que raras veces se habla.

EL DECLIVE DEL TITÁN

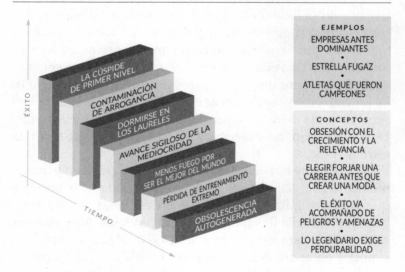

El antídoto contra la arrogancia es la humildad. Practica la Regla de la antiirrelevancia: a medida que aumente tu virtuosismo, lucha aún más para evitar la atracción de volverte engreído, orgulloso y presumido. Mantén los pies en la tierra, no te desvíes de los planes para lograr tu objetivo y sigue centrado en las personas a las que tienes la suerte de servir, y no olvides nunca que siempre estás a un tropiezo de caer de la montaña si te vuelves demasiado arrogante. «Cuanto más grande es el artista, mayores las dudas. La confianza absoluta se concede a los que menos talento tienen como premio de consolación», escribió Robert Hughes.

Si tu enfoque y tu forma de actuar están contaminados por una mentalidad arrogante, la siguiente etapa del proceso de descomposición, como puedes ver en el esquema de aprendizaje, es una tendencia a repetir la misma fórmula ganadora que te llevó a la gloria. Te concentras en proteger lo que tienes en vez de ser productivo, inventivo y valiente para producir más aún de tu genuina magia.

En la antigua Grecia se colocaba una corona de hojas del fragante árbol *Laurus nobilis* en la cabeza de un atleta ganador para celebrar su triunfo. Con el tiempo, la frase «No te duermas en los laureles» emergió como una advertencia a los victoriosos para que eviten caer en lo ordinario. Te recomiendo encarecidamente que te asegures de anteponer siempre tu mejor trabajo en vez de tomar el camino fácil y que tu trabajo actual sea una mera falsificación del éxito que te hizo grande. De lo contrario, no cabe duda de que te convertirás en una estrella fugaz.

Lo siguiente a lo que te enfrentarás cuando estés en tu mejor momento es al avance sigiloso de la mediocridad. La metáfora que aquí nos guía es la teoría de las ventanas rotas. En un barrio residencial de una ciudad muy conocida, unos cuantos vecinos no repararon las ventanas rotas de algunas casas. Esta simple y en apariencia inofensiva falta de cuidado esparció semillas de apatía en el aire y la irresponsabilidad comenzó a cundir en toda la comunidad. Como la mediocridad se convirtió en algo aceptable, otros vecinos empezaron a acumular basura en sus propiedades. Dejaron de cortar el césped y permitieron que crecieran las malas hierbas. Este constante avance del bajo nivel de exigencia que infectaba este barrio antes espléndido llevó a un increíble aumento de la delincuencia. Las bandas tomaron el control y la violencia se extendió por todas partes.

Aplica la teoría de las ventanas rotas a tu domicilio, a tu rendimiento y a tu vida, así como a cualquier organización que dirijas. Y sé consciente de que, si no estás muy alerta, la mediocridad puede imponerse sigilosamente, sin que ni siquiera te des cuenta.

El siguiente estado en la caída de una persona o un imperio es la pérdida del entusiasmo para ganar, lo que yo llamo «atenuar el mejor fuego del mundo». Una de las características fundamentales de un campeón legendario es que no puede soportar la idea de que llegará el momento en que dejará de ser el campeón. La sola idea de perder el título le aterra.

Con la disminución del antes abrasador fuego de ser el mejor del mundo, lo siguiente en el declive del titán es la pérdida del compromiso de entrenar con extrema dureza, como un peso pesado. La alegría del ejecutor se corroe y se degrada su dedicación a mejorar sus conocimientos y habilidades. Pierde la creatividad y se esfuma la energía para superar a todos los que le rodean. Esto les sucede a algunas superestrellas de Hollywood. Tantos años llevando su talento al límite, aceptando un exigente papel cinematográfico tras otro, hace que su genio se agote. A veces, se han creado un estilo de vida lleno de excesos, con sus correspondientes gastos, porque creen que tienen garantizada la entrada ilimitada de dinero en el futuro. Toda esta tensión les pasa factura. Así que empiezan a aceptar papeles que no requieren virtuosismo alguno solo por dinero. Y para tener la oportunidad de recuperarse. Este es el principio del fin. La superestrella no tarda en convertirse en una caricatura de su otrora glorioso ser.

Como es natural, todo esto conduce a la irrelevancia y a la obsolescencia, un lugar que tienes que evitar a toda costa. No me cabe duda de que lo harás.

Tu equipo y tú podéis realizar un análisis del declive del titán para que puedas detectar todas las debilidades primero y establecer después las protecciones necesarias utilizando la hoja de datos que uso con mis clientes. La encontrarás en *TheEverydayHeroManifesto.com/TitansDeclineWorksheet*.

La necesidad de la impopularidad artística

El 3 de octubre de 1992 fue un gran día para la cantante Sinéad O'Connor. La artista, que se hizo muy famosa gracias a éxitos fugaces como «Nothing Compares 2U», estaba actuando en *Saturday Night Live*.

Sin embargo, en vez de cantar con seguridad la canción que tenía prevista, le dio una vuelta en su cabeza y la convirtió en una feroz declaración política contra el maltrato infantil.

Tras sustituir la letra original de la canción protesta de Bob Marley, «War», por «abuso infantil», O'Connor levantó la foto del papa Juan Pablo II y, con expresión furiosa y una voz rebosante de rabia y rebeldía, gritó: «Lucha contra el verdadero enemigo», y la rasgó por la mitad. Fue una acusación mordaz de los daños que, según la cantante, miembros del clero en su Irlanda natal habían perpetrado contra los niños.

Su conducta hizo que su fama se hundiera y que su carrera cayera en picado.

Muchos años después reveló sus motivos: «A veces, el trabajo de un artista no es ser popular. A veces, el trabajo de un artista es provocar un debate cuando es necesario».

La naturaleza de hacer un trabajo profundo, transformador y especial significa que cautiva a quienes lo entienden y enfurece a los que no. Si tu obra maestra no molesta, provoca, enfada e incita a la mayoría de la sociedad, puede que en realidad no sea una obra maestra, sino un trabajo corriente.

Tu trabajo como héroe de cada día y líder artístico en tu ámbito es confiar en tus capacidades y tener un corazón valeroso para hacer eso que sabes que debes hacer a fin de honrar la honestidad de tu yo más original. De ofrecer la poesía, la música y la grandeza de tu espíritu, que es tu verdad absoluta, aunque te odien por ello.

Así que te ruego que aportes tus dones al mundo. Los necesitamos más que nunca. Y hazlo ya. Aunque te odien.

91

La deconstrucción del provocador

El marco de aprendizaje que constituye el núcleo de este capítulo es uno de los modelos mejor aceptados de mi metodología de tutoría, por lo que quería asegurarme de que lo tuvieras. Te ayudará a bloquear las voces hostiles y la cháchara cruel de los críticos que intentarán impedir que entregues tus talentos a la humanidad. Puedes escuchar a quienes te condenan o seguir avanzando con pasión. No puedes hacer las dos cosas, ¿no crees?

Los provocadores son esos vividores que menosprecian tu trabajo y degradan la magia sincera que aportas al mundo, rubricada con tu buen nombre. Como puedes ver al mirar el esquema, el primer paso para deconstruir a los provocadores y quitarles el poder que puedan tener sobre ti es el siguiente: los resentidos son maestros de amor disfrazados.

De verdad que lo son.

Cualquiera que suscite tu inseguridad e incite a esa parte de ti que duda de tu virtuosismo, te ayuda. Este mezquino comportamiento saca a la luz tu debilidad. De ese modo puedes reparar en ella y, acto seguido, proceder a sanarla. Es maravilloso. Dales las gracias, ya que te han hecho más sano, más puro y mejor. Han ayudado a tu ascenso a la grandeza inherente.

El segundo elemento de la decodificación es este: tras el ataque está el dolor. La campaña de un crítico está impulsada por su propia falta de amor propio y de aprecio personal. En su mayoría, los detractores son almas decepcionadas que no han hecho lo que tú, así que arremeter contra ti hace que se sientan mejor. La desgracia siempre busca compañía. La gente trata a los demás como se tratan a sí mismos, y quienes experimentan mucho dolor suelen herir a otras personas.

LA DECONSTRUCCIÓN DEL PROVOCADOR

1
LOS RESENTIDOS SON MAESTROS DE AMOR DISFRAZADOS

2
TRAS UN ATAQUE ESTÁ EL DOLOR

3
LA LUZ ATRAE TANTO A LAS POLILLAS COMO A LOS ÁNGELES

4
LA GENTE QUE SE SIENTE BIEN NO DESTROZA A LOS DEMÁS

5
LOS RESENTIDOS SON SOÑADORES DAÑADOS

6
UN TRABAJO DE GRAN ALCANCE SUSCITA REACCIONES EXTREMAS

7
PARA ENTENDER LA MAGIA HAY QUE TENER OJOS PARA VER LA MAGIA

8
EL RIDÍCULO ES SÍNTOMA DE INFLUENCIA

9
LOS PROYECTOS VALIENTES ATERRORIZAN AL INSEGURO *STATU QUO*

Entonces viene el tercer punto: la luz atrae tanto a las polillas como a los ángeles. Si haces que tu genio original brille en tu oficio y en nuestro pequeño planeta, conseguirás que los que saludan tu virtuosismo se acerquen a ti. Pero ten presente que estar en la plenitud de tu gloria creativa también atraerá a los resentidos celosos. Como las polillas a la llama.

El elemento número cuatro es este: las personas que se encuentran bien no destrozan a los demás. Aquellos que son felices, que van tras sus grandes ambiciones y se sienten bien en su vida no tienen la predisposición, la energía ni el tiempo para perseguir, atacar y condenar a los líderes visionarios. La vida ociosa e insatisfecha es en realidad el taller del diablo. Las personas aburridas y celosas querrán provocarte mientras consumes tu potencial, porque eso hace que se sientan mejor por traicionar su potencial.

A continuación llegamos al quinto principio esencial para deconstruir el comportamiento de los provocadores, de forma que no minimicen tu poesía ni dificulten tu destreza: los resentidos son soñadores dañados. Hoy en día todos los seres humanos tienen ese talento en su interior. Sí, la mayoría ha repudiado este tesoro por ser demasiado difícil y temible de expresar. Pero eso no significa que se haya esfumado. De niños imaginábamos osados sueños. Sin embargo, la mayoría han cerrado la mente y el corazón a sus poderes por culpa de los mensajes negativos de aquellos en quienes confiábamos, del rechazo y de las derrotas a las que nos hemos enfrentado al asomarnos a la vida. Y ha erigido muros para no tener que experimentar más dolor. Resulta mucho más fácil sentarse a echar bilis por la boca sobre alguien que vive de forma plena que mirarse al espejo, asumir la responsabilidad personal por su estado y crecer lo necesario para volver a ponerse en pie.

«Para que unos te amen, otros deben odiarte», dijo J. K. Rowling, la multimillonaria autora de Harry Potter. El sexto elemento de la deconstrucción del provocador dice: un trabajo de gran alcance suscita reacciones extremas. Si haces bien tu trabajo, produciendo una obra maestra que haga trizas la forma en que se han hecho las cosas y tome el gremio por asalto al acabar con la tradición, los críticos te odiarán a muerte. Porque no es lo que ellos consideran una gran obra de arte. Y como no tienen valor para aceptar tu innovación, te destrozarán. Eso hace que se sientan más seguros. Les ayuda en su limitada y estática concepción de cómo tienen que ser las cosas al tiempo que protegen su estatus de supuestos expertos en la materia. Solo tienes que saber que cuanto más brillante sea tu producto y más revolucionario tu arte, más extrema será la reacción. Las críticas y los ataques son el paraíso de los cobardes.

El séptimo elemento de la deconstrucción del provocador es que para entender la magia hay que tener ojos para ver la magia. Piensa en los aficionados al arte. No saben mucho del tema. No han visto los cuadros de los grandes maestros ni se han formado para saber el trabajo que cuesta lo que han hecho. Lo único que ven es un jarrón azul o una mujer llamada Mona. Por lo que suelen decir: «¿Es todo? No parece complicado. —Y luego—: Podría haberlo hecho yo».

Hum, ¿en serio? Me recuerda a una frase de Bob Dylan: «No critiques lo que no entiendes». Es buena, ¿eh?

Hacer que algo parezca fácil suele requerir décadas de práctica diaria y formación constante. Porque el verdadero arte no es tanto lo que el artista decide no poner en el producto como lo que pone en él. Es ahí donde reside el verdadero genio. Cuando uno conoce de verdad su oficio puedes concentrarte en lo más importante, dejando de lado toda trivialidad y superficialidad.

Por eso no hay que tener en cuenta la opinión de alguien que ni siquiera se dedica a hacer lo que tú haces. Ellos no saben lo que cuesta, y carecen de la perspicacia para entender lo que has hecho (aunque crean lo contrario).

El octavo elemento es sencillo: el ridículo es síntoma de influencia. Sabes que liberas tu genio al mundo cuando se ríen de ti. Confía en que no solo estás en el buen camino, sino que además estás llevando una obra de arte genuina al mercado cuando los provocadores se burlan, te condenan y te ridiculizan. Buen trabajo. Tú ganas.

El último: los proyectos valientes aterrorizan al inseguro *statu quo*. Sí, un trabajo valiente, hermoso e imponente que resista el paso de los siglos requiere que tires de la manta de las verdades que la sociedad dominante cree que son ciertas. De hecho, el producto que es realmente magistral está tan adelantado a su tiempo que tarda mucho en ponerse de moda. Entonces es cuando se entiende su virtuosismo. Vincent Van Gogh vendió un único cuadro en toda su vida, *El viñedo rojo*. La obra maestra se vendió en Bélgica por cuatrocientos francos siete meses antes de que se suicidara.

No dejes que la falta de éxito público te detenga. Tu nobleza y tu búsqueda de lo increíble exigen que perseveres.

Da igual cuántos provocadores aparezcan.

92

Aquella vez que conocí a Muhammad Ali

Contemplo los elegantes colores del otoño desde mi despacho en casa. La máquina de ruido blanco que compré para bloquear todas las molestias está encendida, así que el murmullo de un arroyo que gorjea me acompaña mientras escribo esta historia personal que todavía me provoca una sonrisa. Tenía quince años. John Lennon acababa de ser asesinado. Su melódica y conmovedora canción «Imagine» sonaba a todas horas en la radio. Era Navidad. Estaba en Los Ángeles.

No soy oriundo de Los Ángeles, pero mis padres pensaron que sería un buen lugar al que ir de vacaciones ese año. Alquilaron un Chrysler K. Ya no fabrican esos coches. Creo que es algo bueno. A mi hermano y a mí nos avergonzaba montar en él. No cabe duda de que no era un Corvette (de lejos mi coche favorito por entonces; tenía un póster del modelo del 63 de ventana dividida pegado con celo en la pared de mi habitación).

Cada día de aquel viaje, mi madre compraba sándwiches y naranjas en un supermercado cerca del hotel en el que nos alojábamos.

Y explorábamos la ciudad.

Recorríamos Sunset Boulevard. Fuimos al Paseo de la Fama de Hollywood. En nuestro Chrysler K.

Y fue entonces cuando pasó...

Yo fui el primero en verlo. Un flamante y reluciente Rolls-

Royce descapotable marrón bajando por la avenida. Algunas personas tocaban el claxon a su paso cuando reconocían al conductor. Muhammad Ali.

Golpeé a mi hermano en el brazo. Él tenía doce años por entonces.

—¡Es Ali! —exclamé—. ¡El del coche!

Mi madre tiene percepción extrasensorial. La ha tenido siempre. Puede oír a las ardillas corretear por el bosque de un país vecino. Puede ver a las arañas tejer sus telas en galaxias cercanas. Nada se le escapa. Ya sabes a qué me refiero.

—¿Muhammad Ali? ¿Dónde? —preguntó de inmediato.

—Va en ese Rolls-Royce —dije con entusiasmo, señalando al vehículo que pasaba.

Mi madre se puso en marcha como un superhéroe dispuesto a salvar una ciudad en llamas. Le pidió a mi padre que diera media vuelta en el acto en una calle muy concurrida, en nuestro Chrysler K, para perseguir al excampeón mundial de boxeo de los pesos pesados.

Una vez en el mismo carril que el señor Ali, nuestro pequeño coche aceleró para alcanzar a Rolls-Royce, que iba a toda velocidad.

Mi hermano y yo nos hundimos en el asiento de atrás. Mi madre presionó a mi padre para que fuera más rápido porque todavía no alcanzábamos a ver a la leyenda.

No os engaño en cuanto a lo que pasó después.

Fuimos al lado de Muhammad Ali. A su lado. Uno de sus hijos iba en el asiento del pasajero y un caballero mayor que parecía su padre ocupaba el asiento trasero de cuero blanco.

Mi madre bajó la ventanilla.

—¡Señor Ali! ¡Hola! ¡Hola!

La incredulidad se apoderó de su rostro. Mi hermano y yo rezamos pidiendo perdón a los Dioses de la Vergüenza Suprema.

—¿Sería posible hacernos una foto con usted? —prosiguió, tan elegante como siempre.

El Rolls redujo la velocidad. Muhammad Ali señaló a un lado de la carretera y dirigió el coche hacia un lugar donde pudiéramos aparcar. Delante de grandes mansiones con maravillosos jardines colmados de flores cultivadas con sumo esmero.

Le seguimos y paramos detrás de él en nuestro coche beis de alquiler.

Lo que pasó después es ahora una parte mítica de la historia de nuestra familia.

El señor Ali posó con total naturalidad para hacerse fotos con mi madre, con mi hermano y conmigo. No pudo ser más educado y se mostró increíblemente humilde para tratarse de un hombre tan famoso. Su gigantesca mano se tragó la mía cuando la estrechamos para saludarnos. No tuvo prisa. Fue gentil y muy amable.

Y entonces, fíjate bien, al ver que mi padre hacía todas las fotos, sugirió que yo le hiciera una a mi madre y a él.

Hecho eso, nos deseó que pasáramos unas buenas vacaciones y se marchó hacia el dorado sol de Beverly Hills en su reluciente Rolls-Royce marrón.

Hablamos de ese encuentro durante el resto de las vacaciones mientras comíamos sándwiches de pepino y naranjas. Comentamos nuestro encuentro con un héroe, celebramos su amabilidad con una familia sencilla y desconocida.

Una vez en casa, un paciente de mi padre convirtió una de las fotos en un reloj que colocamos en el cuarto de la televisión, revestido con paneles de madera. (Sí, un reloj).

Todos los años por Navidad recordábamos el encuentro con nuestro boxeador favorito, el señor Ali, y rezábamos una oración en la cena en agradecimiento por la persona que nos recordó cómo es la humildad de los pesos pesados.

93

No te preocupes por tu legado

Hace años escribí un libro titulado *¿Quién te llorará cuando mueras?*

Trataba de vivir una vida de la que la gente hablara años después de tu muerte. Era un manual de instrucciones para hacer que tu nombre importara y dejar tu huella en el mundo.

Tenía treinta y cuatro años cuando lo escribí. Ahora, con el rápido paso del tiempo, desearía haber elegido un título mejor. En serio.

Hoy en día está de moda hablar del legado. Los expertos nos recomiendan realizar las obras y los actos que harán que nuestras familias y comunidades nos honren como héroes y tal vez incluso que se erijan monumentos en nuestro honor cuando hayamos muerto.

Entiendo el sentimiento, y reconozco que solía vivir mi vida de forma que garantizara que muchos me recordaran con afecto después de mi muerte.

Ya no.

No me creo lo que predica la noción de legado. Ya no tiene sentido para mí, ahora que tengo mucha más edad.

Ahora me preocupan otras cosas.

¿A quién le importa lo que la gente diga sobre ti después de tu muerte? Serás comida para gusanos y abono para los narcisos, a dos metros bajo tierra. O un pequeño montón de cenizas en una deslustrada urna de hojalata encima de la sucia chimenea de alguien. Al lado de sus fotos con los trofeos de la liga infantil.

Ahora sé que lo que más importa no es cómo te recordarán los que dejas atrás, sino cómo decides vivir mientras estás vivo.

¿Te mostrabas alegre en los días buenos y elegante en la derrota?

¿Eras considerado con todos los que te rodeaban y perdonabas a los que te hacían daño?

¿Profesabas a tu oficio el respeto que merecía y cumplías con tu deber de dar lo mejor de ti en cada uno de tus proyectos?

¿Tuviste la convicción de ser tú mismo cuando la sociedad te empujaba a que fueras como los demás, así como la sensibilidad para lograr que otros se sintieran más esperanzados cuando estaban contigo?

¿Aprovechaste tus años de vida para crecer en humildad, adquirir conocimientos y aprender a pisar el planeta con más ligereza que cuando llegaste?

¿Y aprendiste a no tomarte demasiado en serio, entendiendo que, en realidad, casi todos los problemas que nos preocupan nunca llegan a ocurrir, por lo que es mejor seguir alegre, agradecido y relajado?

Creo que, hoy en día, perseguir un legado digno de mención es el trabajo de un ego descomunal.

Ser una persona cortés, virtuosa, firme y noble mientras tu tierno y valiente corazón aún late es el verdadero heroísmo.

94

Un héroe llamado Desmond Tutu

Desmond Tutu es uno de los mayores líderes, humanistas y creadores de cambio de la historia. Ganador del Premio Nobel de la Paz, trabajó estrechamente con Nelson Mandela por una Sudáfrica libre y la reconciliación de las heridas causadas por las injusticias del apartheid.

He aprendido mucho de Desmond Tutu a lo largo de los años.

La importancia de defenderme con inquebrantable coraje cuando no me tratan bien, pero manteniendo un corazón capaz de perdonar y que sigue buscando lo bueno en las personas.

El profundo valor y la importancia fundamental de todos los seres humanos del planeta, sin importar el color de la piel, la naturaleza de su género, su nacionalidad o su posición en la vida. Desmond Tutu me enseñó que todas las personas importan y que hay que tratarlas con respeto, comprensión y amor.

La importancia de que cada uno se libere de los grilletes del victimismo y haga lo necesario para ejercer su poder humano en los momentos fáciles y en los problemas, convirtiendo la incertidumbre en creatividad, las magulladuras en valentía y cualquier tragedia en una victoria. Debemos reconstruir la relación con nuestro yo más noble.

Cuando conocí a Desmond Tutu en una tranquila habitación en Johannesburgo, me quedé impactado, conmovido (hasta las lágrimas) y completamente cautivado por la gracia de su presencia. Y por la bondad que me prodigó este gigante del liderazgo.

Con Desmond Tutu en Sudáfrica

Una vez comentó: «Soy un líder por defecto. Porque la naturaleza no permite un vacío».

Cuánta verdad hay en esas palabras, pronunciadas por un héroe legítimo.

Te ruego que te grabes esas palabras en el alma a medida que avanzas hacia tu causa principal y tus ambiciones más nobles. Tienes que saber que puedes liderar sin un cargo, mostrar inspiración sin un puesto y ejemplificar el virtuosismo, la urbanidad y las ganas de ayudar y el servicio a los demás sin ninguna autoridad formal. Posees la capacidad de reclamar cualquiera de tus poderes innatos para cambiar las circunstancias a las que culpas, y de verdad que puedes dejar huella si empiezas con algo pequeño y te dedicas a mostrar lo mejor de tu liderazgo día tras día. La forma de convertirte en especial y grande es practicando el ser especial y grande con tanta frecuencia que todo lo que no sea especial ni grande desaparezca de ti, del mismo modo que el sol de primavera borra todo rastro de un invierno frío y cruel.

El auténtico poder se puede revelar cuando una persona recuerda cómo ser plenamente humano porque la naturaleza no permite un vacío.

95

Los pesares de las personas en su lecho de muerte

Los cuidadores que ayudan a los moribundos a sufrir menos y a morir mejor han hablado de los pesares más comunes que escuchan a sus pacientes en sus últimos días.

Creo que merece la pena prestarles atención para que podamos evitarlos.

Pesar n.º 1 en el lecho de muerte: Desearían haber mantenido una perspectiva mayor

Las personas dedican demasiado tiempo a preocuparse por cosas que nunca pasarán. E incluso cuando se presentan los problemas, olvidamos que siempre terminan. Los días felices acaban volviendo.

Ser más sabio y resistente es mantener la perspectiva sin importar lo que ocurra, sabiendo que el viaje de la vida es en verdad muy rápido.

La excelencia, la madurez y la fortaleza exigen que vivas tus días con gratitud, sin emplear jamás más energía en nuestras cargas que en nuestras bendiciones.

En *¿Quién te llorará cuando mueras?* compartí una historia que espero que te recuerde los dones que se te han otorgado. Y el valor de ser optimista.

Un día, llevaron a un hombre con una grave enfermedad a una habitación de hospital donde otro paciente descansaba en la cama junto a la ventana.

Cuando los dos se hicieron amigos, el que estaba junto a la ventana se asomaba a ella y entretenía a su compañero postrado en cama con vívidas descripciones del maravilloso mundo exterior.

Algunos días hablaba del esplendor de los árboles del parque que había enfrente del hospital y del vaivén de las hojas con la suave brisa. Otros, entretenía a su amigo reproduciendo paso a paso los interesantes y a menudo extraños comportamientos de la gente que veía en la calle.

Sin embargo, a medida que pasaba el tiempo, el hombre de la otra cama empezó a sentirse molesto por su incapacidad de observar las maravillas que su compañero describía. Poco a poco acabó aborreciéndole y después odiándole por la vida que él podía ver sin problema.

Una noche, durante un ataque de tos bastante agudo, el paciente de la ventana dejó de respirar. En vez de pulsar el botón de emergencia, el otro hombre decidió no hacer nada.

A la mañana siguiente encontraron muerto al paciente que tanta felicidad había prodigado a su amigo al contarle lo que veía.

Cuando se llevaron su cuerpo de la habitación, el otro hombre se apresuró a preguntar a la enfermera si podían colocar su cama junto a la ventana. Cuando le concedieron la petición y el paciente miró por ella, descubrió algo que le hizo estremecer: la ventana daba a una pared de ladrillo.

Su antiguo compañero de habitación había inventado las fantásticas historias que le había descrito solo con su imaginación, como un gesto de amor para hacerle un poco más llevaderos sus días.

Había actuado por amor. Y por la bondad que apela a lo mejor de nuestra humanidad compartida.

Pesar n.º 2 en el lecho de muerte: Desearían no haberse preocupado tanto por lo que piensan los demás

Oscar Wilde dijo: «Sé tú mismo. Los demás papeles están ocupados».

¡Cuánta energía desperdiciamos preocupándonos en exceso por nuestro aspecto! No aprovechamos las oportunidades que materializarían nuestro genio natural porque no deseamos que nos rechacen, no nos gusta sentirnos avergonzados y deseamos parecer guais. Nos hemos convertido en buscadores de atención en vez de en trabajadores mágicos, dedicando nuestros mejores días a la innecesaria búsqueda de aprobación. Por favor, ten en cuenta que dentro de cien años todos los que ahora están vivos habrán muerto. ¿Por qué no materializar tu potencial y no ir tras lo que te entusiasma solo por complacer a personas que no estarán aquí en el futuro?

Tu vida mejorará o empeorará dependiendo de tu disposición a parecer tonto. Y de tu interés por respetar tu autenticidad. Acepta los sueños que más te importan. Incluso (sobre todo) cuando nadie te entienda.

Pesar n.º 3 en el lecho de muerte: Desearían no haber desperdiciado tanto tiempo

Es muy común desear disponer de más tiempo, pero malgastamos por completo el tiempo que tenemos, ¿verdad? Séneca escribió: «Al proteger su fortuna, los hombres suelen ser tacaños. Sin embargo, cuando se trata de perder el tiempo, en lo único en lo que está bien ser avaro, se muestran muy derrochadores».

Utiliza tus valiosas horas con responsabilidad. Defiéndete de cualquier ocupación que sea indigna de tus nobles dones y talentos humanos. No persigas los mezquinos intereses que cautivan a la multitud. Tu liderazgo, tu virtuosismo, tu felicidad y tu serenidad no puedes encontrarlos allí. Jamás.

En la época en la que vivimos es habitual ocupar nuestros días con un exceso de actividades que nos hacen sentir que estamos siendo productivos, pero que en realidad no tienen ningún valor. Nos hemos convertido en maestros de las cosas insignificantes y expertos en actividades triviales. No tiene sentido, y es una enorme distorsión de tu grandeza, sucumbir a las atracciones y las diversiones que nos venden como importantes indicativos del éxito cuando nuestros días están contados. Nos aguarda una muerte segura. Sí, siento decirlo, pero un día morirás. Yo moriré algún día. Todos moriremos en algún momento.

«¿Cómo se hizo tan tarde tan pronto?», se preguntaba el doctor Seuss.

Pesar n.º 4 en el lecho de muerte: Desearían haber disfrutado más del peregrinaje de la vida

Divertirse es muy productivo. Tener un ánimo optimista es una gran puerta de entrada a tu obra maestra y al máximo impacto. Sé que nuestra sociedad te induce a pensar lo contrario. Que el viaje debe ser duro y agotador. Que la vida tiene que ser muy seria e inmensamente práctica. Pero insinuar que trabajar todo el tiempo es una actividad más provechosa que las cenas con tu familia y tus amigos, los viajes a lugares interesantes y hacer esas cosas que te hacen feliz, es más un juicio de valor que una afirmación verdadera.

Decir que solo vivimos de forma plena y completa cuando estamos ocupados es un cuento. Y no todas las historias que oyes son ciertas. Sacar tiempo para que surjan actos sorprendentes y hermosos, y divertirte mucho mientras tu corazón rebosa vida, es sabiduría en estado puro.

Por lo tanto, trabaja duro, por supuesto. Pero saborea también los frutos de tu trabajo. De ese modo, cuando estés cerca de la línea de meta, descansarás con alegría al saber que has amado todo lo que la vida te ha ofrecido con tanta generosidad.

Pesar n.º 5 en el lecho de muerte: Desearían haber sido más amables y afectuosos

El último pesar de quienes se encuentran en sus últimos momentos es que se arrepienten de los perjuicios causados a los demás (resulta curioso lo habitual que es que las personas maltraten a aquellos que más quieren, ¿verdad?). No practicar la virtud de la bondad a diario no solo hace de nuestro mundo un lugar más oscuro y deprimente, sino que corroe tu conciencia, lo cual destruye tu felicidad y tu paz.

Como seres humanos que somos, todos tenemos la inclinación natural de tratar a nuestros hermanos y hermanas del planeta con respeto, compasión y amor (sí, amor). Cuando nos liberamos de ese impulso en la imprudente búsqueda de más fama, fortuna y aplausos (o solo porque no nos hemos tomado en serio nuestro crecimiento personal y nuestra curación particular, de modo que nos comportamos de la peor forma posible en vez de la mejor), nos invade un pesar que no conoce límites. Porque actuamos como las personas que nunca quisimos ser. Y traicionamos a nuestra naturaleza heroica.

Sé la mejor persona que hayas conocido. Es la costumbre de los gigantes y de las celebridades más auténticas de la historia. Si eres bueno y la gente se aprovecha de ti no es porque ser bueno sea algo malo. Es porque has permitido que la gente se aproveche de ti.

Quien más quiere es quien gana. O, como dijo el gran guitarrista Jimi Hendrix: «Cuando el poder del amor supere al amor al poder, el mundo conocerá la paz».

96

El bien que haces perdura toda la vida

Es muy común pensar que el bien que haces no tiene ningún valor duradero. Que no importa de verdad. Que lo más probable es que no cuente.

Cuando era niño, mi madre solía hacer algo estupendo por mí. Una o dos veces al mes preparaba patatas fritas caseras, llevaba el plato cubierto con papel de aluminio a mi colegio y me lo dejaba en la recepción con una nota escrita a mano en la que me decía lo mucho que me quería. Realizaba este exquisito acto de bondad para que yo pudiera disfrutar de su cocina. Y tuviera una comida caliente. Y sintiera su amor.

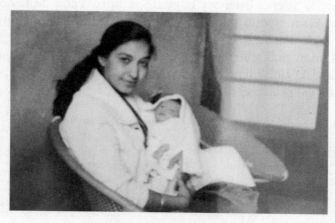

Mi madre y yo el primer día de mi vida

Ahora, tantas décadas después, tras todas las variopintas y maravillosas experiencias que he vivido, ¿adivinas cuál es mi recuerdo favorito? Sí, el gesto maravillosamente sencillo, pero que tanto amor destilaba, de mi madre al llevarme al colegio aquellas doradas y crujientes patatas fritas. (Y las caras de mis amigos que entonces emprendían las negociaciones con la esperanza de cambiar uno de sus bocadillos de atún, los melocotones en almíbar y las zanahorias en rodajas por una sola de mis valiosas patatas fritas).

Mientras era el pívot de los Lakers, la leyenda del baloncesto Pau Gasol asistió a uno de mis eventos en directo.

Nos conocimos un poco durante el fin de semana y mejor aún durante una larga e inolvidable cena en mi casa con mi familia.

En casa con Pau Gasol, de los LA Lakers

Cuando terminó la conferencia me ofrecí a llevar a Pau al aeropuerto. Una vez allí, vi cómo un admirador tras otro abandonaban las colas en las que esperaban para acercarse a él y pedirle un autógrafo o una foto.

A pesar de que tenía que coger un vuelo, Pau se paraba con todos, esbozaba una sonrisa amable, les firmaba un autógrafo con cuidado, añadiendo unas palabras de aliento, y posaba para la foto. (Recuerdo que conocí a un dios de la guitarra en un restaurante de sushi local que al pedirle una foto me respondió de forma cortante: «No me gusta que me hagan fotos», y luego pasó de largo).

—Pau, te has parado con todas y cada una de las personas que te lo han pedido. Has dedicado tiempo a cada uno de tus admiradores. Has sido amable con todos y en ningún momento te has mostrado cansado ni irritado —comenté mientras nos encaminábamos hacia la puerta de embarque.

Nunca olvidaré su sabia y didáctica respuesta:

—Cuesta muy poco hacer feliz a la gente, Robin.

Después se inclinó, me abrazó, me dio las gracias y siguió su camino.

97
Alégrate de ver gente viva

Estaba en Sudáfrica para una serie de presentaciones sobre liderazgo cuando me di cuenta de que el hombre que me llevaba a las sesiones rebosaba alegría cada vez que veía a otro ser humano. Le brillaban los ojos y se le ensanchaba la sonrisa. Era impresionante de ver.

—Parece que le gusta mucho la gente —dije.

—He visto a mucha gente muerta —respondió con suavidad—, así que me hace muy feliz ver a una persona viva.

Me quedé callado. Estaba estupefacto.

Imagina cómo sería el mundo si adoptáramos su filosofía. Dejando nuestros dispositivos, siendo menos egoístas, no estando tan ocupados y mostrándonos más bondadosos. Prestando más atención a nuestra humanidad colectiva. Y a cada persona que tenemos delante, sea amigo o desconocido.

Imagina que cobramos vida cada vez que vemos una vida humana. O cualquier vida, en realidad.

Versos del invencible héroe de cada día

¿Puedes soportar el dolor sin sentir la necesidad de sucumbir a las abrumadoras exigencias de hacer algo?

¿Puedes decir lo que tu sabiduría sabe que hay que decir, incluso cuando decepcionas a los que te escuchan?

¿Puedes recorrer el duro camino que pocos desean transitar y aun así conocer la alegría, la serenidad y la libertad? ¿Libre del ansia de encajar y de complacer a la mayoría?

¿Puedes arriesgarte a ser odiado por hacer lo correcto?

¿Puedes estar en el mundo pero no ser parte de él, capaz de saborear los dulces placeres de la soledad, el silencio y la quietud, sin estar solo en tu soledad? ¿Abrazar la belleza de los pequeños placeres y saborear la maravilla de lo ordinario?

¿Puedes alcanzar tus más nobles visones, imaginando lo que pocos se atreven a imaginar, siguiendo tus impulsos más honestos y conservar la paz si fracasas, aceptando todo lo que el destino ha escrito para ti?

¿Puedes amar como solo el tonto ama, reír como solo el bufón ríe y arriesgarte a que te tilden de loco por la supuesta locura de tus sueños?

¿Puedes apartar lo superficial para crear algo monumental? ¿Y dejar una huella que acabe haciéndote inmortal? ¿A tu manera natural y original?

Eso es lo que quiero saber. ¿Puedes ser fiel a ti mismo?

Momentos favorables y tus segundas oportunidades

En *Éxito. Una guía extraordinaria* escribí sobre mi casi encuentro con el icono de Hollywood Harvey Keitel.

Estuvo magnífico en muchas películas y fue un gigante en su oficio, manteniendo su talento durante muchas décadas. Se convirtió en una celebridad y en miembro del Salón de la Fama.

Resulta que me encontraba en el vestíbulo de un hotel de mi ciudad natal cuando le vi sentado al sol en la zona de relax. Estaba ahí, imagino que esperando.

—¡Vaya! ¡Es Harvey Keitel! —Estaba sorprendido de verle y atónito de que estuviera ahí.

Lo primero que pensé fue en acercarme a él, ofrecerle la mano y charlar.

Luego, antes de decidir ser atrevido y fuerte, se apoderaron de mí mis tendencias más primitivas. El miedo comenzó a gritar más alto que la verdad. Mis esperanzas claudicaron ante mis inseguridades. La amenaza del rechazo le dijo a mi optimismo que se tomara un descanso.

La divagación interior fue algo así:

«Seguramente está esperando a un importante productor y es mejor que no le moleste».

«¿Y si es antipático y mezquino conmigo?»

«Hay mucha gente en este vestíbulo y voy a parecer un idiota si voy a saludar a esta celebridad».

¡La de oportunidades que nos envía el universo y que perdemos solo por nuestra propia cobardía, timidez y ansias de parecer que estás a la moda!

En nuestro lecho de muerte, lo que de verdad nos llena de pesar es lo que no hemos hecho; la gente a la que no hemos conocido, el potencial que no hemos expresado, los proyectos que no hemos terminado, los placeres que no hemos buscado y el amor que no hemos prodigado. Jamás todos los actos de valor que hemos realizado.

Y te estarás preguntando qué hice yo. Bueno, si has leído el capítulo de ese libro que escribí hace casi dos décadas, recordarás que...

No hice nada. Cero. Nada de nada. Frené mi entusiasmo por conocer a este héroe del cine y opté por volver a la oficina. Me ocupé de algunos papeles. Asistí a una o dos reuniones. Revisé mis mensajes. Y me fui de allí.

Pensé mucho en esa experiencia durante los meses siguientes. No me sentía bien con mi timidez y mi debilidad. Me prometí que practicaría para ser más valiente. Y decidido.

Como escribí en aquel libro sobre el fallido encuentro:

> Si vuelvo a encontrarme con Harvey Keitel, te prometo que correré hacia él. Puede que crea que soy de esos que persiguen a los famosos, pero solo lo hará hasta que empecemos a charlar, porque entonces descubrirá la verdad: que no soy más que una persona que aprovecha las oportunidades que la vida le presenta.

Una de las cosas maravillosas de la vida que de verdad deseo que sepas al llegar al final de nuestro tiempo juntos es que, en realidad, tienes segundas oportunidades. Por desgracia no serán demasiadas, pero las tendrás.

Y por eso...

Años después me encontraba en Roma, trabajando en un nuevo libro. Tras un paseo matutino en mi bici de montaña por el esplendor de Villa Borghese, el parque situado no lejos de la Plaza de España, volví a mi habitación y me recluí en solitario durante las siguientes cinco horas para escribir y revisar. Apenas me moví.

Después decidí dar mi habitual paseo hasta la Piazza Navona, mi plaza favorita del mundo. Este es mi típico ritual en la Ciudad Eterna después de escribir. Recorro las calles empedradas para descargar mi energía tras pasar tantas horas concentrado, disfruto del sol romano y me despejo la cabeza y el corazón con un fabuloso paseo.

Cuando me acerqué al Panteón y me abrí paso entre la multitud que había frente a esta legendaria edificación que en el Imperio romano se utilizaba como palacio de justicia vi a un hombre solitario con gafas de sol oscuras a un lado. Vestía de manera informal y parecía muy discreto. Estaba contemplando el edificio, observando su esplendor.

Era Harvey Keitel.

Esta vez me comporté de forma muy diferente. Actué con precisión y rapidez antes de que mi ego pudiera impedírmelo. Fui derecho hacia él, le ofrecí la mano y le dije:

—Señor Keitel, soy un gran admirador suyo. Es un placer conocerle.

Él sonrió, me dedicó toda su atención. No podría haber sido más amable.

—Gracias —respondió.

—Me gustó mucho su actuación en *Reservoir Dogs*. ¡Me encanta la originalidad de Tarantino! Me volvieron loco los fantásticos diálogos. ¡Qué guion! ¡Qué película! Me encantaron los alias para el atraco. ¡Usted era el señor Rosa! Qué bueno —añadí con entusiasmo.

Él me miró fijamente durante una eternidad.

—El señor Blanco —murmuró.

Mientras sacaba la pata de donde la había metido, le pregunté a la leyenda del cine si podía hacerme una foto con él.

—Claro.

Y aquí está:

Con la celebridad cinematográfica Harvey Keitel en el Panteón de Roma

—Bueno, tengo que irme —se despidió con amabilidad.

Y se perdió entre la multitud, junto a esas altísimas columnas de la joya arquitectónica, hacia el ardiente sol de una tarde perfecta.

¿Qué es lo que pido para ti? Muy fácil.

Cuando aparece una ventana de oportunidad, ábrela aún más y salta tan rápido como puedas antes de que los villanos de tu genio y los enemigos de tu grandeza empiecen a decirte por qué no puedes hacerlo.

La razón destruye lo que podrían haber sido muchas experiencias transformadoras. Confía en tu corazón. En realidad, es mucho más sabio que tu cabeza.

Pero si, como humano que eres, no lo haces, respira hondo y sigue avanzando, un poco más seguro y decidido a que la próxima vez serás más atrevido. Y habrá una próxima vez.

Porque todos tenemos segundas oportunidades. Como Harvey Keitel y yo.

100

No pospongas tus sueños

Una vez estaba en un atasco con un anciano en un descapotable justo delante de mí.

Él sonreía. Tenía puesta la música y parecía adorar la vida.

«HoraDeDivertirse», ponía en su matrícula.

Hum.

Muchos esperan hasta que son demasiado mayores para hacer las cosas que siempre han deseado hacer.

Se van de crucero cuando apenas pueden caminar.

Se lanzan a aventuras que los agotan con rapidez.

Compran las cosas que siempre han querido, pero apenas pueden disfrutarlas.

No estoy faltando al respecto a las personas mayores. Respeto mucho a todos los mayores.

Y estoy por completo de acuerdo en que nunca es tarde para empezar de nuevo y ser el héroe de cada día, resuelto, poderoso e inspirador, porque has nacido para serlo.

Solo quiero decirte lo siguiente: no pospongas tus sueños más preciados. Has de saber que es más inteligente parecer tonto en el momento por hacer lo que sabes que tienes que hacer para tener la vida que quieres, que deshonrar tu deseo no haciendo nada. Y acabar con el corazón roto en tus últimos días.

¿Quién sabe qué te depara el futuro? No des por hecho que será un lugar en el que todo lo que has pospuesto, porque estás muy ocupado ahora mismo, lo harás sin problema, sin esfuerzo y a la perfección. Por favor.

Las enfermedades, los accidentes, las guerras, las recesiones, las plagas, las catástrofes medioambientales y los atentados ocurren. Más a menudo de lo que estamos dispuestos a admitir.

¿De verdad quieres posponer lo que más te apetece hacer hasta un momento en el que puede que sea demasiado tarde para hacerlo?

La vida hay que vivirla ahora mismo. El futuro es solo una pequeña fantasía. ¿No te parece? No confiemos demasiado en él.

101

Una filosofía para volver a ser humano

Muy bien. Último capítulo. Y por eso te ruego...

Salva a este mundo hermoso y a veces cruel con el corazón rebosante de heroísmo y la vista puesta en abrazar la gloria de tus poderes plenos.

Sí, en ocasiones vivirás desgracias y habrá tiempos difíciles. Sin embargo, la vida cotidiana tiene muchas cosas buenas. Vecinos que te aprecian, amigos que te animan y una familia que te adora.

En cuanto a aquellos que deseen para ti algo que esté por debajo de tus más elevados sueños, tienes que entender que no saben lo que hacen. Envíales esos buenos deseos que reflejan tu paciencia. Y la amabilidad y la comprensión que demuestran tu sincero perdón. Es un gran acto de honor y entereza mantener en tu interior buenos sentimientos hacia los demás.

Trabaja con diligencia y dignidad, dando más de lo que recibes, produce la magia que honre a tu creador y respeta tu grandeza.

Lleva una vida sencilla, ya que la adicción a las adquisiciones y el profundo deseo de tener más puede asfixiar tu espíritu y herir tu buen corazón.

Da más de lo que tomes. Ayuda más de lo necesario. Y trata con dignidad a todas las personas que conoces. Este es el camino hacia la libertad espiritual y un éxito exterior duradero.

Disfruta de la compañía de personas sabias, de libros edificantes y de una sana relación con tu ser soberano.

Cuando la multitud pretenda hacer que seas como ellos, sigue tu camino sin desviarte, guiándote por tus virtudes y por los valores que te parezcan reales.

Sigue siendo audaz, sabiendo que los mansos y los tímidos desconocen el glorioso vuelo que se produce al sumergirte en tus miedos. Posponer la vida de tus ideales es invitar a que el resentimiento entre en tu existencia.

Recuerda que el terror está más próximo al triunfo que la complacencia. Y que el miedo se torna en fe cuando te sumerges en él.

Disfruta de las recompensas de tu trabajo y de los dividendos de tu obra maestra.

Ama con compasión, respetando todo cuanto te rodea y la tierra que te nutre.

Haz todo esto para unirte a la grandeza que hay en ti con el fin de materializar plenamente el héroe de cada día que eres.

¿Qué será lo siguiente en tu heroica aventura?

El final de este libro es el comienzo de tu propio viaje al heroísmo de cada día. Para ayudarte a interiorizar y establecer la filosofía y la metodología que acabas de aprender, Robin Sharma ha creado las siguientes herramientas, todas ellas disponibles gratuitamente en inglés:

La clase magistral del héroe de cada día

Un innovador programa de transformación digital que multiplicará tu optimismo y tu rendimiento, aumentará tu felicidad y magnificará tu influencia mientras lideras tu campo.

El desafío del héroe de cada día

Recibirás vídeos formativos con contenidos de calidad y consejos prácticos, módulos de asesoramiento e inspiración de primer nivel de Robin Sharma, para que te mantengas firme en tu compromiso de actuar al máximo de tus capacidades y para maximizar tus victorias como alguien que exhibe un genio cada vez mayor al tiempo que ejemplificas los elementos de la grandeza humana cotidiana.

Meditaciones del héroe de cada día

Para ayudarte a experimentar una profunda concentración, una creatividad mejorada, un rendimiento avanzado y una profunda paz durante todo el día, Robin Sharma ha creado y programado al detalle una serie de meditaciones matutinas únicas que te llevarán a alcanzar tu máximo nivel como líder, productor y persona. Te va a encantar.

Los capítulos perdidos del *Manifiesto para los héroes de cada día*

Accede a los capítulos que Robin Sharma no ha incluido en este libro. Descubre ideas muy originales, modelos de aprendizaje y sistemas para desarrollar al máximo tus talentos, aumentar tu virtuosismo, hacer crecer una empresa de primer nivel y llevar una vida personal maravillosa.

Todos estos valiosos recursos que se ponen a tu disposición de forma gratuita los encontrarás en:

TheEverydayHeroManifesto.com

Al autor le encanta estar en contacto con sus lectores en Instragram. Suscríbete a su perfil @robinsharma y asegúrate de etiquetarlo con una foto tuya con su libro en las manos. Él publicará las más interesantes todos los días.

Impulsa tu ascenso leyendo los best sellers de Robin Sharma

Tanto si estás en la cima de tu virtuosismo de primer nivel como si acabas de empezar el ascenso, la lectura es uno de los principales hábitos de los Grandes.

Por eso, aquí tienes una lista completa de los libros de Robin Sharma para que te ayude en tu ascenso hacia el rendimiento exponencial, el dominio absoluto de tu oficio y a vivir de forma plena al tiempo que dejas tu huella en la historia.

Audaz, productivo y feliz: Una guía para conseguir objetivos increíbles y dominar tu vida personal y profesional
Descubre tu destino con el monje que vendió su Ferrari
El club de las 5 de la mañana
El líder que no tenía cargo
El monje que vendió su Ferrari
El santo, el surfista y el ejecutivo
Éxito. Una guía extraordinaria
Las cartas secretas del monje que vendió su Ferrari
¿Quién te llorará cuando mueras?
Sabiduría cotidiana del monje que vendió su Ferrari
The Little Black Book for Stunning Success
Triunfo. Una guía para alcanzar la plenitud
Una inspiración para cada día de El monje que vendió su Ferrari

Lista de los 25 libros que hay que leer antes de morir

Si nos encontramos con un hombre de raro intelecto, deberíamos preguntarle qué libros lee.

RALPH WALDO EMERSON

Así como piensas, será tu vida, James Allen
Autobiografía, Benjamin Franklin
Bring Out the Magic in Your Mind, Al Koran
Cómo ganar amigos e influir sobre las personas, Dale
    Carnegie
El alquimista, Paulo Coelho
El árbol generoso, Shel Silverstein
El buscavidas, Peter B. Kyne
El evangelio de la riqueza, Andrew Carnegie
El guardián entre el centeno, J. D. Salinger
El hombre en busca de sentido, Viktor E. Frankl
El largo camino hacia la libertad, Nelson Mandela
El legado de Mandela, Richard Stengel
El poder del pensamiento positivo, Norman Vincent Peale
El principito, Antoine de Saint-Exupéry
El profeta, Kahlil Gibran
Esperanza para las flores, Trina Paulus

Fahrenheit 451, Ray Bradbury
Himno, Ayn Rand
Historia de mis experimentos con la verdad, Mahatma
    Gandhi
Juan Salvador Gaviota, Richard Bach
La escafandra y la mariposa, Jean-Dominique Bauby
Las siete leyes espirituales del éxito, Deepak Chopra
Meditaciones, Marco Aurelio
Piense y hágase rico, Napoleon Hill
Steve Jobs, Walter Isaacson

Lista de mis 25 películas favoritas

Aquí tienes una lista de mis películas favoritas. Algunas han dado forma a mi filosofía. Otras han influido en mi creatividad. Y unas cuantas simplemente me han entretenido. Disfruta de todas ellas.

Comanchería
Dogman
El club de la lucha
El discurso del rey
El expreso de medianoche
El instante más oscuro
El luchador
En tierra hostil
Gladiator
Hacia rutas salvajes
Harry Brown
Heat
Joker
La vida es bella
Matrix
Maudie, el color de la vida
Million Dollar Baby
Queen & Slim
The Florida Project

The Lunchbox
Thunder Road
Una buena receta
Van Gogh, a las puertas de la eternidad
Wall Street
Whiplash

Lista de mis 25 documentales favoritos

Me encantan los documentales. Alimentan mi inspiración y me permiten asomarme a la vida privada de personas fascinantes. Más abajo tienes una lista con los veinticinco mejores.

Amy: La chica detrás del nombre
Buena fortuna
Crossfire Hurricane
El último baile
Hal
Héroes por naturaleza: McConkey
I'll Sleep When I'm Dead
Iverson
Jason Becker: Aún sigo vivo
Jiro Dreams of Sushi
Man on Wire
McQueen
Metallica: Some Kind of Monster
Miles Davis: Birth of the Cool
Mr. Dynamite: The Rise of James Brown
Pavarotti
Quincy
Runnin' Down a Dream: Tom Petty and the Heartbreakers
Searching for Sugar Man
Senna

Sunshine Superman
The September Issue: Anna Wintour & the Making of Vogue
Williams
Wingman
Won't You Be My Neighbor?

ROBIN SHARMA, respetado en todo el mundo por su labor humanitaria, lleva más de un cuarto de siglo ayudando a los seres humanos a materializar sus dones naturales. Se le considera uno de los máximos expertos en liderazgo y desarrollo personal, y tiene entre sus clientes a multimillonarios famosos, iconos del deporte profesional y numerosas empresas listadas en Fortune 100. Sus best sellers, como El Club de las 5 de la mañana, El monje que vendió su Ferrari, El líder que no tenía cargo y Éxito. Una guía extraordinaria, han vendido millones de ejemplares en más de noventa idiomas y dialectos, lo que lo convierte en uno de los escritores vivos más leídos.